主题公园运营与管理

李晗 马芬 曾升科 主编

李静 李耀 梁莺 刘黎黎 杨鑫 刘艺洁 副主编

清华大学出版社
北京

内容简介

主题公园运营与管理作为新形势下旅游管理专业课程的重要组成部分,旨在为学生提供关于主题公园运营与管理领域全面而深入的指导。随着社会经济的不断发展,主题公园已经成为旅游业的重要形式,对提升城市形象、推动旅游业发展和丰富人们的文化生活具有重要意义。本书将理论知识与实践内容有机结合,共八个项目,分别为认知主题公园、主题公园组织结构与人力资源管理、主题公园游客服务管理、主题公园安全与风险管理、主题公园设施设备管理、主题公园财务管理、主题公园市场营销管理、主题公园运营管理趋势。在不断发展的主题公园产业中,本书将成为学生、从业者以及相关领域研究者的重要参考资料。

本书既可以作为旅游大类专业主题公园运营与管理课程的专业教材,也可以作为相关企业的培训教材。

本书封面贴有清华大学出版社防伪标签,无标签者不得销售。

版权所有,侵权必究。举报: 010-62782989,beiqinquan@tup.tsinghua.edu.cn。

图书在版编目(CIP)数据

主题公园运营与管理 / 李晗,马芬,曾升科主编;李静等副主编. -- 北京:清华大学出版社,2024.8.
ISBN 978-7-302-67023-0

Ⅰ. G246

中国国家版本馆 CIP 数据核字第 2024W1T453 号

责任编辑:聂军来
封面设计:刘 键
责任校对:袁 芳
责任印制:沈 露

出版发行:清华大学出版社
网　　址: https://www.tup.com.cn, https://www.wqxuetang.com
地　　址: 北京清华大学学研大厦 A 座　　邮　编: 100084
社 总 机: 010-83470000　　邮　购: 010-62786544
投稿与读者服务: 010-62776969, c-service@tup.tsinghua.edu.cn
质量反馈: 010-62772015, zhiliang@tup.tsinghua.edu.cn
课件下载: https://www.tup.com.cn, 010-83470410

印 装 者:三河市龙大印装有限公司
经　　销:全国新华书店
开　　本:185mm×260mm　　印张:17　　字数:387千字
版　　次:2024年8月第1版　　印次:2024年8月第1次印刷
定　　价:56.00元

产品编号: 104903-01

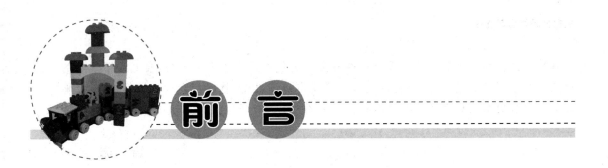

前言

"十四五"时期,我国全面进入大众旅游时代,旅游业发展仍处于重要战略机遇期。在党的二十大报告中,旅游产业被赋予了更为重要的战略地位。旅游行业高质量发展是关键内容之一。主题公园作为旅游业中的特殊形式,不仅能够促进旅游业的升级,更能够推动整个旅游产业向着高质量发展的目标迈进。

党的二十大报告明确提出要深入推进文化和旅游深度融合发展,将旅游业培育成支柱产业,培养一批世界一流的旅游目的地。主题公园作为旅游业的重要组成部分,将在这一战略中发挥积极作用。通过文旅融合发展,主题公园有望成为有影响力的文旅融合品牌,为实现旅游高质量发展目标贡献力量。

由于主题公园规模庞大、运营复杂,对管理与服务提出了更高的要求,需要全面、系统的专业人才,具备应对多变环境的能力,以保障主题公园的可持续发展。本书的编写旨在培养相关专业人才,并满足这一领域日益增长的需求,为学习者提供系统、实用的知识体系,帮助其成为主题公园管理与运营的优秀从业者。

本书的编写基于市场需求,强调能力本位。在编写过程中,编写团队对主题公园的岗位进行了充分调研,对于不同市场环境下不同岗位的核心技能进行了提炼。本书的内容立足于行业和企业,明确了主题公园这一景区类型的工作内容和方式。本书的内容既有主题公园运营与管理的服务标准及工作内容的具体要求,又有提升新型复合型岗位技能的方法。作为新的旅游景区类型,主题公园的运营与管理需掌握的知识和具备的能力不同于其他岗位。因此,本书强调在知道"如何做"后还要思考"如何做得更好"的问题。

本书在编写的过程中,工作范围为内容的组织边界,工作过程为内容的组织逻辑,做到学习领域与工作领域一致、学习过程与工作过程一致、学习任务与工作任务一致,力求提升学生的职业适应能力。本书编写充分突出以学生为中心的教育理念,在表现形式上融情境、体验、拓展、互动于一体,打造生动、立体的课堂,提高学生学习兴趣及主动性,让本书成为便于学生学习的教材,聚焦学生知识、技能和素养的提升。

本书共分为八个项目,每个项目都紧扣主题公园运营与管理的核心议题展开。项目一由李静编写,项目二由李耀编写,项目三由旅游管理专业负责人马芬编写,项目四由梁莺编写,项目五由杨鑫编写,项目六由曾升科编写,项目七由李晗编写,项目八由刘黎黎编写。本书文稿的审定由重庆科创职业学院刘艺洁完成,相关案例与企业标准、岗位设置由华侨城集团重庆欢乐谷集团提供。

本书在编写过程中广泛查阅了国内外相关著作和观点,深受启发,特向相关作者致以深深的谢意。感谢清华大学出版社在本书出版过程中给予的大力支持，在此表示衷心的感谢。鉴于编者水平有限，书中难免存在不足与疏漏之处，恳请广大读者谅解，并期待能收到您宝贵的意见和建议。再次感谢各位读者的支持与理解。

编 者

2024 年 4 月

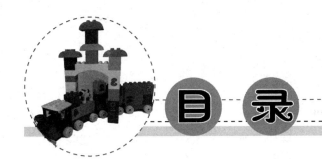

目 录

项目一　认知主题公园　/1
　　任务一　了解主题公园概况　/2
　　任务二　了解主题公园发展历程　/7
　　任务三　学会主题公园分类　/16

项目二　主题公园组织结构与人力资源管理　/23
　　任务一　主题公园的人力资源管理理论基础　/24
　　任务二　主题公园的组织机构设置理论基础　/30
　　任务三　主题公园的员工关系管理　/39

项目三　主题公园游客服务管理　/54
　　任务一　认识主题公园票务服务　/55
　　任务二　认识主题公园游客接待与咨询服务　/60
　　任务三　认识主题公园游乐服务　/76
　　任务四　认识主题公园购物服务　/84
　　任务五　认识主题公园餐饮服务　/91

项目四　主题公园安全与风险管理　/102
　　任务一　主题公园的安全风险识别及类型　/102
　　任务二　主题公园常见安全事故的处理　/107
　　任务三　主题公园安全管理体系的构建　/117

项目五　主题公园设施设备管理　/128
　　任务一　了解主题公园设施设备的类型与特点　/129
　　任务二　了解主题公园设施设备管理的内容与方法　/135
　　任务三　了解主题公园设施设备的维护与保养　/145

项目六　主题公园财务管理　/157
　　任务一　了解主题公园财务记录　/158
　　任务二　了解主题公园成本管理　/171
　　任务三　了解主题公园投资管理(盈亏平衡投资法)　/174

项目七　主题公园市场营销管理　/180
　　任务一　了解主题公园市场营销　/182
　　任务二　认识主题公园市场分析与目标市场　/198

任务三　学会主题公园产品和服务管理　　/208
　　任务四　掌握主题公园促销与广告　　/215

项目八　主题公园运营管理趋势　　/230
　　任务一　了解主题公园标准化管理　　/231
　　任务二　明确主题公园个性化管理　　/243
　　任务三　剖析主题公园智慧建设　　/249

参考文献　　/262

认知主题公园

项目清单

认知主题公园项目清单见表1-1。

表1-1 认知主题公园项目清单

任 务	知 识 目 标	职业核心能力要求
了解主题公园概况	(1) 了解主题公园的概念及特点； (2) 了解主题公园的发展概况； (3) 掌握主题公园的区域分布	(1) 具备深刻理解主题公园概念的能力； (2) 能够掌握主题公园产业的发展趋势、历史演变和当前状况，包括相关的市场趋势和竞争格局； (3) 全面了解主题公园在不同地域的分布情况，包括各区域的独有特色和吸引力
了解主题公园发展历程	(1) 了解我国主题公园的发展历程； (2) 区分我国主题公园不同发展阶段的特点； (3) 掌握影响主题公园迭代更新的驱动因素	(1) 具备深入了解我国主题公园发展历程的能力； (2) 能够清晰辨识我国主题公园在不同阶段的特征； (3) 具备分析和理解影响我国主题公园不断迭代更新的各种驱动因素的能力
学会主题公园分类	(1) 掌握主题公园的分类标准； (2) 学会用不同分类标准对主题公园进行分类	(1) 具备全面了解主题公园分类标准的能力； (2) 能够根据具体情境和目的，灵活使用不同的分类标准对主题公园进行划分，以满足特定需求和目标

项目情境

1998年，华侨城集团优质旅游产业集群中的耀眼新星——深圳欢乐谷在深圳湾畔应运而生，缔造了中国改革开放前沿城市的"欢乐神话"，并一跃成为中国文化主题旅游产业中最具代表性的创想符号。紧接着，欢乐谷在新的起点上成功迈出"欢乐大中国"的健行步伐，以深圳为策源地，北上京津，东进沪宁，西向成渝，中落武汉，遍布中国各大经济核心区域的中心城市，20多年来，在深圳、北京、成都、上海、武汉、天津、重庆、南京、西安9个城市建设（图1-1）。创想超越时空，欢乐洒满征途，一个又一个溢彩绽放的"繁华都市开心地"，洞见现代都市娱乐消费的需求和趋向，把握国际娱乐潮流和脉搏，用智慧实践着欢乐谷"不同的城

图1-1 华侨城集团欢乐谷公园分布的城市

市,同样的欢乐"的社会承诺,丰富和发展了中国前所未有的都市文化娱乐形式与精神。

(资料来源:上海证券报.欢乐谷:中国连锁主题公园第一品牌[EB/OL].(2012-12-05)[2023-12-28].https://finance.eastmoney.com/news/1349,20121205262062238.html.)

请查阅资料,就下列问题展开讨论。

欢乐谷属于旅游景区类型中的哪一种类型?(这种类型区别于其他类型的本质特点表现在哪些方面?)

_____
_____
_____
_____

任务一 了解主题公园概况

一、主题公园概念及特征

任务卡

经济与科技飞速发展之下,人们的消费需求升级,各种各样的旅游景区大量涌现,为广大旅游者提供更多元的产品和服务。在空格处列出你曾经去过或了解过的旅游景区名称,并分析它们是否为主题公园,如果是,请在旅游景区名称前的"□"中画"√"。

□深圳锦绣中华　　　□大足石刻　　　□那拉提草原
□_____　　　□_____　　　□_____
□_____　　　□_____　　　□_____

知识卡

主题公园(theme park)是以营利为目的兴建的,占地、投资达到一定规模,实行封闭管理,具有一个或多个特定文化旅游主题,为游客有偿提供休闲体验、文化娱乐产品或服务的园区。

主题公园主要包括以大型游乐设施为主体的游乐园、大型微缩景观公园及以提供情景模拟、环境体验为主要内容的各类影视城、动漫城等园区,如图1-2所示。政府建设的各类公益性的城镇公园、动植物园等不属于主题公园。

图1-2 主题公园

主题公园赋予游乐形式以某种主题,创造一系列有特别的环境和气氛的项目吸引游客;其占地、投资达到一定规模,实行封闭管理;园内所有的建筑色彩、造型、植被、游乐项目等都为主题服务,共同构成游客容易辨认的特质和游园的线索。

实践卡

任选一家主题公园和一家传统旅游风景区,对比两者之间存在的不同。

二、主题公园区域分布

任务卡

2023年,提供专业技术和管理服务的全球咨询集团(AECOM)联合主题娱乐协会(Themed Entertainment Association,TEA)共同发布了《2022全球主题公园和博物馆报告》。报告显示,2022年是标志着市场逐渐回归常态、接近完全复苏的一年。全球范围内,许多景点的年游客量或年收入恢复甚至高于疫情前水平。从全球各地区的整体情况来看,2022年对于欧美和中东地区而言是成功的一年,亚太地区则仍处于逐步回升中。巴黎迪士尼、艾夫特琳乐园和冒险港等区域内最受欢迎的景点都在2022年创下历史新高。其总体游客量已恢复至2019年的98%。从全球来看,随着2022年市场限制放宽,此前被压抑的需求亦得到释放,大部分景点都吸引了数量可观的游客。

全球排名前25位的主题公园中有6座在中国,具体包括横琴长隆海洋王国、上海迪士尼乐园、香港海洋公园、香港迪士尼乐园、北京欢乐谷和广州长隆欢乐世界。

(资料来源:未来智库.2022全球主题公园及博物馆报告[EB/OL].(2024-01-24)[2024-01-25].https://www.vzkoo.com/read/202401246ac92c7810d1efbf3536b358.html.)

请查阅资料,就下列问题展开讨论。
主题公园在全球的分布情况是怎样的?在中国市场的发展呈现出怎样的态势?

_____
_____
_____
_____

知识卡

(一)全球主题公园分布

2022年全球主题公园市场规模为4459.13亿元(人民币),其中国内主题公园市场容量为988.14亿元,预计全球主题公园市场规模将以5.14%的平均增速增长并在2028年达到6056.22亿元。

北美洲是全球范围内最大的主题公园市场,拥有迪士尼、默林、六旗、环球影城等行业知名企业。亚洲是全球主题公园行业的第二大市场,日本的首家大型主题公园——东京迪士尼乐园于1983年开业,自此国际知名主题公园纷纷在日本东京、大阪和神户等地建造并投入运营。迪士尼先后于2005年和2016年在我国香港及上海运营,进一步挖掘了亚洲市场和中国市场的行业潜力,带动了全球品牌与本土品牌在亚洲与中国的主题公园行业投资。欧洲主题公园集中于德国、法国、比利时、荷兰、卢森堡、英国等国家,并逐步向西班牙、意大利、土耳其、希腊等国家扩张。

（二）中国主题公园分布

近年来，随着我国经济的高速发展，主题公园行业也迎来蓬勃发展势头。从区域分布上来看，中国的主题公园建设主要分布于华东与华南地区，东部沿海省市拥有的主题公园数量超过5成。在长三角、珠三角和北京三大区域有众多世界知名主题公园落成或落成计划，包括上海的迪士尼乐园、北京的环球影城、珠海的时代华纳梦工厂等。中国沿海三大城市群的高城镇化与高经济发展水平体现沿海地区居民的精神文化需求与娱乐休闲需求较高，消费能力较强，因此投资力度较大、覆盖受众群体更广的国际与本土知名的主题公园多于此类地区聚集。这种分布与我国区域经济发展水平和国内旅游市场结构基本相符。

但随着中国高铁网络的建设，西部地区与沿海地区实现高铁贯通，交通的便利带动沿海地区居民到内陆地区旅游，西部旅游经济的发展将促进主题公园等休闲娱乐设施的建设与发展。主题公园布局下沉，向二、三线城市扩张，扩张模式由重转轻，国际主题公园持续进入，本土主题公园继续成长，如表1-2所示。

表1-2 本土知名主题公园品牌布局城市

本土知名主题公园品牌	布 局 城 市
欢乐谷	深圳、北京、成都、上海、武汉、天津、重庆、南京、西安、广州、珠海、清远
长隆	广州、珠海、清远
华强方特	芜湖、沈阳、天津、青岛、济南、郑州、宁波、厦门、汕头、重庆、株洲、太原、洛阳、昆明、赣州等
宋城演艺	杭州、三亚、丽江、九寨沟、丽水、宁乡、桂林、上海、张家界、宜春、新郑、佛山
海昌海洋公园	青岛、成都、天津、烟台、武汉、大连、重庆、上海、三亚、郑州
大连圣亚	大连、哈尔滨、芜湖、淮安、昆明、三亚、镇江、千岛湖、营口、厦门

实践卡

随着国内文旅消费持续升级，城市经济发展伴随着文旅需求的释放，主题公园成为城市满足居民日常休闲娱乐需求的重要选择，各大驻地公园在全国范围之内落地开花。请以小组为单位进行资料查询，在表1-3中标注出全国主题公园排名前5的省份、具体数量与主题公园名称。

表1-3 全国主题公园调查

省 份	数 量	主题公园名称

思政园地

"碳中和"主题公园

"碳中和"作为一种新型绿色发展理念，在推动实现绿色生产、低碳生活方面具有独特的意义。随着我国经济社会的发展，传统意义上的公园已经不能完全满足人们的需要，"生态绿色"成为新时代公园建设的主题之一。碳中和主题与公园绿地生态的结合也就成为规划设计师、建设者、城市管理者关注的焦点。

2021年9月28日，北京市首个"碳中和"主题公园——北京温榆河公园·未来智谷盛大开园！碳中和主题公园面积48.75公顷，是北京六环以内最大的"绿肺"——北京温榆河公园的重要组成部分。公园通过建设碳中和科普基地、创立"碳积分"智慧游园系统、打造先进能源应用场景、使用低碳环保材料等方面建设"碳中和"主题公园，如图1-3所示。

图1-3 北京温榆河公园·未来智谷

在北京温榆河公园项目设计中，设计团队发挥了"艺术赋能"环境设计的优势特色，突破相关"碳中和"科技知识过于专业和学术，不易被游客理解感知的困境，以"博物馆化"的环境艺术设计理念为切入点，运用"环境叙事"的手法将"碳中和"知识点通俗直观地艺术转换为"一张纸、一度电、一瓶水、一辆车……"的"碳百问"艺术设计故事，以环境艺术、大地艺术的形式深入浅出地诠释与传达"碳中和"主题，成为整个公园中一道独特亮丽的风景。

"碳中和"主题公园未来将以建设"双碳"科普教育基地、"双碳"特色培训基地、"双碳"特色交流中心及"双碳"特色公众活动中心为核心定位，广泛开展社会需要、群众喜欢、影响力大、服务面广的系列科普展览，并探索依托公园场景建立个人碳普惠体系，倡导低碳消费等环保行为，提高社会公众节能减碳意识，为提高公民低碳环保意识、倡导绿色消费生活方式、助力我国"碳达峰""碳中和"目标的实现贡献力量。

（资料来源：国际科技创新中心. 碳中和主题公园[EB/OL]. (2022-04-18)[2023-12-30]. https://www.ncsti.gov.cn/kjdt/scyq/wlkxc/zrst/tzhztgy/202204/t20220418_73289.html. ）

项目一　认知主题公园

任务二　了解主题公园发展历程

一、我国主题公园的发展历程

任务卡

1983年7月15日，中山市长江乐园正式开业，成为当时国内最早的具有现代化游乐设施的大型娱乐场所，如图1-4所示，在刚刚开放的中国大地，全新的长江乐园吸引了来自全国的大批游客。随着长江乐园的成功崛起，各地纷纷效仿复制，从珠三角的深圳、珠海到北京、上海，均相继有了自己的游乐场，长江乐园使中山市成为引领全国游乐风潮的前沿阵地，为全国的旅游业、游艺游戏产业做出了巨大贡献。

（资料来源：中山档案方志.长江乐园，那个曾带给中山人欢乐回忆的地方[EB/OL].（2016-12-16）[2023-12-30]. https://www.sohu.com/a/121780138_507391.）

图1-4　中山市长江乐园

华侨城集团是国内最早创建大型主题公园的企业，早在20世纪80年代便打造了中国第一座文化主题公园——深圳锦绣中华，此后不断顺应消费需求和市场趋势，坚持以文塑旅、以旅彰文，培育了欢乐谷、世界之窗、东部华侨城、欢乐田园、甘坑古镇等一批行业领先品牌和项目，打造了多个国家5A级旅游景区、国家级旅游度假区、国家级夜间文化和旅游消费集聚区、国家级文明旅游示范单位，如图1-5所示，目前位列全球主题公园集团三强、亚洲第一，运营和管理景区、开放式旅游区超100家。

（资料来源：新华网.华侨城集团有限公司[EB/OL].（2021-09-10）[2023-12-30]. http://www.xinhuanet.com/travel/20210910/9d670bc5cf5c4c38a8e0c94f82d4bbca/c.html.）

请查阅资料，对比中山市长江乐园与华侨城集团，探讨主题公园行业发生了哪些翻天覆地的变化。

图1-5 华侨城集团

知识卡

现代意义的主题公园起源于欧洲,兴盛于美国。1952年,荷兰马都拉家族的一对夫妇为纪念在第二次世界大战中牺牲的独生子,兴建了一个微缩了荷兰120处风景名胜的微缩景观公园Madurodam。1955年,洛杉矶迪士尼乐园建成营业,标志着现代意义上的主题公园行业的开端。迪士尼通过卡通形象塑造获得第一轮收益,并在其基础上二次开发,将卡通人物和故事情节引入主题公园之中,获取二次收益,此种运营模式至今仍是全球大多数主题公园的模仿对象。

我国主题公园的发展主要经历四个阶段:第一代主题公园(游乐园、园林、影视拍摄基地的利用),第二代主题公园(微缩景观、新型游乐场、影视城辅以节目表演),第三代主题公园(现代化娱乐设施+特定主题文化),第四代主题公园(全产业链+新科技+大IP)。

(一) 第一代主题公园:游乐园、园林、影视拍摄基地的利用

20世纪80年代初,针对儿童、青少年的娱乐需求,一些简单的游乐场开始在当时经济较发达的珠三角涌现。1983年,首家大众游乐园"长江乐园"在中山市开门营业。1984年深圳湾游乐场建成并开门营业。与此同时,另一类以历史或文学为主题建设的园林开始出现。1979年,以《清明上河图》为原型建成并营业的我国香港宋城为国内提供了借鉴。1983年,因拍摄电视剧《红楼梦》建设大观园,日后的开放营业开启了影视基地二次利用的模式。

(二) 第二代主题公园:微缩景观、新型游乐场、影视城辅以节目表演

随着经济发展,观光旅游兴起,微缩景观公园开始涌现。1989—1994年,深圳华侨城集团旗下的微缩景观陆续建成并开始营业;1989年,"锦绣中华"建成营业;1991年,"中

华民俗文化村"建成营业;1994年,"世界之窗"建成营业。与此同时,不再局限于影视基地的二次利用,主动将影视城与演艺相结合;1991年,三国影视城开业;1996年,横店影视城和宋城景区同时开业,此后宋城演艺推出"千古情"系列演出,持续至今。至此,我国的主题公园才真正具有"主题"。但由于IP不具有排他性,门槛较低,全国各地涌现了许多类似主题公园,相似程度很高,重游率低下,导致一批主题公园的倒闭。

(三)第三代主题公园:现代化娱乐设施+特定主题文化

由于经历了20世纪90年代的"洗礼",各大主题公园纷纷转型,在更新游乐设施的基础上,加强娱乐与文化的融合。通过植入故事、塑造动漫人物等方式,逐渐形成自身IP,塑造核心竞争力。1997年,长隆主题公园开业,以野生动物、植物、景观为主打卖点。2014年,又创建珠海横琴长隆国际海洋度假区,以海洋动物、水上游乐设备、大型演艺为特点。1998年,深圳欢乐谷建成营业,将游乐设施融入卡通元素。2007年,华强方特旗下的芜湖方特欢乐世界开业,创造性地将"特种电影"融入主题乐园之中,时至今日已推出六类旅游产品。

(四)第四代主题公园:全产业链+新科技+大IP

21世纪以来,中国主题公园行业快速发展,目前已经形成了数量众多、类型多样的总体格局,迪士尼等国际主题公园大品牌也相继进入中国市场。泛娱乐文化产业为主题公园注入了更多IP衍生产品与娱乐项目,影视、音乐以及游乐的结合使主题公园成为游客的休闲选择,VR、AR等技术在娱乐设备和游乐设备中的应用也为游客带来了更好的体验。时至今日,宋城演艺已形成"千古情"系列IP,旗下有十余座景区;华强方特则坐拥五类主题乐园及超级IP"熊出没"。

与此同时,在政策的导向下,大的地产商陆续进入主题公园产业,全产业链模式的旅游城逐渐成为当下热点。万达、恒大、融创等地产集团在城市商业综合体的基础上将室外主题公园、酒店住宿、演艺、商业娱乐融为一体,意在塑造新的文化旅游城。

实践卡

2023年是华强迪士尼公司成立100周年。1955年,迪士尼公司的缔造者——华特·迪士尼创办了世界第一家迪士尼乐园,至2016年年底,全世界总共已开设了6个迪士尼乐园。熟悉迪士尼的都知道,迪士尼缘起于一只"米老鼠",但是从一只米老鼠发展成如今IP储备量庞大的IP帝国,迪士尼是如何做到的?

请课下查阅相关资料,梳理迪士尼旗下著名的IP以及IP的运营情况,分析迪士尼主题乐园发展过程中所经历的不同阶段。

_____
_____
_____
_____

二、我国主题公园发展特征

任务卡

调查你所在的城市有哪些主题公园。这些主题公园在运营过程中最吸引你的项目有哪些？

_____
_____
_____
_____

知识卡

纵观主题公园的发展历程，发现在目前国内持续拉动内需的发展背景下，我国的主题公园发展主要呈现以下特征。

（一）由单一游乐场向综合型度假区转变

从国内主题公园类型来看，目前游乐场、器械类主题公园占据半壁江山，但无论是传统的单一器械类游乐场（如欢乐谷），还是以旅游演艺为核心的景区（如宋城千古情），或是海洋动物主题景区（如长隆、海昌等），均通过扩建场馆、叠加街区场景、开发新项目以及配套旅游设施向休闲度假业态过渡。从景区盈利能力来看，综合体旅游目的地能显著提升游客单价、游客停留时间。从客流规模占比来看，经济发达的华东地区占比最高，其次为华南地区，经济欠发达的西北地区、东北地区占比较低，中国主题公园地域分布特征明显，与经济发达程度成正比。

（二）由单体型向集团化、规模化转变

单体大型综合主题公园通常建在一二线城市市郊，辐射周边 3 小时车程的游客，以本地居民和短途游、周边游客流为主。规模化的集团品牌主题公园具有更强的引流效应，高体验感的游乐设施、具有 IP 内容的演艺表演和园区完备的综合服务可增加游客重游次数。目前国内主题公园市场呈现华侨城、长隆、华强方特三大集团鼎立局面，其余市场份额由华北、东北地区大连圣亚、长三角及重点旅游城市宋城以及海昌海洋公园占据。

（三）由传统化向产业化、差异化转变

自 2016 年迪士尼落地上海，环球影城、六旗、乐高、梦工厂等海外主题公园巨头纷纷瞄准中国主题公园市场的广阔发展空间加速布局。外资进入提升了国内游客对主题公园的关注及消费热情、提高了游客对主题公园门票价格的接受上限，多样化消费模式帮助传统旅游市场摆脱了单一门票依赖。未来主题公园行业具备长期增长动力,自身内容特色、IP产业化、差异化运营将成为国内主题公园竞争的关键。随着国内民族品牌主题公园崛起,本土原创品牌从最开始的番禺野生动物园、世界之窗、华侨城、欢乐谷等,如今已经逐渐发展成长隆系、万达系、海昌系、宋城系等品牌家族,占据国内重要经济增长极区域,与海外品牌共同构筑了全新主题公园竞争格局。

实践卡

对比国内以下几个主题乐园,如图1-6～图1-9所示,分别梳理它们在发展过程中所呈现出的特征。

图1-6　大连圣亚海洋世界

大连圣亚海洋世界:
_____
_____
_____
_____

图1-7　华侨城欢乐谷

华侨城欢乐谷:
_____
_____
_____
_____

图1-8　大唐芙蓉园

大唐芙蓉园:
_____
_____
_____
_____

图1-9　梦幻方特乐园

梦幻方特乐园:
_____
_____
_____
_____

三、我国主题公园迭代升级的驱动因素

任务卡

在班级的分享中,小李同学分享了她记忆中的游乐园,水泥滑梯、金属跷跷板、行驶缓慢的旋转木马以及唯一大型项目摩天轮,项目简单,设备单一。但如今的主题乐园,精彩纷呈,项目让人眼花缭乱,体验感增强。

对比你记忆中的游乐园,如今的主题乐园在哪些方面有了升级?有哪些原因促进主题乐园的飞速发展?

_____
_____
_____
_____

知识卡

主题公园行业稳步发展方兴未艾,目前历经四代更迭进入与休闲度假、康养等集聚的综合发展模式,是什么因素驱动着主题公园行业持续迭代升级呢?

(一)旅游业快速发展

旅游业快速发展、旅游环境的不断完善,为主题公园行业提供了完善的交通设施、服务制度、环境保护以及游客基础。根据文化和旅游部数据,2019年中国国内游客达60.06亿人次,同比增长11.1%,2011年至2021年年均复合增长率达11.3%,如图1-10所示。中国国内旅游人次的快速增长不仅为主题公园行业奠定了坚实的游客基础,并且在中国旅游业快速发展的背景下,旅游环境不断改善,旅游业服务质量不断提升,相关配套设施不断成熟,为主题公园行业发展提供了完善的基础。

对比2011年与2019年的数据,九年间国内旅游人均消费从730.97元增长到953.23元,如图1-11所示,中国国内旅游人均支出的快速增长显示了中国居民旅游消费水平的快速提高。主题公园作为旅游景点的组成部分,受益于巨大的游客旅游消费基础与快速增长的中国国内旅游市场。主题公园除门票基本收入外,衍生产品销售有望攀升,园内人均消费将快速提升。

(二)文娱需求促进消费升级

中国经济快速发展,中国人均居民可支配收入保持稳健增长,从2015年的21966元增长至2019年的30733元,消费水平不断提高,旅游消费观念不断转变升级。在满足日常开支外,居民对于文化娱乐的需求日益增加,消费意愿显著提升。中国文化娱乐产业的持续发展与消费者对文娱相关产业的需求持续升级形成良性互动,共同促进中国主题公

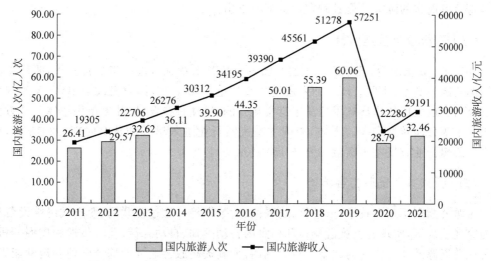

图1-10 2011—2021年中国国内旅游人次与国内旅游收入情况

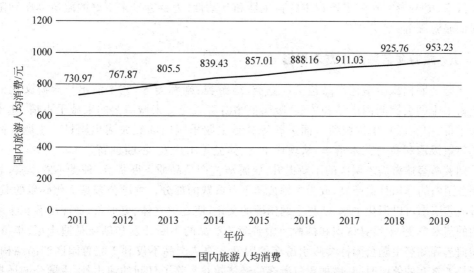

图1-11 2011—2019年中国国内旅游人均消费情况

园行业的稳健发展。

主题公园企业加速文化资源的旅游化开发和文化创意的商业转化,吸引文化旅游游客以及推进行业商业化发展。主题公园具有鲜明的主题概念,游客从日常文化娱乐中熟悉各游乐主题的主人公和故事情节,主题公园里独特的观光和游乐环境对其更加具有吸引力。主题公园的互动性强,游客通过参与游戏、游乐设备、演出等互动环节增强参与感与游乐体验,满足游客的个性化旅游需求。

中国主题公园企业逐渐完善,国际知名主题公园IP内容供给商和园区运营商纷纷进入中国市场,唤醒中国主题公园体验消费的市场热情,使消费者从单纯器械性游乐场的消费向高频次、高客单价、长停留时间的主题公园度假模式转变。随着文化娱乐产业的发展以及消费者对文化娱乐相关产业的需求和消费增长,充满个性化互动和文娱元素的主题公园将吸引更多的游客并促进游客增加消费支出。

（三）积极政策接连出台

2012年，我国出台《关于规范主题公园发展的若干意见》，进一步加强监管，明确主题公园的范围与类型，主题公园行业发展进一步规范。2018年，国家发改委出台《关于规范主题公园建设发展的指导意见》，从丰富文化内涵、提高科技含量、壮大市场主体三个方面给出了主题公园转型升级的方向，中国主题公园行业进入增长的黄金时期。2018年，中国主题公园行业市场零售额就已突破400亿元。

（四）新兴技术提升游客体验

主题公园利用新兴技术（云计算、物联网、大数据等），通过互联网、便携式终端设备和智能穿戴系统等，实现各类旅游资讯和信息的自动感知、自动存储、及时传送和挖掘分析，实现旅游资源及社会资源的共享与有效利用，大幅提高旅游业务的综合管理和运营能力，提升旅游的服务品质。主题公园应用智慧旅游有助于提升运营过程中信息的快速交流和共享效率，提升游客在整个行程中的自主性和互动性，为游客带来更好的旅游体验和随时可得的旅游服务。

（五）旅游演艺融入丰富表现形式

主题公园内旅游演艺产品包括广场类、巡游类、剧院类等，艺术演出与旅游文化的结合丰富了主题公园园内产品和体验，吸引更多游客观光。宋城演艺的宋城千古情、迪士尼的狮子王（中文版）、华侨城的金面王朝等都是主题乐园内的经典演出剧目。主题公园演出的打造汲取科技与艺术精华，从现代审美、体验需求出发，不断创新。

随着游客旅游需求层次的不断提升，旅游演艺产品品质不断提高、种类不断丰富，其在主题公园内的作用日益凸显，成为主题公园不可或缺的部分。主题公园是文化娱乐的载体，通过演艺演出可以深化主题，凸显主题乐园的文化，使之更立体、更形象，加深游客在主题公园内的艺术享受，丰富其认识和体验。旅游演艺产品的不断开发和创新是迪士尼、华侨城、宋城演艺等知名主题公园持续吸引游客的因素。演艺产品不仅利于完善园区产品结构，并且延长了旅客的停留时间，增加单位游客的经济效益。除了日间的演出外，主题公园还推出夜间演艺节目、特定节日主题演出等，不仅活跃了园内气氛，也为园区获得增收。

实践卡

从我国香港迪士尼到上海迪士尼，从环球影城到乐高，每一个国外乐园都在寻求契机，填补中国市场的空白；从欢乐谷到长隆，从恐龙园到方特，中国的乐园也在开启主题开发的道路。畅想一下，中国主题公园今后的发展方向应该是怎样的呢？

思政园地

2022年是中国文旅最艰难的一年,而获得2022年度中国最佳主题公园称号之一的北京欢乐谷却是一股清流,全年以"国潮年·国潮谷"运营,打造了"国潮IP聚集地",2020—2023年逆势飞扬,走出一条文旅融合、流量与营业额双收的道路。

2022年年初,凭借中国文化新表达的《天光夜谭Plus》隆重推出,北京欢乐谷成为北京市不可替代的"夜经济"网红打卡地,成功入选了文化和旅游部的"国家级夜间文化和旅游消费集聚区",如图1-12所示。

图1-12 北京欢乐谷国潮文化节

立足旅游和文化两大板块,北京欢乐谷结合京城市民节庆消费习惯,在"国潮年·国潮谷"的年度运营主旨下,独辟蹊径,汇聚了古今中外、经典流行的国潮IP,打通全年六大主题节庆,从"国潮闹春节""国潮文化节""国潮狂欢节""国潮·街头艺术节""国潮神话节"到"国潮幻影节",实现有效经营时段游客接待量、经营收入连续数破纪录、连创新高。在端午节、中秋节、国庆节等多次上榜北京旅游景区前十名,成为榜单中唯一的单独主题公园类别景区,以更加轻松愉悦的方式影响和引导消费者关注,传承并弘扬中国文化。

在国潮文化节以及国潮狂欢节期间,北京欢乐谷整合三大经典IP——《大闹天宫》《哪吒闹海》《葫芦兄弟》,打造"中华文化复兴者联盟";在国潮神话节期间,联动《捉妖记》,展开奇幻嗨萌的"画卷",跨界破圈,为主题公园注入新鲜"血液"。在各大节庆中,还导入"三星堆""山海经"等国潮IP,让"文化芯"成为节庆内核。

2022年11月19日,北京欢乐谷《盖世英雄》荣获2022年中国主题公园最佳演艺项目,《天光夜谭Plus》荣获2022年中国主题公园最佳体验项目。北京欢乐谷的区位竞争力、规模竞争力、项目影响力和市场竞争力四个主题景区的一级指标仅次于上海迪士尼、珠海长隆,成为华北地区主题公园首席代表。

> 2022年12月30日，北京欢乐谷成功成为全国主题公园首个国家级服务业标准化试点单位，成为中国文旅行业标准实践地。
>
> 2023年开年不久，北京欢乐谷积极践行"常看常新、常玩常新"理念，落地"场景为王""氛围为王"主题，焕新升级"七十二变"主题商店，上线二十余天交出营业收入增幅260％的优异成绩，实现以优质文旅产品筑造运营效益护城河。
>
> 北京欢乐谷的成功案例告诉我们，国潮创新是成功的发展方向，是中国文化自信的体现。
>
> （资料来源：北京晚报.国潮文化节请您"闯武林"[EB/OL].（2023-03-01）[2023-12-30].https://www.beijing.gov.cn/renwen/sy/whkb/202304/t20230403_2964920.html.）

任务三　学会主题公园分类

任务卡

请将以下八个主题公园按照不同的标准进行分类，并将分类标准与分类明细写清楚。

主题公园名称：

1. 横店影视城　　2. 长隆野生动物世界　　3. 方特东方神画　　4. 北海银滩度假区
5. 清明上河园　　6. 上海迪士尼　　7. 万盛奥陶纪　　8. 亚特兰蒂斯

分类标准：_____

分类明细：_____

_____

_____

_____

知识卡

主题公园发展至今，已经形成主题多样、规模各异、分布广泛、业态丰富的具有发展潜力的现代旅游目的地形态。由于各方面因素的影响和制约，实际上，对世界各地的主题公园进行分类，具有相当大的难度。为了深入认识和研究主题公园，更好地进行运营与管理，更大限度地满足旅游者多样化休闲娱乐需求，对主题公园进行科学分类是一项既有理论意义又有实践意义的工作。经过整理，常见的分类标准有以下几种。

（一）按照内容特征进行分类

按照内容特征分类，主题公园可以分为游乐主题公园、演艺主题公园、度假主题公园、海洋主题公园、水上主题公园、自然历史主题公园，如表1-4所示。

表 1-4　不同内容特征主题公园

类　　型	特　　点	主题公园代表
游乐主题公园	IP与大型游乐设施相结合	迪士尼乐园、长隆欢乐世界、深圳欢乐谷、方特梦幻王国
演艺主题公园	以实景演艺、场景体验为主	环球影城、宋城演艺、方特东方神画、横店影视城
度假主题公园	休闲度假景区与游乐设施相结合	三亚蜈支洲岛度假中心、北海银滩旅游区、观澜山水田园农庄
海洋主题公园	以动物展览、大型表演为主	大连圣亚海洋世界、武汉东湖海洋世界、澳门渔人码头、香港海洋公园
水上主题公园	以漂流等水上游乐设施为主	长隆水上世界、珠海梦幻水城、三亚亚特兰蒂斯水上冒险乐园
自然历史主题公园	以自然风光、历史重现为主	束河古镇、西江千户苗寨、锡林郭勒大草原、锦绣中华

（二）按照体验类型进行分类

按照体验类型进行分类，主题公园可以分为景观观光类主题公园、休闲游乐类主题公园、情景模拟类主题公园、主题创意类主题公园等，如表1-5所示。

表 1-5　不同体验类型主题公园

类　　别	体验内容	特　　征	主题公园代表
景观观光类主题公园	人造景观	以仿真或人造景观的微缩景观为游览主题	深圳锦绣中华、世界之窗、昆明世界园艺博览园
休闲游乐类主题公园	游乐设施	提供大型游乐设施以满足游客的休闲游乐需求	"欢乐谷"系列主题公园、苏州乐园、杭州乐园
情景模拟类主题公园	人造场景	以场景体验为主	杭州宋城景区、开封清明上河园、浙江横店影视城、银川华夏西部影视城
主题创意类主题公园	独特主题	以独特的主题创意为主，融合多种表现方式的主题体验	迪士尼乐园、环球影城、常州中华恐龙园、方特欢乐世界

（三）按照主打卖点进行分类

按照主打卖点进行分类，主题公园可以分为奇幻/卡通人物类主题公园、历史/文化类主题公园、动物/海洋动物类主题公园、自然/景观类主题公园、演艺/媒体类主题公园、游乐场/器械类主题乐园等，如表1-6所示。

表 1-6　不同卖点主题公园

类　　型	典型项目
奇幻/卡通人物类主题公园	迪士尼乐园、方特梦幻王国、熊出没山谷
历史/文化类主题公园	大唐芙蓉园、开封清明上河园
动物/海洋动物类主题公园	珠海长隆海洋王国、中华恐龙园、香港海洋公园、澳洲渔人码头、海昌海洋公园、长隆野生动物园

续表

类 型	典 型 项 目
自然/景观类主题公园	锦绣中华、中国民俗文化村、世界之窗
演艺/媒体类主题公园	环球影城、长影世纪城、横店影视城、宋城景区、方特东方神画
游乐场/器械类主题公园	大连发现王国、六旗游乐园、欢乐谷、方特欢乐世界、长隆水上乐园

根据第三方旅游行业研究及美国 AECOM 集团的报告，按主题公园数量统计，在目前中国的主题公园中，游乐场/器械类占比最高，为53%，奇幻/卡通人物类占比为16%，历史/文化类占比为13%，动物/海洋动物类占比为9%，自然/景观类占比为5%，演艺/媒体类占比为2%，其他类占比为2%。其中，具有明显主题的公园游客量明显多于游乐场/器械类公园，游客量达百万以上的大型主题公园中，有明显主题的公园占比更高。

实践卡

假如有一家投资集团拟在西安投资建造一座以中国古诗词作为体验要素的主题乐园，现向全社会征集创意项目及卖点。想一想，你有什么好的创意可以提供？

_____
_____
_____
_____

思政园地

华强文化：VR深耕，动漫领跑，文化科技融合

深圳华强文化科技集团股份有限公司（以下简称"公司"）是一家以文化内容产品及服务和文化科技主题公园为主营业务的大型文化企业，下辖30多家专业公司。公司通过实施文化与科技融合的战略，形成了以创意设计为龙头，以特种电影、动漫产品、主题演艺、影视出品、文化衍生品、文化科技主题公园为主要内容的互为上下游、优势互补的全产业链。

公司在主题公园和动漫领域均处于行业领先地位。乐园项目部分项目技术水平超过迪士尼和环球影城。公司出品的"熊出没"是国产动画第一品牌，创造了央视最高和次高收视率，大电影票房更刷新全国纪录。动漫产品出口到100多个国家。

公司围绕核心技术优势，不断开发以VR主题电影为代表的核心游乐产品，成功打造"方特欢乐世界""方特梦幻王国"和"方特东方神画"三大高科技主题公园品牌，目前拥有全世界最大、数量最多的VR主题公园。早在2002年就运营过试验项目方特室内游乐园，有air strike、4D fantahelm 等 VR 体验功能，当时规模达到几千平方米，但是由于载客量有限，未获利。2004年开始进入主题公园领域，VR应用游乐项目有飞越极限、海螺湾、魔法城堡、西游传说等，真人表演有《千古蝶恋（梁祝）》《女娲补天》等。

公司最早提出"文化+科技"的理念,成立之初一直潜心研发,华侨城的世界之窗里面4D影院等技术设施都来自华强。团队中军人多执行力强,军工背景技术过硬,团队稳定,有十多年合作经历、16年研发基础、2000个研发人员,具有极强的创新能力。主题乐园国外巨头进入中国将带动行业整体水平上升,大家将在新的起跑线上竞争,公司相比国内其他品牌更具有竞争优势。

(资料来源:国信旅游.华强文化:专注VR技术及IP全产业链变现[EB/OL].(2016-03-03)[2023-12-30].http://finance.ikanchai.com/2016/0303/55715.shtml.)

案例分析

创想文化再起航——华侨城集团成立30年创新发展纪实

30多年前,华侨城集团从深圳湾畔的一片滩涂起步,翻开市场导向、多元发展的第一页。

从定位旅游为战略发展方向到建设中国第一批主题公园,从探索文化产业发展新模式到搭建文化产业发展平台,从借力资本运作到引入战略投资……华侨城30多年来的发展史,是一部国有企业打造核心竞争力的改革史,也是一部致力提升国人生活品质的创新史。

时针拨回30多年前,华侨城的改革创新道路开始了!

1985年,国务院侨务办公室接管深圳沙河华侨农场,深圳特区华侨城经济发展有限总公司成立。虽然在当时的环境下,完全市场化运作的国企较少,但不管招商引资还是自主办企业,地处改革开放前沿的华侨城从成立的第一天起,就处在充分竞争的市场经济环境中。

小体量,大智慧。1987年,发展之初的华侨城,大胆做出一项创举:基于对当时中国旅游市场形势的精准判断,华侨城将战略发展方向定位于旅游产业,提出以市场化手段搞旅游项目。

一招妙棋全盘活。依托这项创举,华侨城赢得市场认可。华侨城先后在深圳湾畔建设了中国第一批主题公园"锦绣中华"、中国民俗文化村和世界之窗,一时火爆全国。锦绣中华当年即收回投资,这些景区迄今仍魅力不减,深受游客喜爱。

1997年,在主题公园开发和城区建设领域取得成就的基础上,一个具有现代理念和机制的企业集团——华侨城集团成立。自此,华侨城发展进入快车道。

优胜劣汰是市场的法则,有进有退是经营的常态。在分析未来市场发展趋势的基础上,华侨城集团先后关停并转了40多家企业,最终将集团发展的三个核心业务确定为旅游业、地产业和电子业。这种集中优势资源发展核心战略产业的策略效立竿见影。1997年,中国第一家主题公园企业华侨城A上市。

"用市场的逻辑赢得市场。"30多年来,面对竞争激烈甚至有些残酷的市场,华侨城适时导入市场化机制,市场竞争力和品牌影响力不断增强,经营业绩和发展态势处于行业领先地位。

1998年是华侨城A上市后的第二年。这一年,新一代主题公园"深圳欢乐谷"亮相。人们满怀期待的同时也在发问:新一代公园,是对第一代静态微缩景观型主题公园的简单改造,还是通过彻底自我创新和颠覆带来全新体验?亲身尝试后的人们喜出望外:先进的游乐设施、丰富的游乐项目、安全的游乐环境……欢乐谷带来焕然一新的互动游乐体验,让繁华都市有了开心乐园。

2006年,华侨城再次让人们眼前一亮。北京欢乐谷正式开业,标志着华侨城从单一主题公园向主题公园连锁运营迈出实质性一步,实现从单一产品的创新到发展模式的突破。

付出总有回报,华侨城赢得创新的红利。2009年,华侨城集团主营业务整体上市。与此同时,欢乐谷主题公园也一路挺进,现已布局深圳、北京、成都、上海、武汉、天津,另有重庆、福州等地的欢乐谷项目也在推进中。"欢乐谷"已经成为中国家喻户晓的主题公园,也是中国第一个自主创新的主题公园连锁品牌。

"欢乐谷"后,华侨城迈入不断自我创新和超越的快车道。在第一代静态微缩景观型主题公园和第二代互动游乐型连锁主题公园的基础上,华侨城又开发出了生态旅游度假区产品。此类产品旨在满足城市化进程中不断拓展的生态度假需求,以华侨城深圳东部旅游度假区、华侨城泰州溱湖度假区、华侨城昆明阳宗海度假区为代表。

2011年,深圳"欢乐海岸"大型城市综合体全面开业,这是华侨城新一代都市娱乐目的地产品,其特色在于融合主题商业、时尚娱乐、生态旅游、商务度假等多元业态,成为创新型城市滨海体验空间和中国南方的都市风范目的地。

在不断进行产品创新的同时,华侨城大刀阔斧地开始了经营模式的创新。从深圳总部6平方千米的土地起步,华侨城形成了成片综合开发模式,把多种不同的业态组合起来,达到功能化和集约化,形成一个环境优良的居住与消费、生活一体化社区。华侨城的综合运营模式已成为中国文化旅游企业的成功典范。

早在"十二五"时期,华侨城不断加大对旅游文化相关产业的战略投资,探索开拓一条文化产业融合的新路径,打造了一批游客喜闻乐见的文化旅游产品。立足主题公园,华侨城全方位延伸产业触角。经过努力,华侨城逐步打造出文化旅游、文化节庆、文化演艺、文化艺术、文化主题酒店、文化科技、文化相关产品制造文化产业七大板块。通过产业的融合与互补,提升了产业的附加值,突破了产业发展的瓶颈与阻碍。

着眼文化旅游,华侨城多角度提升景区磁性。比如,让文化与节庆结合,景区常变常新;文化与演艺结合,提升旅游的吸引力,并逐步实现独立运营;文化与艺术结合,以馆群连锁运营和平台化运作开创文化艺术的经营创新;文化改造主题酒店,成为中国主题文化酒店的开拓者;文化与创意结合,以华侨城创意文化园推动文化创意产品孵化。

在互联网席卷传统产业的今天,"智慧华侨城体系"的面世又拉开华侨城主动拥抱互联网的大幕。

"智慧华侨城体系"内涵丰富:智能化旅游信息系统为市场前端的景区管理、运营后台的游客服务都插上了互联网的"翅膀"。通过华侨城旅游营销管理平台、景区无线Wi-Fi全覆盖、移动端应用等智慧华侨城体系的架构,华侨城将实现与互联网的全面对接,以智慧作为抓手,全面提升旅游管理、服务和营销水平。

时间推移、空间转换,华侨城不断刷新优质生活的定义,却始终坚持梦想的初心。

(资料来源:乔文.创想文化再起航——华侨城集团成立 30 年创新发展纪实[EB/OL].(2015-05-14)[2023-12-30]. https://www.chinawriter.com.cn/news/2015/2015-05-14/242273.html.)

讨论:华侨城集团在发展的历程中经历了哪几个发展阶段?驱动华侨城集团迭代升级的影响因素都有哪些?请具体说明。

_____
_____
_____
_____
_____
_____

项目实训

分组合作完成项目实训。对标迪士尼主题公园,任选一家我国主题公园集团,查阅资料,并分析这家主题公园集团发展历程、主要产品、经营亮点及优势。将成果以 PPT 的形式呈现,并在班级中进行汇报与讨论。

目标集团:_____

集团发展历程:_____
_____
_____
_____
_____

主要产品:_____
_____
_____

经营亮点:_____
_____
_____

独特优势:_____
_____
_____

自我评价与思考

班级：_____ 组名：_____ 姓名：_____

评分项目	比重/%	分数	评分人	评 分 标 准
自我评价	20		自己	根据自己在实训过程中的表现和收获进行评分
参与度	30		组长	根据出勤、提问、回答问题、讨论等对实训项目的参与情况进行评分
配合度	20		组员	根据实训调研过程中组员之间的相互配合程度进行评分
报告成绩	30		老师	根据班级公开汇报的情况进行评分
总分	100			

总结反思：

_____

_____

_____

_____

主题公园组织结构与人力资源管理

项目清单

主题公园组织结构与人力资源管理项目清单如表 2-1 所示。

表 2-1 主题公园组织结构与人力资源管理项目清单

任 务	知 识 目 标	职业核心能力要求
了解主题公园的人力资源管理理论基础	(1) 掌握人力资源管理基本概念； (2) 掌握主题公园基本组织架构	(1) 具备全面梳理人力资源管理的基本理念和概念的能力； (2) 具备灵活适应变化的能力，能够创新人力资源管理策略，适应主题公园行业的不断发展和变化
了解主题公园的组织机构设置理论基础	(1) 了解我国主题公园人力资源管理的基本内容； (2) 掌握主题公园人力资源管理的基本方法	(1) 能够深入理解我国主题公园人力资源管理的基本框架和核心内容； (2) 具备制定并实施符合主题公园行业特点的员工培训和发展计划的能力
了解主题公园的员工关系管理	(1) 掌握主题公园人力资源管理的岗位特征； (2) 基本学会应用主题公园人力资源管理知识	(1) 能够深入理解主题公园人力资源管理岗位的独特特点和要求； (2) 具备将主题公园人力资源管理知识应用于实际工作中的能力

项目情境

千里马的悲剧　人力资本错置

一个农场主买了一匹千里马，回到家中发现实在没有什么大事需要千里马去完成，便把马养在那里。时间长了，家里人开始埋怨农场主，说他好草好料养了一匹没用的马。农场主也觉得大家说得有道理，便决定给千里马安排工作。可农场里除了耕田、拉车、拉磨外，根本没有其他工作可以用到马，于是农场主决定用千里马去耕田。

千里马驰骋惯了，一到田里便开始奔跑，把扶犁的农人拉着摔了好几个跟头，再没有人愿意用千里马耕田了。农场主又用千里马去拉车，可千里马跑得太快，很快就把车轮子拉掉了。看来千里马也不适合拉车。农场主没有办法，就把千里马送到了磨坊，让它和一头驴子一起拉磨。开始千里马总是走得太快，驴子根本就跟不上，农场主就让伙计们用鞭子抽打千里马。只要千里马走得稍快了一点,伙计的鞭子就落到了千里马身上。慢慢地,千里马适应了拉磨,和那头驴子配合得非常默契了。

农场主看到千里马终于派上了用场,很高兴。可不久他又觉得千里马既然干着和驴子相同的活儿,就要享受与驴子同样的待遇。于是千里马好草好料的特殊待遇没有了,每天吃着和驴子同样的草料。千里马越来越老实、温顺了,拉磨时也不再高昂着头了。

有一天,农场主上山巡视,不慎被猎人布置的打狼的夹子夹住了一条腿,随从的人好不容易把他弄回家里。当地的医生说农场主伤势很重,需要立即送到城里救治。农场主当即想起了那匹千里马,他让家人从磨坊里拉出那匹千里马,由医生护送自己去城里救治。千里马终于又有了驰骋的机会,一上路便开始奔跑,虽然身上载着两个人,但它的速度还是很快。可没跑出多远,千里马就因为体力不支而放慢了速度,最后索性在原地转起圈来了。等医生回去找了别的马把农场主送到城里,因为延误了治疗,农场主的那条腿只能被截掉了。从城里治疗回来的农场主做的第一件事情就是宰掉了那匹千里马,把它下了汤锅。

千里马的悲剧也是农场主的悲剧。因为没有合适的岗位,农场主亲手把一匹千里马调教得像驴子一样成了拉磨的役畜,可当需要的时候才想起它是一匹千里马,殊不知,因环境及待遇等方面的影响,它已经失去了千里马的特质,成了一匹只会拉磨的马。在日常的企业管理过程中,这种悲剧时有发生。这既是人才的悲剧,也是企业的悲剧。

(资料来源:善用人才——千里马的悲剧[J].中国电力企业管理,2015(5):95.)

请查阅资料,就下列问题展开讨论。

千里马的悲剧是怎样导致的?这样的悲剧存在着怎样的管理问题?

任务一 主题公园的人力资源管理理论基础

一、人力资源导论

任务卡

随着全球化竞争和知识经济时代的到来,越来越多的管理学者、企业家和管理者认为,人力资源日益成为企业竞争优势的基础。芝加哥大学教授、诺贝尔经济学奖获得者西奥多·W.舒尔茨认为,人力资本是通过对人力资源投资而体现在劳动者身上的体力、智力和技能,它是另一种形态的资本,与物质资本共同构成了国民财富,而这种资本的有形形态就是人力资源。这种资源是企业、地区和国家生产与发展的要素之一。

当代经济学家普遍接受了舒尔茨的观点。经济学家认为,土地、厂房、机器、资金等已经不再是国家、地区和企业致富的源泉,人力资源才是企业和国家发展之根本。传统计划经济体制下的人浮于事、平均主义、裙带关系、激励和约束机制空缺等问题至今仍困扰着众多企业。人力资源管理的改革与提升已经成为一项迫在眉睫的任务。

请思考,为什么人力资源是企业竞争的基础?主题公园人力资源有哪些要素?

知识卡

主题公园人力资源的管理工作一般由人力资源部(有的称为人事培训部)与其他业务部门共同负责。这两者的关系是:其他业务部门负责本部门人力资源管理的日常工作;人力资源部则对其他业务部门的人力资源管理工作提供服务、指导、监督和考核。

人力资源部是负责主题公园人力资源管理的专门部门,直接对总经理负责。人力资源部的主要工作如下:协助总经理制订、掌握、控制各部门定员和定编;根据工作需要,协同各部门办理员工招聘,为各部门提供各类员工;对企业各部门员工的余缺进行调配;协同各部门对员工进行入职培训和适当的在岗培训,以提高员工素质和实际工作技能;记录员工个人资料并进行存档管理;统一管理和调整全体员工的薪酬;为员工办理各种有关人事手续和证件,包括入职、离职和调动等。

《辞海》把资源解释为"资财的来源"。在经济学上,资源是指为创造物质财富而投入生产活动中的一切要素。当代经济学家把资源分为以下几类。

(1) 自然资源。一般用于生产活动的一切未经人加工的自然物,如未经开发的土地、山川、森林、矿藏等,待人们去开发利用。

(2) 资本资源。一般用于生产活动的一切经人加工的自然物,如资金、机器、厂房、设备等。人们并不直接消费资本本身,而是利用它去生产新的产品和创造新的价值。

(3) 信息资源。指对生产活动及与其有关的一切活动的事、物描述的符号集合。信息是对客观事物的一种描述。与前两种资源不同的是,前两种资源具有明显的独占性,而信息资源则具有共享性。

(4) 人力资源。它是生产活动中最活跃的因素,也是一切资源中最重要的资源。该资源由于特殊的重要性,被经济学家称为第一资源,或者称为构成企业核心竞争力的战略性资源。

那么到底什么是人力资源呢?经济学家从不同的角度给出了不同的定义。但一般认为有广义和狭义两种定义:广义的人力资源是指一切智力正常的人;狭义的人力资源指人所具有的对价值创造起贡献作用,并且能够被组织所利用的体力和脑力的总和。

人力资源的绝对数量的构成。从宏观上看,它指的是一个国家或地区中具有劳动能力、从事社会劳动的人口总数;它是一个国家或地区劳动适龄人口减去其中丧失劳动能力的人口,加上劳动适龄人口中具有劳动能力的人口。

适龄就业人口、老年就业人口、待业人口三部分构成了现实的社会劳动力供给,这是直接的、已经开发的人力资源;就学人口、服役人口、家务劳动人口及处于劳动年龄之内的其他人口并未构成现实的社会劳动力供给,是间接的、尚未开发的、处于潜在形态的人力资源,可称为潜在的人力资源。

人力资源相对数量的构成。人力资源相对数量即人力资源率,它是指人力资源的绝对量占总人口的比例,是反映经济实力的更重要的指标。一个国家或地区的人力资源率高表明该国家的经济有某种优势。因为在劳动生产率和就业状况既定的条件下,人力资源率越高,表明可投入生产过程中的劳动力数量越多,从而创造的国民收入就越高。

人力资源的质量是人力资源所具有的体质、智力、知识和技能水平以及劳动者的劳动态度。它一般体现在劳动者的体质水平、文化水平、专业技术水平、劳动的积极性上,它们往往可以用健康卫生指标(如平均寿命、婴儿死亡率、每万人口拥有的医务人员数量、人均日摄入热量等)、教育状况(如劳动者的人均受教育年限、每万人中大学生拥有量、大中小学入学比例等)、劳动者的技术等级状况(如劳动者技术职称等级的现实比例、每万人中高级职称人员所占的比例等)和劳动态度指标(如对工作的满意程度、工作的努力程度、工作负责程度、与他人的合作性等)来衡量。

与人力资源数量相比较,其质量方面更为重要。随着社会生产的发展,现代科学技术对人力资源的质量提出了更高的要求。人力资源质量的重要性还体现在其内部的替代性方面。一般来说,人力资源的质量对数量的替代性较强,而数量对质量的替代作用较差,有时甚至不能替代。人力资源开发的目的在于,提高人力资源的质量,为社会经济的发展发挥更大作用。

实践卡

了解欢乐谷的人力资源管理模式,从人力资源的数量和质量方面分析其人事结构,以及各岗位在其中的职责。

二、人力资源管理导论

任务卡

现代人力资源管理源于英国的劳工管理,并经由美国的人事管理演变而来。20世

70年代后,人力资源在组织中所起的作用越来越大,传统的人事管理已明显不适用,它从管理的观念、模式、内容、方法等全方位地向人力资源管理转变。从20世纪80年代初期起,西方人本主义管理的理念与模式逐步凸显出来。所谓人本主义管理,就是以人为中心的管理。人力资源被作为组织的首要资源,现代人力资源管理便应运而生。它与传统的人事管理的差别,已不仅仅是名词的转变,两者已有了本质的差异。图2-1是成都欢乐谷全景图。

图2-1 成都欢乐谷全景

假如你是成都欢乐谷员工,你认为员工与企业效益之间存在哪些关系?能否用列举法列举五种关系?

_____
_____
_____
_____

知识卡

所谓人力资源管理,是指企业为了实现人力资源的取得、开发、保持和利用而进行的计划、组织、指挥和控制活动。企业人力资源管理所关注的焦点,是如何依据发展战略及其目标,进行人与人关系的调整、人与事的配合,以充分开发和利用人力资源,激发员工的积极性和创造性,在提高企业生产率和竞争力的同时,提高员工的工作、生活质量和满意度。人力资源管理包括人力资源的规划和预测,工作设计和工作分析,人员的招聘、遴选和录用,人员培训和开发,薪酬设计,绩效考评,人员调整,劳动关系的处理,人力资源的核算评估,建立组织文化等方面的工作。

人力资源管理与传统的人事管理有很大的区别。传统的人事管理工作只限于人员招聘、选拔、分派、工资发放、档案保管之类较琐细的具体工作,后来逐渐涉及职务分析、绩效评估、奖酬制度的设计与管理、其他人事制度的制订、员工培训活动的规划与组织等。传统人事管理基本上属于行政事务性的工作，活动范围有限，以短期导向为主，主要由人事部门职员执行，很少涉及组织高层战略决策。随着时代的发展，传统的人事管理已明显不适应现代生产管理的需要，人力资源作为组织的首要资源已得到普遍的认同，人力资源管理的职能已远远超过人事管理职能。

传统的人事管理只从事雇佣关系层面的管理工作，主要工作内容是人员招聘、选拔、录取、考核、工资福利发放、档案管理等具体工作。

人力资源管理不仅包括雇佣关系层面的工作内容，还要从组织目标的角度，对组织中的人力资源进行规划和全方位的管理。其工作内容涉及根据组织目标进行组织设计和工作分析，制订人力资源计划，对员工进行岗前、岗中、岗后培训，指导考核评定，确定职务升降，在工作中建立沟通渠道，为员工进行职业生涯规划等。

传统的人事管理属于行政事务性工作，主要是作为一个普通部门行使职能，很少涉及组织高层的战略决策。人事部门只收集整理员工的信息，提供给高层管理部门作为决策的参考。

人力资源管理以人为中心，重视对人的能力、智慧和创造力的开发，把人力资源管理工作作为一个综合的整体。管理工作既要有战略的高度，又要有进入员工感情世界和心理活动领域的深度。管理的理念是把员工看作有社会性的人，有自我实现愿望的人，并且对组织内员工持服务的态度。

传统的人事管理被看作技术含量低、无须专长、无足轻重的工作。人事管理部门属于执行层，无决策权。

人力资源管理在高层、中层和低层都发挥作用。在高层次方面要参与到企业高层决策中，包括企业战略目标的确立及企业的人力资源规划等；在中层次方面要对各部门的工作予以协调和指导；在低层次方面则要完成许多与员工有关的事务，在这一层次上它包含人事管理的工作。

实践卡

拍立得公司的首席行政官埃德温·兰德的管理哲学是：让公司所有的员工都有竭尽才智的机会，能表达其意见，能在其能力许可之下共享公司的繁荣，能赚足够的钱，使他不至于把赚更多的钱这件事一直放在心头。总而言之，让他们的工作得到充分的报酬，而且使工作成为他们生活中重要的组成部分。三星集团的李健熙会长的管理哲学是：三星不是我的公司，是我们的公司。正是在这种积极健康的管理哲学的驱使下，这些公司才能制订和实行既有利于员工成长，也有利于公司发展的人力资源管理策略。

惠普公司非常强调尊重和体谅员工个人，承认个人所获得的成就，并在公司内努力创造一种人尽其才的环境，因此造就了"以人为本"的"惠普之道"。通常情况下，员工一旦辞职离开，企业就坚决拒绝再次录用他们。而在惠普公司，如果有人曾经为了更有诱惑力的机遇而离职过，只要不是为一家直接的竞争对手工作，只要他们有良好的工作表现，就欢迎他们再次加盟，因为他们了解惠普，不需要进行职前培训，而且通常还会因为这种特别的经历而产生"浪子回头"的效果。

在一定意义上,企业竞争力可以归结为人力资源竞争力。现代人力资源管理与传统人事管理相比,更突出战略性。企业要突出人力资源管理的战略性,必须集中时间、精力于人力资源管理的战略性项目,专注于与构筑人力资源竞争力紧密相关的业务管理。这就要求企业一方面把事务性的、非核心的、重复性较强的人力资源管理项目由机器取代或外包;另一方面要努力营造员工与企业共同成长的组织氛围,关注员工职业生涯管理,为有远大志向的员工提供施展才华、实现自我超越的舞台。

请完成阅读,以主题公园运营工作小组为单位分析如何从人事管理的角度提高自己部门员工的工作效率。

思政园地

华侨城人力资源管理理念

(1) 以人为本。
① 不仅要造就有成就的人才个体,而且应培育人才团队,发挥人力资源团队规模效应。
② 不仅要发挥人力资源体力劳动密集型功能,而且更应发挥人才之智力密集型功能。
③ 不仅要发挥人才自身功能,而且要充分利用与其连带的社会关系网络功能。
④ 不仅要利用"内脑",而且要利用"外脑"。
(2) 企业通过吸纳成熟型人才、成长型人才,有效拓宽利用社会人才的渠道。
(3) 企业开辟三个人才渠道。
① 立足区域,充分发挥本地人才的主渠道作用。
② 面向全国,吸纳高层次人才。
③ 注重与国际接轨,寻找留学生或外籍管理者、专家的支持。
(4) 在三个层面上开发人力资源。
① 企业高层形成职业精英团队。
② 企业内部实施全员培训。
③ 企业外部正面影响客户、公众。
(5) 用人原则。
① 知人:了解人、理解人、尊重人,不但知人之表,更要知人之潜力。
② 容人:创造宽松环境,使人心情舒畅,不求全责备,允许改进自律。
③ 用人:为每个员工提供施展才能的舞台,创造学习、发展、升迁的机会。

④ 做人：以诚相待，与人为善，宽容人、体谅人，不搞内耗，敬业乐业、忠于职守，以公司为家，与公司共荣辱。

(6) 持续开发人力资源，将人才作为取之不尽、用之不竭、具有倍增放大效应的资本。

(7) 人尽其才，人人都是人才。

(8) 公平竞争。

① 不拘一格，机会均等，任人唯贤。

② 没有性别、籍贯、身体特征的偏见。

③ 没有校友派系、出身门户之见。

④ 没有领导个人用人偏好。

(9) 人才个体生涯成长规划与企业人力资源发展目标相互匹配，员工与企业一同成长。

(10) 保持企业一定的员工流动性。

① 过于稳定，造成一潭死水，没有竞争压力。

② 流动过于频繁，造成队伍不稳、技术没有积累，反而流失。

(11) 实施工作多样性和工作丰富性。打破员工岗位固定化和单一化模式，适时调换员工工作岗位和地点，或建立工作小组制，使职工做到一专多能或全能发展，保持员工工作热情、新鲜感和挑战性。

(12) 建立员工正常晋升机制，使普通员工具有努力敬业而被提拔的权利和机会。

(13) 大力开展制度化的合理化建议活动，从中发现、挖掘人才。

(14) 对突破常规机制能够脱颖而出的尖子人才，要委以重任。

任务二　主题公园的组织机构设置理论基础

一、组织设计的理论

任务卡

有七个人住在一起，他们每天都要分一大桶粥。但是粥每天都是不够的。一开始，他们抓阄决定谁来分粥，每天轮一个。于是，一个星期下来，他们只有一天是饱的，就是自己分粥的那天。后来，他们推选出一个道德高尚的人来分粥。大家开始挖空心思地讨好他、贿赂他，搞得整个小团队乌烟瘴气。再后来，大家组成三人的分粥委员会及四人的评选委员会，但他们常常互相攻击、扯皮，粥吃到嘴里全是凉的。最后，有一个人提出：轮流分粥，但分粥的人要等其他人都挑完后拿剩下的最后一碗。为了不让自己吃到最少的，每个人都会尽量将粥分得平均。最后，大家快快乐乐，和和气气，日子越过越好。同样是七个人，不同的权责机制就产生了不同的风气。所以，一个单位如果有不好的工作习气，一定是机制的问题，一定是没有完全公平、公正、公开，没有科学的权责机制。那么如何设计这样一个机制就是组织设计的核心问题。

请思考,团队里面的人怎样分工才能使团队更有竞争力呢?
_____
_____
_____

知识卡

组织结构是指组织内部分工协作的基本形式或框架。组织结构对组织行为具有长期性和关键性影响。它反映了关于个人和部门的一系列的正式的任务安排(即工作在各个部门与组织成员之间是如何分配的);正式的报告关系(即谁向谁负责),包括权力链、决策责任、权力分层的数量(管理层次)以及管理人员的控制范围(管理幅度);组织的内部协调机制。组织结构为保证跨部门合作提供了一种体系设计,一个企业的结构反映了企业通常是如何解决信息和协调问题的。在这个意义上,我们可以将组织结构定义为"一个企业组织任务、安排人员完成任务,以及促使企业信息流动的一般的和持久的方式"。

组织结构描述了组织的框架体系。我们可以从三个方面描述组织结构的基本特征。

(1) 复杂性,指组织的分化程度。一个组织劳动分工越细密,纵向的等级层次就越多;组织单位的地理分布越广泛,则协调人员活动就越困难。我们使用复杂性这一术语来描述这一特征。

(2) 正规化,指组织依靠规则、程序来引导和控制员工行为的程度。有些组织仅以很少的规章制度来控制员工行为,而另一些组织虽然规模较小,却有着各种各样的规定,指示员工可以做什么或不可以做什么。一个组织使用的规章制度或条例越多,其组织结构就越具正规化。

(3) 集权化,描述了决策制定权在组织内的分布情况。在一些组织中,决策是高度集中的,问题自下而上传递给高级管理人员,由他们选择合适的行动案。而在另一些组织中,其决策制定权则授予下层人员,这被称为分权化。

实践卡

请思考组织分工的意义,如何分工才能让团队运转得更好?
_____
_____
_____
_____

二、组织设计的内容

组织是在一个具有实现目标功能的整体里,把具体的目标和功能相互联系起来的技术,具有系统和活动的双重含义。组织是管理的重要职能之一。

组织管理是主题公园管理的重要功能,也是主题公园进行正常经营活动的前提和基础。组织管理对于主题公园的重要性主要体现在三个方面:一是主题公园的经营战略、经营目标和计划的保证;二是提高主题公园市场竞争力的重要手段;三是调动主题公园员工积极性的重要方法。

主题公园的组织管理是根据主题公园的经营目标,建立组织机构,合理配置资源,明确各种责任、权力和利益,协调各种关系的活动过程。

知识卡

组织设计关注的是如何建立或改变一个组织的组织结构(包括组织机构和职位系统),使之能更有效地实现组织的既定目标。组织设计涉及对组织内的层次、部门和职权进行合理的划分。具体而言,即根据组织目标,对实现目标所必需的各项业务活动加以区分和归类,把性质相近或联系紧密的工作进行归并,组建相应的职能部门进行专业化管理,并根据适度的管理幅度来确定组织管理层次,包括组织内横向管理部门的设置和纵向管理层次的划分。其基本内容主要包括如下五个方面。

(一)劳动分工专业化

如果一项工作包含多个环节或内容时,那么管理者就需要考虑如何分配工作任务。传统理论认为劳动分工是提高劳动生产率不尽的源泉,而且可以提高管理者对工作任务的控制能力。在20世纪初期和更早的时期,这一结论毫无疑问是正确的,因为当时专业化还没有得到普遍推广。但物极必反,随着劳动分工日益细密,在某一点上劳动分工所带来的非经济性将开始超过专业化的经济优势。这种非经济性表现为员工精神和生理上的厌倦、疲劳、压力,从而导致经常的旷工,甚至较高的离职流动率,导致低生产率、劣质品率上升等。同时,劳动分工势必增强管理协调的难度,对协调众多员工的工作活动提出更高要求,尤其是对于独立性和专业性很强的工作。

现代观点主张不仅要考虑经济成本和效益,也要考虑员工心理上的成本和效益;强调通过扩大,而不是缩小工作活动的范围来提高生产率。例如,给予员工多种工作去做,允许他们完成一项完整而全面的任务,或者将他们组合到一个工作团队中。现代观点虽然与劳动分工的思想相违背,但从总体上说,劳动分工思想在当今许多组织中仍具有生命力,并且具有较好的效果。我们应该认识到它为某些类型工作所提供的经济性,与此同时,我们也要看到它的不足之处。

(二)指挥链

指挥链是一条权力链,它表明组织中的人是如何相互联系的,表明谁向谁报告。指挥链涉及两个原理。

(1)统一指挥。古典学者强调统一指挥原则,主张每个下属应当而且只能向一个上级主管直接负责,不能向两个或者更多的上司汇报工作。否则,下属可能要面对来自多个主管的相互冲突的要求或优先处理的要求。

（2）阶梯原理。这一原理强调从事不同工作和任务的人，其权力和责任应该是有区别的。组织中所有人都应该清楚地知道自己该向谁汇报，以及自上而下的、逐次的管理层次。

统一指挥涉及谁对谁拥有权力，阶梯原理则涉及职责的范围。因此，指挥链是决定权力、职责和联系的正式渠道。

（三）管理跨度

一个管理者能够有效指挥多少个下属？这是一个管理跨度问题。所谓管理跨度就是向上级主管汇报工作的员工的数量，它决定了组织的层次和管理人员的数目。

古典学者主张窄小的跨度（通常不超过 6 人），以便管理者能够对下属保持紧密的管理。不过，也有一些学者认识到，组织层次是一个权变因素。随着管理者在组织中职位的提高，需要处理许多非结构性问题，这样高层经理的管理跨度要比中层管理者的小；而中层管理者的管理跨度又比基层监督人员的小。

现在越来越多的组织正努力扩大管理跨度。管理跨度根据权变因素的变化向上调整，从而导致组织结构的扁平化趋势。影响管理跨度的权变因素包括下属业务活动经验的丰富程度、下属工作任务的相似性、下属工作任务的复杂性或确定性、下属工作地点的相近性及使用标准程序的程度、组织管理信息系统的先进程度、组织文化的凝聚力、管理者的管理能力与管理风格等。

（四）职权与职责

职权为管理职位所固有的发布命令和希望命令得到执行的一种权力。在古典学者们看来，职权是将组织紧密结合起来的黏合剂。职权可以向下委任给下属管理人员，授予他们一定的权力，同时规定他们在限定的范围内行使这种权力。

每一管理职位都具有某种特定的、内在的权力，任职者可以从该职位的等级或头衔中获得这种权力。因此，职权与组织内的一定职位相关，而与任职者的个人特征无关。"国王死了，国王万岁"，就说明了这个道理。不管国王是谁，都具有国王职位所固有的权力。只要被辞退掉有权的职位，不论是谁，离职者就不再享有该职位的任何权力。职权仍保留在该职位中，并给予新的任职者。

授权的时候，应该授予相称的职责。换言之，一个人得到某种权力，他也就承担一种相应的责任。职权本质上是管理者行使其职责的一种工具。

古典学者认识到了职权与职责对等的重要性。另外，也有人阐明，职责是不可以下授的。他们提出这一论点，是因为他们注意到授权者对其授权对象的行动负有责任。古典学者认为，有必要区分两种不同形式的职责：执行职责与最终职责。管理者应当下授予所授职权相对等的执行责任，但最终的责任永远不能下授。

（五）部门化

随着组织规模的扩大，管理者为了保证有效的工作协调和对工作活动的有效控制，就必须将一组特定的工作合并起来，从而形成一系列的部门，通常将这个过程称为部门化。

部门是指组织中主管人员为完成规定的任务有权管辖的一个特定的领域。部门化或部门划分的目的,在于确定组织中各项任务的分配与责任的归属,以求分工合理、职责分明,从而有效地达到组织的目标。一种最常见的部门划分方法是按履行的职能组合工作活动,称为"职能部门化"。这种方法将特定的、互相有联系的工作活动划分到同一个部门。在每一个部门里,员工拥有相似的技能、专长和可以利用的资源。

实践卡

设计一个主题公园的管理组织结构图,包括各个管理部门的职责,并说明设计原则,以确保主题公园的规范化管理和高效运营。确保做到以下几点。

(1) 确保管理层能够有效监督和指导执行层的工作,从而实现组织目标。

(2) 根据公园的规模和特点,对各个管理部门进行合理的分工,明确各部门的职责和权限。

(3) 建立健全的责任制度,明确管理人员和员工的责任和义务,以提高工作效率和责任感。

(4) 建立良好的内部沟通机制,促进各个部门之间的协调合作,解决工作中的问题和矛盾。

_____
_____
_____
_____

三、主题公园的组织经营结构

主题公园经营组织是指按合法程序建立并具备相应资质条件,对主题公园经营活动进行管理的企业性经济实体。主题公园经营组织的架构形态和运作模式是由多种因素相互影响和共同作用来决定的,主题公园的经营组织与主题公园的管理体制、经营运作和组织方式具有十分密切的关系。

知识卡

决定主题公园经营组织模式的核心是经营运作的对象。根据不同的经营运作的对象,主题公园的经营组织模式可以分为三大类型,即以产品为中心的经营组织、以市场为中心的经营组织、以职能为中心的经营组织。

(一) 以产品为中心的经营组织

在以产品为中心的经营组织结构里,经营管理者把主题公园作为一种产品来对待,他们的行为方式是由这个产品的个性决定的,并对这个产品的正常"生产"(接待旅游者)负责。迪士尼乐园将这种经营组织结构的负责人称为首席执行官。随着时间的推移,这种经营组织内部逐步建立了分工明确的等级制度,如图2-2所示。这种经营组织结构模式具有许多优点,最主要的优点就是责任明确和很容易获得"产品"的有关信息。这种组织结构训练出来的部门经理,既有与内部其他部门协同工作的能力,又掌握了接待旅游者的沟通技巧。实际上,组织结构以产品为中心的主题公园往往成为其他一些主题公园高级经营管理人员的基地,因为这些主题公园会高度评价有关人员所接受的培训以及所获得的工作经验。但是这种组织结构也有不足之处:由于把注意力局限在"产品"上,容易忽略最基本的关于游客需求的问题;它还有可能成为一个高度集权的结构,使得部门经理在某种意义上离开了"实际制定决策的地方"。

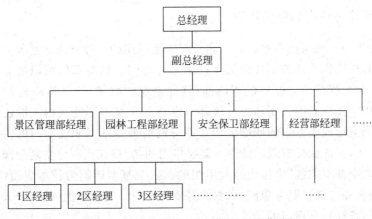

图 2-2　以产品为中心的主题公园经营组织

(二) 以市场为中心的经营组织

在以市场为中心的经营组织结构里,经营管理者把主题公园作为一种满足旅游者多样化需求的旅游形态来对待,他们的行为方式是由旅游者多样化休闲娱乐需求选择决定的。划分细分市场的依据包括产业、渠道、区位、旅游者选择方向和比重、游客构成与消费结构。显然,如果各细分市场的旅游者休闲娱乐选择行为方式之间存在显著差异,为了满足不同旅游者的选择需求,就必须采取相应的针对性营销战略和战术,此时这种以市场为中心的组织结构就非常有用,如图 2-3 所示。

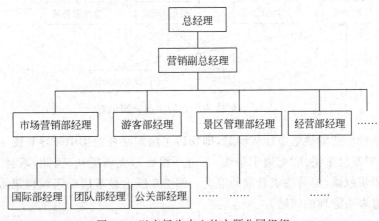

图 2-3　以市场为中心的主题公园组织

这种以市场为中心的经营组织结构有一个最大的优点,就是它能把注意力集中到旅游者的选择需求方面上来。像重视资产一样重视旅游者,这就使主题公园可以更加关注旅游者休闲娱乐需求的变化,并在必要的时候改进或者创新主题公园的个性和特色,不断增创商业感召力。这种结构也有缺陷,其中之一就是有可能和融入其中的产品管理系统发生冲突,尤其是对于从建设期过渡到正常经营阶段的主题公园,这种冲突就会更加显著。当然,产品管理的技巧、工作流程和行动,对于以市场为中心的组织结构同样具有重要的意义。

(三) 以职能为中心的经营组织

以职能为中心来架构经营组织是主题公园广泛采用的一种方法。这种方法根据分工专业化的原则,以工作或任务的性质为基础来划分部门。这些部门可以被分为基本的职能部门和派生的职能部门。基本的职能部门(即企业的职能)处于组织机构的首要一级(如深圳锦绣中华发展有限公司称为一级部),在每一个基本职能之内一般还需进一步细分,细分的结果就形成了派生的职能部门。细分的前提是基本职能部门的主管人员感到其管理宽度太大,不能保证有效的管理。需要指出的是,现在大部分主题公园企业都是根据法约尔的"六个基本职能"来构建经营组织的。六个基本职能为技术职能(生产)、商业职能(购买、销售和交换)、财务职能(资本的筹集和运用)、安全职能(财产和人身的保护)、会计职能(包括统计)、管理职能。

如图 2-4 所示,以职能为中心架构经营组织的优点在于,它遵循了分工与专业化原则,因而有利于充分发挥专业职能,使主管人员的注意力集中在组织的基本任务上,有利于目标的实现,同时它简化了训练工作,为上层主管部门提供了进行严格管理的手段。

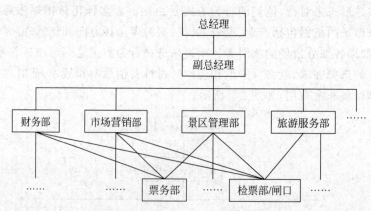

图 2-4 以职能为中心的主题公园组织

但这种结构形式的缺陷也比较明显,即妨碍了组织必要的集中领导和统一指挥,形成了多头领导,对基层来讲是"上边千条线,下边一根针",无所适从,因此,不利于明确划分职能部门的职责权限,容易造成管理的混乱。图 2-5 所示是基层的组织构架示例,在一定程度上存在着多头管理的问题。

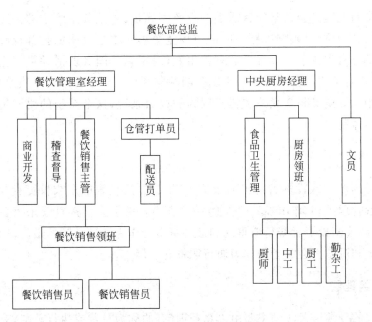

图 2-5　以餐饮部为例的组织构架

实践卡

重庆欢乐谷都有哪些职能部门？这些部门的设置是出于什么目的？各有什么功能？你愿意去哪个部门工作？进入这个部门需要具备哪些技能？

_____
_____
_____
_____

四、主题公园组织的机构设置

主题公园组织机构是主题公园内部各个有机组成部分相互作用、相互连接的纽带，是主题公园内部各组成部分有机联系的框架，它既是主题公园内部的管理体系，也是主题公园组织的指挥系统。

知识卡

主题公园的领导体制是指对主题公园经营活动中领导权力与责任的划分，并以制度形式作出规定。领导体制是关系到领导权的重大问题。

主题公园的领导权一般可以分为决策权、指挥权和监督权三个方面。决策权是指对主题公园的经营发展目标、经营发展战略以及经营方针等重大问题做出决策的权力，直接关系到主题公园的生存和发展。主题公园的决策权主要归属于股东大会选举产生的董事会。指挥权是对主题公园日常经营活动的行政领导权,直接关系到主题公园配置资源的效率和接待服务的质量,影响主题公园的市场竞争力。主题公园的指挥权归属于总经理层。监督权是指从主题公园投资者的利益出发,对主题公园经营活动进行全面监督的权利,是实现投资者期望的重要保证。主题公园的监督权归属于监事会。决策权、指挥权和监督权是既相互分离又相互联系和相互制约的权力系统,这个系统的协调运作构成了主题公园的领导体制。

(一)董事会

董事会是由股东或投资者选出的董事所组成的,是代表股东或投资者全权处理主题公园重大经营管理活动,作出经营决策的主要机构。董事会直接对股东大会或投资者负责,并保证主题公园投资者获得应得的利益。董事会作为主题公园的最高决策机构,依照现代企业制度和股东大会赋予的权力履行职责和开展工作。

(二)总经理层

主题公园的日常经营活动主要由以总经理(有的称为总裁或执行总裁,有的称为首席执行官,一般应该以公司性质和规模而定)为首的行政管理部门负责承担。总经理层应全面贯彻执行董事会做出的各项决策和决定,并对董事会负责;同时,以总经理为主对主题公园的一切经营活动进行指挥、协调和控制。为了确保行政管理部门最高指挥的权威,有效地进行主题公园的经营活动,通常采取总经理负责制,即由总经理统一领导和指挥主题公园的经营活动。行政管理部门的副总经理及其他高级管理人员由总经理提名推荐,由董事会聘任,主要协助总经理完成行政管理部门的职责。

(三)监事会

监事会是主题公园资本营运的监督机构,负责监督、检查主题公园资本营运及经营管理的状况,并对主题公园的董事会及经理人员行使监督职能。监事会成员是由股东大会或投资者选举产生的,并且与董事会分离。监事会的监督活动具有独立性,从而保证了监事会工作的公正性和客观性。

监事会依照现代企业制度和股东大会赋予的权力履行职责和开展工作,根本目的是要防止董事会滥用职权、谋取私利甚至伤害主题公园权益,从而保证主题公园在有效监督的条件下开展经营活动和实现可持续发展。

主题公园管理体制是纵向组织体系的管理,一般情况下,建立自上而下的四级组织层次,并落实各层组织的业务范围、经营管理职责和权利,从而保证主题公园各项经营活动的顺利进行。四级行政管理体制主要包括总经理层、部门经理层、主管(领班)层和操作员工层,从而形成一种梯形的行政组织结构。

实践卡

欢乐谷的职权部门管理体系是什么样的?请用组织框架图画出来。

项目二　主题公园组织结构与人力资源管理

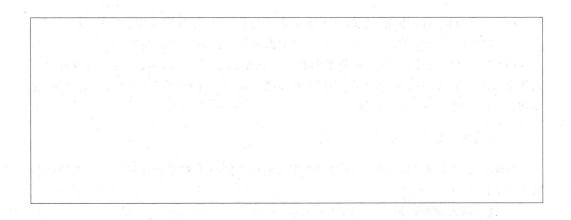

任务三　主题公园的员工关系管理

一、主题公园员工的招聘

任务卡

主题公园的招聘形式有哪些？招聘内容有哪些？

_____
_____
_____
_____

知识卡

主题公园招聘员工的基本目的是以最小的成本获得能满足企业需要的合格员工。招聘的过程可以划分为三个阶段：一是确定企业的用人要求（工作分析、工作说明书、工作规范等）；二是吸引求职者前来应聘（企业的目标与发展前景、企业的形象与声誉、企业的工资福利待遇、企业中的培训和提升机会、工作岗位与条件等）；三是从求职者中挑选员工。

主题公园因为规模不同、项目技术特点不同、招聘规模和应招人数不同，各企业招聘员工的工作程序也就不同。一般来讲，招聘员工大都按以下基本步骤进行。

（1）把收集到的有关应招者的资料进行整理、汇总、归类，制成标准格式。

（2）将应招者的情况与工作说明书、工作规范以及企业的要求进行比较，初步筛选，把全部应招者分为三类：可能入选的；勉强合格的；明显不合格的。

（3）对可能入选者和勉强合格者再次进行审查，进一步缩小挑选的范围。这项工作可以由管理人员或人事部门来完成。

（4）对通过审查的应聘者进行笔试、面试以及医学、心理学检测。

(5) 依据考试、检测的情况,综合考虑应聘者的其他条件,作出试用、录用决定。

(6) 对每一位应聘者,不论录用与否,企业都应该书面通知招聘结果。

(7) 对初步录用的应聘者,企业要向有关方面征询意见,得到满意结论后,就可以正式作出录用决策,以书面形式将有关事宜通知被录用者。经被录用者认可、接受聘用,企业和被录用者之间签订录用合同。

(一)招聘中的基本程序

招聘程序是主题公园或任何其他组织招募新员工的一系列步骤和流程。主题公园招聘的基本程序如下。

1. 制订用人需求计划

确定主题公园内各个部门的用工需求并分析每个职位所需的技能和资格,制订招聘计划。

2. 发布招聘广告

设计吸引人的招聘广告,明确招聘职位、要求和待遇。广告发布途径包括主题公园的官方网站、社交媒体、招聘网站等。

3. 收集申请材料

设立招聘邮箱或在线招聘系统,接收求职者的简历、求职信和其他相关材料。设定截止日期,确保及时收集所有申请材料。

4. 简历筛选

对收到的简历进行初步筛选,选择符合基本要求的候选人。有时候会采用关键词匹配、经验匹配等方式进行初步筛选。

5. 面试安排

通知初选通过的候选人参加面试并安排面试时间、地点,告知所需携带的文件或材料。

6. 面试过程

进行个人面试,评估求职者的专业能力、沟通能力、团队合作精神等。有时候可能会进行群面试、技能测试或其他形式的面试。

7. 参观主题公园

部分主题公园可能会邀请候选人参观公园,以更好地了解工作环境和职责。

8. 背景调查

对通过面试的候选人进行背景调查,确认其提供的信息的真实性。部分职位可能还需要进行体检或相关的资格认证。

9. 面试结果确认

根据面试和背景调查的结果,确认最终的招聘决定。通知被录用的候选人,提供详细的入职信息。

10. 录用和入职

发送录用通知书,并就工资、福利、工作职责等方面进行确认。提供入职培训,并协助新员工顺利融入主题公园工作环境。

11. 建立员工档案

收集新员工的个人信息、合同、培训记录等,建立员工档案。

12. 员工迎新

为新员工提供迎新活动,让他们更好地适应主题公园的文化和团队。

招聘流程中每一步都是重要的,确保有序和专业的招聘流程将有助于选择合适的人才,提高员工的满意度和工作绩效。

案例:随着暑期临近,游客数量预计将大幅增加,某主题公园决定招聘一批新的员工,以确保为游客提供优质的服务。特发出如下招聘需求。

职位:游乐设施操作员。

需求:10 人。

职位描述:操作和维护游乐设施,确保游客的安全和娱乐体验,提供必要的指引和帮助。

任职要求:高中以上学历,有相关工作经验者优先,具备良好的沟通能力和服务意识,身体健康,无恐高症。

该主题公园安排了如下的流程。

第一,在主题公园的官方网站、社交媒体平台和 58 同城招聘网站上发布招聘公告。公告包括职位描述、岗位职责、任职要求和应聘方式。

第二,人力资源部收集并筛选应聘者的简历,根据职位要求挑选合适的候选人进入下一轮面试。

第三,人力资源部对筛选出的候选人进行初步面试,主要考察应聘者的基本情况、工作经验和职业素养。初步面试合格的候选人进入专业面试阶段。部门经理根据职位要求进行进一步考核,评估应聘者的专业技能和实际工作能力。

第四,人力资源部汇总部门经理的面试结果,对候选人的表现进行综合评估,选出最符合要求的应聘者。

第五,对最终确定的候选人进行背景调查,核实其工作经历和个人信息,确保候选人符合公司的用人标准。

第六,人力资源部向通过所有考核的候选人发放录用通知,明确入职日期、工作地点、薪酬待遇等具体事项。

最后,新员工入职后,由公司安排系统的入职培训,内容包括公司文化介绍、岗位职责培训、安全知识培训等,帮助新员工迅速适应工作环境。新员工进入试用期,各部门经理对其进行定期考核,评估其工作表现和适应情况,试用期合格后正式转正。

实践卡

从招聘来看,你应该具备哪些职业素养、才能、技能才能在未来职业中发展得更好?

（二）用人部门和人力资源部门的职责分工

招聘是人力资源管理活动中的重要环节，这不仅是人力资源部门的工作，更是用人部门不可推卸的职责。人力资源部和用人部门在招聘的不同阶段承担不同的工作，扮演不同的角色。一般而言，是否需要招人、招什么样的人、什么时候招人，这些主要由用人部门提出和决定，而人力资源部门作为一个职能部门，主要确定招聘流程和负责每项招聘活动的运作，并且为用人部门提供专业的咨询和合理的建议。不管怎样，招聘过程离不开两个部门的密切配合。一般而言，两个部门在实际招聘过程中的工作职责分工如表 2-2 所示。

表 2-2　用人部门和人力资源部工作职责分工表

用 人 部 门	人 力 资 源 部
依据人力资源规划以及实际需要提出招聘需求	招聘计划的拟订
招聘岗位的工作说明书及录用标准的核定与修改	招聘信息的发布
	应聘者申请登记/资格审查
应聘者初选，确定参加面试的人员名单	应聘者初选，通知参加面试的人员名单
	面试、考试工作的组织
负责面试/考试工作	讨论工资水平，个人资料核实，体检
录用人员名单审批/人员工作安排及试用期间待遇的确定	试用人员报到及生活方面安置
正式录用决策	正式合同的签订
员工培训决策	员工培训服务
录用人员的绩效评估与招聘评估	录用人员的绩效评估与招聘评估
人力资源规划修订	人力资源规划修订

（三）招聘中的常见问题

在主题公园招聘中，常见问题可分为几个类别，包括求职者的个人情况、工作经验、技能和兴趣等。

1. 个人信息及背景类

（1）个人背景：如年龄、婚姻状况、家庭情况等。

（2）学历和资格：关于教育背景、专业、学位等方面的问题。

（3）职业发展目标：个人对未来职业发展的规划和目标。

2. 工作经验与技能类

（1）工作经历：以前的工作经验、实习经历、兼职等。

（2）工作成就：曾经工作中取得的成绩和经验。

（3）技能和能力：关于特定技能、软技能、语言能力等。

3. 职业动机和兴趣类

（1）申请该职位的原因：求职者对该职位的兴趣和动机。

（2）对主题公园的了解：关于求职者对主题公园的认识和了解。

4. 团队合作与人际关系类

（1）团队协作能力：求职者在团队中的角色和协作能力。

（2）处理冲突的经验：处理与同事或上级的冲突经验。

5. 挑战和问题类

（1）曾经面临的挑战：对过往面临的问题或困难的应对方式。

（2）如何克服困难：求职者克服困难的经验和思考方式。

6. 行为和情境问题类

（1）行为问题：通过具体情境来了解求职者的行为和反应。

（2）解决问题的方法：求职者解决问题的方法和思考过程。

7. 自我认知和发展类

（1）自我评价：对个人强项和改进空间的认知。

（2）学习与成长：求职者对自我学习和职业发展的看法。

8. 离职原因和稳定性类

（1）离职原因：求职者离开前一份工作的原因。

（2）对稳定性的看法：对长期职业稳定性的看法和规划。

（四）空缺岗位的分析

分析主题公园空缺岗位是确保正确招聘的重要步骤，它涉及对组织需求的深入了解以及明确所招人员的技能、经验和特质。空缺岗位分析包括以下三个方面。

1. 评估团队结构

评估团队结构是确保新招聘岗位有机整合到组织中的关键步骤，一般包括对团队结构进行分析，查看当前主题公园的组织结构图，了解各个部门的职能和层级关系并确认每个部门的主要工作职责和目标；分析现有员工技能和专业领域，了解他们的强项和擅长的领域，并确定团队内部存在的专业知识和技能的差异。最后，确认主题公园的业务目标和战略规划，了解团队在实现这些目标中的角色和重要性并最终确定新招聘岗位与战略规划的匹配度。

2. 评估招聘职位的紧急性和重要性

评估招聘职位的紧急性和重要性是确保招聘战略与业务目标相符的重要步骤。首先，了解当前业务的需求和目标，明确主题公园当前所面临的挑战和机遇，并确认团队是否需要更多人手来满足日常运营需求，或是为了实现长期战略目标。其次，确定团队当前的目标和未来的战略计划，分析新招聘岗位在实现这些目标中的作用和重要性。最后，对于紧急而重要的职位，评估空缺可能对业务、项目或团队整体稳定性造成的潜在风险。考虑未填补职位可能带来的效率下降、服务质量降低等方面的潜在影响。

3. 提出用人需求计划

提出用人需求计划是确保招聘与业务发展目标一致的关键步骤，一般包括明确新招聘岗位的职能和任务，确保招聘计划与业务需求相符，将职能和任务与业务目标相匹配，确保每个招聘职位都对主题公园的成功运营起到积极作用。确定新岗位所需的技能和资格，区分基本要求和附加优势，以确保候选人能够胜任工作。

（五）招聘决策的运作

作为一项具体的活动，主题公园的招聘决策的运作可分为以下几步。

1. 用人部门提出申请

需要增加人员的部门负责人向人力资源部提出需要人员的人数、岗位要求等,并解释理由。一般来说,用人部门须填写用人申请表,如表2-3所示。

表2-3　用人单位用人申请表

用人申请表				日期: 年 月 日	
申请部门		招聘职位		部门编制	
现有人员	人	所需人数	人	到岗日期	
申请原因					
岗位要求:					
岗位职责:					
申请部门负责人:			人力资源部意见:		
总经理审批:					

2. 人力资源部复核

主管部门应该到用人部门去复核申请,是否一定要这么多人,减少一点人数是否可行,并写出复核意见。

3. 最高管理层决定

根据企业的不同情况,可以由总经理工作会议决定,也可以在部门经理工作会议上决定。决定应该在充分考虑申请和复核意见的基础上产生。

(六)发布招聘信息及策略

主题公园在作出招聘决策后,就可进行发布招聘信息工作,确定发布招聘信息的时间、方式、渠道与范围。由于所需招聘的岗位、数量、任职者要求的不同,招聘对象的来源与范围不同,以及新员工到岗的时间不同和招聘预算的限制,发布信息的过程也将不同。

1. 广播与电视广告

广播与电视广告主要用于招聘企业的高级管理人才。有时企业招聘高级人才以访谈面试的形式出现,企业可以借机宣传企业的形象。事实上,在广播与电视上发布招聘广告进行人员招聘的企业,大多是政府的职业中介机构或猎头公司,也有少部分的知名企业。它们在广播与电视媒体上发布广告的目的更多的是提高企业的知名度和塑造企业的形象。

2. 报纸广告

报纸广告是企业进行招聘时使用最为频繁的媒体,因为报纸广告的费用比电视广告的成本要低得多,但同样能吸引众多的申请者,因此是我国企业使用最广泛、最多的媒体。报纸广告不仅受企业的欢迎,也受到了应聘者的欢迎。其主要的优点是应聘者可以在不同的时间、地点被多个不同的读者阅读,能够方便地复印抄写。一般来说,低层次职位可以选择地方性报纸,高层次或专业化程度高的职位则要选择全国性或专业性的报纸。

3. 行业或专业杂志广告

行业或专业杂志广告也是企业招聘专业的管理人员和技术人员的重要选择。因为行业或专业杂志的读者大多是与行业有关的专业人员,杂志的读者群比一般的报纸更为集中,所以,广告的针对性就更强一些。当企业在这类杂志上发布招聘广告时,招聘信息就会被目标受众接受。进行杂志广告招聘要注意两点。

(1) 由于专业杂志的印刷期较长,所以招聘广告发布的提前量要比较充分,并要注明招聘截止日期。

(2) 杂志广告的创作要美观又有创意,做到既能吸引读者目光,又能宣传企业形象。

4. 网络广告

网络广告是一种新型的广告形式,将它用于招聘活动将是未来招聘的一种时尚。企业在网络上发布广告主要有两种途径。

第一种是在企业自身的网站上发布招聘信息,这可以将企业的每一个空缺岗位逐一列出,必要时还可以作适当的描述,可以清晰地罗列对应聘人员的资格要求。上述这些内容可以不受篇幅的限制,并且招聘广告发布的费用比较低廉,但是这类广告是否被有效地发布,与企业自身的知名度和网站的知名度密切相关。因此,一般只有名声较大的企业才运用此种途径。

第二种是在门户网站或者专业的招聘网站上发布招聘信息,而这种由于广告的费用比前一种方式高,篇幅也有所限制,所以这类广告的内容要简明扼要,尤其是联系方式要清晰。

企业在确定招聘信息发布渠道时,一定要注意以下几个方面。

(1) 目标受众定位:确定目标受众是哪些人群,从而选择更加精准的招聘渠道。根据职位的性质和要求,选择能够吸引目标人群的平台和媒体。

(2) 行业相关性:选择与主题公园行业相关的招聘渠道,确保信息传达到对该行业有兴趣或经验的求职者。使用与主题公园业务相关的行业网站、社交媒体群体等。

(3) 多元化渠道:利用多元化的招聘渠道,包括在线招聘平台、社交媒体、招聘会、校园招聘等。这样可以覆盖不同群体,提高吸引力。

(4) 公司官方渠道:确保在主题公园的官方网站上发布招聘信息,让求职者直接从公司获得最准确和全面的信息。通过官方社交媒体账号发布招聘信息,加强品牌形象。

(5) 职位描述的清晰度:招聘信息中的职位描述要清晰明了,涵盖工作职责、任职资格、福利待遇等关键信息。吸引符合要求的求职者,减少不符合要求的应聘者。

(6) 及时回应和互动:及时回应求职者的查询,保持互动和沟通。提供联系方式或在线聊天支持,让求职者感受到公司的关注和对他们的重视。

实践卡

欢乐谷通常有哪些招聘方式?

二、主题公园员工的培训

任务卡

主题公园员工培训对象有两种：一种是新入职的员工；另一种是企业现有的在岗员工。一项完整的员工培训工作应包括四个方面的内容：工作岗位所需要的职业知识、职业技能、职业态度、职业习惯。

图2-6是深圳华侨城的"欢乐谷"进行新员工岗前培训的内容架构。

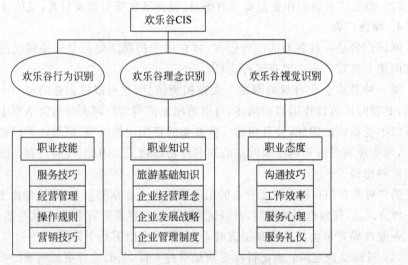

图2-6　深圳欢乐谷员工培训内容架构

请查阅资料，就下列问题展开讨论。
主题公园员工培训涉及哪些方面内容？

_____
_____
_____

知识卡

员工培训的计划与方法如下。

1. 员工培训的计划

员工培训计划是对培训工作的具体安排。制订培训计划要以企业的经营计划、人力规划、培训任务为依据。主题公园员工培训计划，包括培训项目、培训对象、培训负责人、培训内容、培训进度、培训费用预算、培训的考核与激励机制等内容。

2. 员工培训的步骤

主题公园员工培训的实施步骤可以概括为五个方面：发现培训需求；制订培训计划；

针对不同培训任务和对象准备好相关的培训材料、场地、设备和教师；具体实施培训；评估培训效果，并提出改进建议。

3. 员工培训的方法

培训方法多种多样，内容十分丰富，如主题公园民俗村村寨讲解员培训课程安排，如表2-4所示。在实际工作中，要根据培训的要求、特点以及可能，合理地选择采用。一般来说，员工培训的方法主要有在职培训、脱产培训，直接传授式培训（个别指导、开办讲座）；参与式培训（会议、小组讨论、个案研究、模拟训练法、头脑风暴法、参观访问法、工作轮换、事务处理训练、影视法等），自学法（开展读书活动、参加函授和业余进修、开展合理化建议活动），员工上岗前培训，员工的再培训。

表2-4 主题公园民俗村村寨讲解员培训课程安排

培训课程	培训时间	授课教师
民族、民俗知识（8小时）	2月28日至3月24日 每周星期二 上午8:30—10:30	
语言基础训练（12小时） （解说、演讲、主持）	2月28日至3月13日 每周星期一、星期三 上午8:30—10:30	
导游业务知识 接待礼仪（6小时）	3月15日至3月22日 每周星期一、星期三 上午8:30—10:30	
写作基础知识（4小时）	3月27、29日 每周星期一、星期三 上午8:30—10:30	
游客行为分析	3月3、10、17日 上午8:30—11:00	
民族音乐欣赏	3月24日 上午8:30—11:00	
民族舞蹈欣赏	3月31日 上午8:30—11:00	
现场观摩训练（讲解、节目主持）	2月28日至3月31日 （时间、地点灵活安排）	
考核	民族、民俗知识，服务技巧，讲解技巧	

实践卡

请制订一份主题公园服务管理岗新进员工的培训计划。

三、主题公园员工的激励

主题公园经营目标的实现需要全体员工的积极参与,创造性地开展经营活动,这就需要企业管理者不断地去激励员工,鼓舞员工的士气和激情。

激励这个概念用于主题公园管理,是指用各种有效的方法调动员工的积极性和创造性,使员工奋发努力,完成既定任务,实现企业的经营目标。

任务卡

激励员工的小技巧:
(1) 为员工提供一份有挑战性的工作。
(2) 确保员工工作顺利进行的相应设备的齐全。
(3) 组织或企业的领导应当为员工出色地完成工作提供必要的信息。
(4) 当员工出色地完成工作时,组织或企业应给予奖励或祝贺。
(5) 开庆功会,鼓舞士气。
(6) 领导要经常与员工保持联系,了解员工的实际困难与个人需求。
(7) 将奖惩与员工的工作绩效相联系。
(8) 员工的薪酬要有竞争力。

请查阅资料,就下列问题展开讨论。

主题公园的基层工作非常辛苦,如果你是项目组长,除了绩效激励外,还能怎样激励员工,提高积极性呢?

_____
_____
_____
_____

知识卡

(一) 主题公园的员工薪酬

一般而言,在主题公园中,薪酬往往体现为基本薪资、绩效工资、奖金、福利和服务四种形式,如图 2-7 所示。

1. 基本薪资

基本薪资是雇主为已完成工作而支付的基本现金薪酬。它反映的是工作或技能价值,并不考虑员工之间的个体差异。某些薪酬制度把基本工资看作雇员所受教育、所拥有技能的一个函数。对基本薪资的调整可能是基于以下事实:社会整体生活水平发生变化或通货膨胀;其他雇员同类工作的薪酬有所改变;雇员的经验进一步丰富;员工个人业绩、技能有所提高。

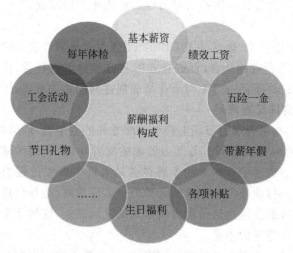

图 2-7　薪酬的主要构成

2. 绩效工资

绩效工资(即可变薪酬)是对过去工作行为和已取得成就的认可。作为基本工资之外的增加,绩效工资往往随雇员业绩的变化而调整。绩效工资可提高员工工作的积极性与主动性。

3. 奖金

奖金是对超额劳动所支付的报酬,是企业薪酬体系的重要组成部分。奖金是根据按劳分配原则对员工工资的补充,是员工薪酬收入的重要组成部分。

4. 福利

福利(即间接薪酬)包括休假(假期)、服务(医药咨询、财务计划、员工餐厅)和保障(医疗保险、人寿保险和养老金)。福利越来越成为薪酬的一种重要形式。

(二)员工薪酬的作用

薪酬在促进社会经济发展过程中起着非常重要的作用,是平衡社会发展、促进社会和谐、实现社会文明的重要元素。薪酬的作用主要体现在以下几个方面。

1. 维持和保障作用

劳动是价值创造的源泉,员工通过脑力或体力劳动的支出,为组织创造了价值,组织给员工支付报酬作为回报。那么员工为什么会为组织工作呢?因为获得这些回报对员工来说很重要:首先,员工必须购买必要的生活资料以维持生活的需要,比如衣食住行等方面的支出;其次,为了满足技术进步以及生产发展的需要,员工需要不断提高自己的技能以免被组织淘汰,这样在学习、培训、进修等方面的支出是不可缺少的;最后,员工为了满足自身需求,在娱乐、社交等方面也会有大量的支出。从经典理论来讲,以上几个方面都是维持生产所必需的。除此之外,维持再生产所必需的在子女养育等方面的支出也越来越大,给年轻员工较大的压力。

从以上分析可以看出,薪酬对于员工是很必要的,对员工而言意味着保障;薪酬对于组织而言也是必要的,因为这是维持劳动力生产和再生产的需要。

2. 激励作用

薪酬激励可以留住员工,提高员工工作的士气,为企业创造更大的价值。通过薪酬激励,将短、中、长期经济利益相结合,促进企业的利益和员工的利益、企业的发展目标与员工的发展目标相一致,从而促进员工与企业结成利益共同体关系,最终达到双赢。

3. 优化劳动力资源配置作用

薪酬可以保证企业在劳动力市场上获得薪酬方面的竞争性,能够吸引优秀的、符合企业所需的人才。薪酬对于社会具有劳动力资源的配置功能,不同区域、不同行业、不同职业的薪酬不一样,劳动力供给和需求的矛盾在劳动力价格形成过程中起着非常重要的作用。当某一地区、某一行业或某一职业的劳动力供不应求时,会导致这一地区薪酬水平的提高,薪酬的增加会吸引其他地区劳动力向紧缺的区域流动,这样会增加这一地区劳动力的供给,将薪酬维持在适当的水平。

当然,上述流动过程并不是自然而然实现的,会受到很多因素的制约。劳动力跨区域流动会受到地域、生活习惯、生存成本的制约,跨行业流动受到行业政策、行业经验的制约,跨职业人才流动受到知识技能、职业经验的制约。

实践卡

结合实例分析主题公园所有岗位的薪资,请对比一下每个岗位的职业价值、职业技能与薪资的匹配度,请思考为什么会有一定差别?请设计出五年的职业规划、理想薪资。

_____
_____
_____
_____

(三)主题公园的员工激励措施

根据现代组织行为学理论,激励的本质是员工主动去做某件事情的意愿程度,这种意愿以满足员工的个人需要为条件,因此激励的核心在于对员工内在需求的把握与满足。那么,激励员工所采取的措施就要能充分调动员工主动做事情的意愿。具体的措施如下。

1. 满足员工的基本物质需求

这些基本的物质需求是人们维持生命、延续种族的基本需要,包括对衣食住行等多方面的需求,这样就要求组织在激励员工的时候,可以通过提高员工的工资、社会福利和保险等生活方面的基本保障来让员工无后顾之忧,全身心地投入工作中。

在现代社会中,薪酬和福利待遇在很大程度上影响着一个人的情绪,影响着员工的积极性和能力的发挥,因为这些不仅是员工维持自身家庭生存和发展的一种手段,而且能满足员工的价值感。心理学研究表明,一个员工在积极提高自己工作绩效的同时也在不断争取更高级别的薪酬待遇。在此不断追求的过程中,员工会体验到由工作晋升和待遇提高带来的成就感,而这种成就感又会进一步激发员工的潜力,使其继续提升自己。

2. 员工参与和授权激励

员工的参与指的是企业通过鼓励员工参与组织的决策工作,来激发员工的积极性,调动员工工作的热情,以使员工和组织共同得到发展的一种模式。员工参与管理可以增强组织内的沟通和协调,也可以增强员工的主人翁意识,使员工感到自己在组织中存在的意义和价值,能主动地为自己的行为负责。员工参与也是一种角色的转换,使员工由表面的被雇用者转变为组织的主人,激发员工工作的动力。

授权是指组织领导在工作中适当地放权于有能力的员工,使有能力的员工在压力面前感受到组织的信任,从而更加主动地承担工作中的责任和义务,为组织服务。

员工参与和授权激励能激起员工对工作的自豪感和责任感,同时也是员工工作积极性的源泉。大多数人都有一种心理需求,希望能主动地支配自己的生活和工作,而不是被动地、无助地去接受、去适应。

3. 建立目标激励

任何一项活动设立目标本身就体现出一种激励、激发的因素。在建立目标激励的时候要注意目标本身的挑战性和协调性,也就是所建立的目标要有适当的高度,要有可实现并能激发员工的工作欲望。另外,在设立目标时要注意将员工的个人目标和组织的发展目标相结合,通过完成组织的大目标来实现员工的小目标,通过实现员工的小目标来完成组织的大目标,两个目标之间要能相互促进。

4. 建立员工持股激励体制

员工持股激励实际上是把员工提供的劳动作为分享组织利润的依据,它将员工个人利益同组织的发展、员工自身努力、组织管理等因素结合起来,以唤起员工对期望目标的向往和追求,让员工既为组织成长而骄傲,又可为自身带来财富。

员工持股激励的作用:一方面,可以激励员工努力工作,通过取得更高的绩效,直接把个人未来养老保险收入的多少与组织经营好坏和个人努力的程度相联系;另一方面,员工可以通过定期了解组织经营状况,参与组织的管理,在心理上感受主人翁的地位,从而提高心理的满意度。

实践卡

企业在激励员工过程中常犯的错误

著名管理专家拉伯福将企业在奖励员工方面最常犯的也最应该避免的十大错误归纳如下。

(1) 需要有好业绩,却奖励那些看起来最忙、工作最久的人。

(2) 要求工作的质量,却设下不合理的完工期限。

(3) 希望对问题有治本的答案,却奖励治标的方法。

(4) 光谈对公司的忠诚度,却不提供工作保障,而是付最高的薪水给最新入职或威胁要离职的员工。

(5) 需要事情简化,却奖励使事情复杂化和制造琐碎的人。

(6) 要求和谐工作环境,却奖励那些最会抱怨且光说不做的人。

(7) 需要有创意的人,却责罚那些敢于独行的人。

(8) 需要节俭,却以最大的预算增幅来奖励那些将他们所有的资源耗得精光的职员。

(9) 要求团队合作,却奖励团队中某一成员而牺牲了其他人。

(10) 需要创新,却处罚未能成功的创意,而且奖励墨守成规的行为。

根据以上材料分析,思考如何正确制订员工激励政策,避免出现以上错误?

项目实训

背景:你是一家即将开业的主题公园的人力资源经理,需要制订一套完整的人力资源管理计划,确保员工的招聘、培训、绩效管理等方面得到有效的管理和支持。

任务:设计一份人力资源管理计划,详细阐述以下各项内容。

1. 招聘计划

(1) 制订招聘策略,包括招聘渠道、面试流程等。

(2) 确订各部门的招聘指标和计划。

(3) 设计员工入职培训方案,确保新员工能够快速适应工作。

2. 培训和发展

(1) 规划员工培训计划,包括新员工培训、职业技能培训等。

(2) 设计绩效评估机制,确保员工的持续学习和发展。

(3) 制订晋升通道和培训计划,鼓励员工在职业生涯中取得更大的成就。

3. 员工绩效管理

(1) 制订明确的绩效评估标准和流程。

(2) 设计奖励制度,激励员工提高工作绩效。

(3) 制订处分措施,对表现不佳的员工进行适当的处理。

4. 员工关系与沟通

(1) 制订员工关系管理计划,解决员工间的纠纷和问题。

(2) 设计员工反馈机制,建立有效的沟通渠道。

(3) 提出员工活动和团队建设计划,增强员工凝聚力。

提交要求:以小组为单位,以 Word 或 PDF 文档形式提交你的人力资源管理计划,确保每个部分都有详细而清晰的解释。小组的计划应该是一份全面、可执行的文件,考虑到主题公园的特殊性质。

自我评价与思考

班级:＿＿＿＿＿＿ **组名:**＿＿＿＿＿＿ **姓名:**＿＿＿＿＿＿

评分项目	比重/%	分数	评分人	评 分 标 准
自我评价	20		自己	根据自己在实训过程中的表现和收获进行评分
参与度	30		组长	根据出勤、提问、回答问题、讨论等对实训项目的参与情况进行评分
配合度	20		组员	根据实训调研过程中组员之间的相互配合程度进行评分
报告成绩	30		老师	根据班级公开汇报的情况进行评分
总分	100			

总结反思:

＿＿

＿＿

＿＿

＿＿

项目三

主题公园游客服务管理

项目清单

主题公园游客服务管理项目清单如表 3-1 所示。

表 3-1 项目清单

任 务	知 识 目 标	职业核心能力
认识主题公园票务服务	(1) 梳理售票服务工作流程； (2) 剖析售票服务工作难点	(1) 具备梳理和理解售票服务工作流程的能力； (2) 具备良好的沟通和服务技巧，能够与客户有效互动，解答疑问，提供友好和专业的服务
认识主题公园游客接待与咨询服务	(1) 梳理游客接待服务要点； (2) 受理游客咨询工作要点； (3) 解决游客投诉	(1) 能够与游客建立积极、友好的沟通，主动倾听并回应他们的需求和问题； (2) 能够识别并处理紧急情况，合理分配资源，确保每位游客都得到适当的关注； (3) 能够迅速感知并理解游客的不满，及时应对并提出解决方案
认识主题公园游乐服务	掌握主题公园常规游乐设备运行服务及大型主题游乐服务要点	(1) 具备游乐设施安全操作和急救处理的技能，确保游客在游乐过程中的安全； (2) 能够以积极、友好的态度对待游客，提供热情服务，增强游客的满意度
认识主题公园购物服务	(1) 梳理旅游商品及其分类； (2) 识别游客购物心理及行为特征； (3) 厘清游客购物服务思路	(1) 能够敏锐地捕捉游客的购物需求和心理变化，理解他们的购物决策背后的动机； (2) 具备深入了解主题公园内旅游商品的各类产品的能力； (3) 具备以客户为中心的服务理念，以满足游客需求为导向，提供个性化、贴心的购物服务
认识主题公园餐饮服务	(1) 做实餐饮卫生安全管理； (2) 做优餐饮销售服务	(1) 具备对餐饮卫生标准和相关法规的了解，能够有效管理食品安全和环境卫生等方面的工作； (2) 具备良好的沟通和服务技能，能够与顾客建立良好关系，提供热情、专业的服务

项目情境

华侨城集团欢乐谷景区非常重视员工的服务体验，针对一线员工，通过线上平台，如官方网站、社交媒体等,开展"服务之星"点赞评选活动。将员工的服务质量、态度、技能等方面纳入评选标准。

通过线上平台展示候选人的照片、姓名、职务、服务亮点和优势。游客可以在活动页面为候选人点赞投票,同时也可以留言分享自己的体验和感受,最终获得"服务之星"的员工将会为其颁发荣誉证书和奖励,在职务晋升中会予以倾斜。

通过开展"服务之星"点赞评选活动,华侨城集团欢乐谷景区提高了一线员工的服务热情和水平,提升了游客的满意度和忠诚度。同时,这也是华侨城欢乐谷数字化转型和创新发展的重要举措之一,利用智慧化手段和优质服务创新结合,推动企业可持续发展。

请查阅资料,就下列问题展开讨论:良好的服务水平对于主题公园有哪些价值?主题公园的游客服务有哪些内容?

_____
_____
_____
_____
_____

任务一　认识主题公园票务服务

一、售票服务工作流程

任务卡

2019年8月10日,上海遭遇"利奇马"台风过境,由于天气原因,上海迪士尼于2019年8月10日宣布暂停开放并发布重要通知,以下为其官方平台发布的重要通知。

【重要通知】

由于天气原因,上海迪士尼度假区(包括上海迪士尼乐园)于2019年8月10日(周六)暂停开放。

已经购买2019年8月10日上海迪士尼乐园门票的游客,可以在未来六个月内(即2020年2月10日之前,含该日),任选一天到访上海迪士尼乐园。到访时,游客可以在乐园入口闸机处,出示在购买2019年8月10日乐园门票时所使用的身份证或者旅行证件原件,换取当日门票。

已经购买2019年8月10日音乐剧《美女与野兽》中文版演出票的游客,请联系原购票渠道进行改期或退款。

我们建议游客登录上海迪士尼度假区官方网站、手机应用程序(App)或微博平台查询最新信息,或联系上海迪士尼度假区预订服务中心热线:400-180-×××或+86-21-3158-××××(其他国家/地区)进行咨询。

(资料来源：上海迪士尼. Shanghai Disney Resort Closes on Saturday[EB/OL]. (2019-08-10)[2023-12-28]. https://mp.weixin.qq.com/s/8nidxuy9pceBzXFbgeyiwg.)

此消息一出，引起了很多网友的热评，讨论的焦点是：遇到自然灾害等不可抗力因素，园区宣布关闭应该予以退票操作。对此，你怎么看？

_____

_____

_____

知识卡

（一）售票前准备工作

（1）准时上班，按规定要求着工作装、佩戴工作卡，仪容整齐，化妆得体，遵守景区的工作人员规章制度。

（2）查看票房的门窗、保险柜、验钞机、话筒等设备是否正常。

（3）做好票房内及售票窗外的清洁工作。

（4）开园前挂出当日门票的价格牌。若当日由于特殊原因票价有变，应及时挂出价格牌及说明变动原因。

（5）根据前日票房门票的结余数量及当日游客的预测量填写《门票申领表》，到财务部票库领取当日所需各种门票，票种、数量清点无误后领出门票。

（6）根据需要到财务部兑换钱币，保证每日所需的零钞。

（二）售票服务工作流程

（1）客人走进窗口，售票员向游客礼貌问候"欢迎光临"，并向游客询问需要购买的票数。

（2）售票员根据《门票价格及优惠办法》向游客出售门票，主动向游客解释优惠票价的享受条件，售票时做到热情礼貌、唱收唱付。

（3）售票结束时，售票员要向游客说"谢谢"等礼貌用语。

（4）向闭园前一小时内购票的游客提醒景区的闭园时间及景区内仍有的主要活动。

（5）游客购错票或多购票，在售票处办理退票手续，售票员根据实际情况办理，并填写《退票通知单》，以便清点时核对。

（6）根据游客需要，实事求是地为游客开具售票发票。

（7）交接班时应认真核对票、款数量，核对门票编号。

（8）售票过程中，票、款出现差错的，应及时向上一级领导反映，长款上交，短款自补。

（9）热情待客，耐心回答游客的提问，游客出现冲动或失礼时，应保持克制态度，不能恶语相向。

（10）耐心听取游客批评，注意收集游客的建议，及时向上一级领导反映。

（11）发现窗口有炒卖门票的现象要及时制止，并报告安保部门。

实践卡

登录各大主题公园景区官网及各大社交媒体平台,查询各主题公园出售的不同门票种类。

_____

_____

_____

_____

二、售票服务工作难点

任务卡

迪士尼门票种类非常多,从一日票到季卡,从季卡到年卡,还有双票、三人行套票。花样百出的门票所描述的规则也是大相径庭。

2019年6月推出的三人行套票,引发了消费者马女士向12315的反映,事件的起因是马女士在迪士尼官方微信公众号上购买的三人行套票因自己选错了日期,原本想购买6月13日的门票,因操作不当,选成了6月6日。因马女士生活在云南,路途遥远,不可能在6月6日到迪士尼,其当即就联系了迪士尼,告知其误操作导致购买日期选择错误,希望改期。

按常理来看,这原本是非常简单的事情,只要在计算机里动动手指操作一下就可以改期,但是在与迪士尼方面联系后,马女士发现事情并非想象中的那么简单——迪士尼原有的"48小时改期规则"并不适用于三人行套票。迪士尼纸质票据如图3-1所示。

图3-1 迪士尼纸质门票

迪士尼乐园方解释称:一是本产品内所含的3张乐园门票不可取消或者更改,不可部分转让和销售;二是本产品不可转让,不可改期,不可退款,除法律、行政法规另有规定外。对方工作人员表示：只要是购票页面上有"惠"字样的门票都是这样的条款。

迪士尼方面称，由于套票比单日票要优惠200多元，因此限制条件也多了许多。但是为了避免消费者的损失，乐园方的相关规则也留有了一定余地，他们表示如消费者这一天实在有事无法游玩，可补400多元差价把平日票升级为高峰日票。最终，马女士也只能无奈接受迪士尼的票务规定，把平日票补差价升级为高峰日票。一个"误点击"，由于商家规则方面的限制，导致了数百元乃至上千元的损失。

（资料来源：浦东新区消保委.【典型案例】迪士尼推出新票种，票务新规要看清！[EB/OL].（2019-07-23）[2023-12-28]. https://mp.weixin.qq.com/s/vnIN-qcqcCNlYhb-RwCA0Q.）

在你看来，主题公园景区如何使票务服务工作更加人性化、便利化？

_____
_____
_____

知识卡

（一）假钞问题

景区应为每一个售票岗位购置功能齐全、准确的验钞机。

景区应有计划地请专业人员（如银行工作人员）来开展防伪钞培训活动，使有关员工掌握辨认伪钞的方法。一般而言，可以用"一看、二摸、三听"的方法辨认伪钞。

一看。看颜色、变色油墨、水印。真钞印刷精良，颜色协调，水印具有立体感；假钞颜色模糊，色彩不协调，水印只有一边或无立体感，纸张较差，防伪金属线或纤维线容易抽出。

二摸。摸水印、盲文。真钞手感较好，水印、盲文立体感强；假钞较绵软或很光滑，盲文不明显。

三听。听声音，假钞抖动时发出的声响太清脆或无声响。

收款时，最好不要当着游客的面，把钞票一张一张地拿到灯光下去看，这样做容易引起游客的反感情绪。这也要求售票人员掌握较娴熟、自然的方法有效地鉴别货币的真伪。如发现有问题的钞票，应与游客礼貌协商，请其重新换一张。

（二）优惠票之争

景区售票员应掌握以下原则。

（1）不要与游客发生争执，应热情、礼貌地向游客说明门票价格优惠制度，争取游客的理解。

（2）向游客解释时，应注意说话的方式，尽量站在游客的立场上进行表达。比如适当赞美游客的小孩，并善意提醒家长孩子知道他（她）自己有多高，不要在孩子心里留下阴影。

（3）遇到个别特别固执的游客，也可以灵活处理。比如干脆请他（她）做一次质量监督员,对景区服务的各个方面提意见,作为回报,他(她)可以免票入园。这样做皆大欢喜,游客心理上得到了极大的满足,景区也得到了关于服务质量的第一手资料。

除了上述讲到的儿童优惠票以外,景区还有团体票、假日票甚至导游票等。售票员应灵活机动,具体问题具体分析。

实践卡

登录各大主题公园景区官网及各大社交媒体平台,查询各主题公园售票服务渠道及不同渠道的价格,找出其销售及定价规律。

_____
_____
_____
_____

思政园地

摆脱传统"门票经济",主题乐园探索新赛道

2022年7月30日,上海海昌海洋公园内的全球首个奥特曼主题馆开业,被业界视为本土主题公园走出了多元内容体验的破局之路,或将成为缓解国内主题乐园"IP焦虑症"的一剂良方。

暑期以来,主题乐园游客数量迅速攀升。同程旅行平台显示,近一周夜游景区类型中,主题乐园以占比88%的绝对优势成为首选。携程平台上,主题乐园热度环比上月大涨77%。

近年来,各地的主题乐园纷纷努力转型升级,摆脱传统的"门票经济",与大IP结合成为行业探索的新赛道。天眼查数据显示,截至目前,我国现有18.9万余家主题乐园企业,今年1—7月新增3.4万余家,增速高达40.9%。

艾媒咨询数据显示,2021年中国82.3%网民表示去过主题乐园游玩,41.6%网民表示自己半年去过一两次主题乐园。在此背景下,主题乐园也逐渐成为拉动旅游产业的重要帮手。

2021年9月北京环球影城开业时,门票正式开售1分钟内就全部售罄,周边酒店预订爆满。不仅"霸榜"各大短视频和社交平台,成功登上中秋全国最热门景区榜首,更是以"一己之力"带火了主题乐园经济。艾媒咨询CEO兼首席分析师张毅认为,北京环球影城的爆红,与其高质量的电影IP密不可分。相对更灵活开放的IP园区组合策略能够使其不断更新迭代,保持足够的新鲜度。

上海迪士尼从2016年开业以来,一直受到众多关注,开业第一年累计游客接待量超过1000万人次,并在开业首年实现盈利。据不完全统计,目前迪士尼拥有数以百计的超级IP,众多IP均有独立的商业化运作流程,在配合放大IP价值的同时也带来了巨大的流量效应。

深圳的主题乐园起步更早,锦绣中华民俗村被认为是国内首次专业、系统建造的主题乐园。预估2024年"全球最大的乐高乐园度假区"等三大主题乐园建成后,年游客量将超千万,带动GDP逾百亿元。

当前,遍布各个城市的主题乐园大小不一,形式各样。但主题乐园打造的快乐经济,不仅成为旅游市场的"流量"担当,而且反哺城市IP,对城市形象、城市活力、城市气质都产生重要影响,带动城市关注度不断攀升,成为建设多彩城市的助推器。

目前,京津冀拥有北京环球影城,长三角拥有上海迪士尼,粤港澳大湾区则更多,作为中国经济增长"第四极"的成渝地区,什么时候才能拥有与之匹配的顶级主题乐园?

重庆文化和旅游发展委员会负责人8月8日称,目前重庆已经有了欢乐谷、融创文旅城、乐和乐都、汉海海洋公园、奥陶纪等主题乐园,在建的还有两江新区尼克室内主题乐园等,另外还规划了重庆汽车公园等多个主题乐园。

今年4月迎来1000万游客的重庆欢乐谷负责人陈奕告诉记者,开业5年来,重庆版欢乐谷专属定制包括全球最先进、全国唯一一台山地版飞翼过山车、全球第六大摩天轮,引入展现世界多元文化的花车大巡游等创意节庆活动,带来更多主题乐园体验的新鲜元素。

"重庆产业、文化和旅游资源丰富,在自然景区和人文景区打造方面,应依据区域特点,合理布局不同功能的旅游景点,形成互补之势,相互牵引。"重庆工商大学教授王鸣剑接受记者采访时表示,主题乐园将直接带动餐饮、住宿、商业等多个行业的发展,拉动地区经济。

(资料来源:江南智造总局.摆脱传统"门票经济",主题乐园探索新赛道[EB/OL].(2022-08-19)[2023-12-28]. https://mp.weixin.qq.com/s/_VsaZo9qiPq1ehJ7ZlMvuQ.)

任务二 认识主题公园游客接待与咨询服务

一、主题公园游客接待服务

任务卡

H景点入口售票处,一家三口高高兴兴地准备买票。父亲对售票服务窗口内的服务人员说:"买两张成人票。"售票服务员目测了一下孩子的身高,对孩子的父母说:"您好,我们景区实行优惠票制度,如果您的孩子身高在1.1米以下,您可以享受免票政策,请这位小朋友到这里来测量一下身高吧。"母亲急忙说:"我儿子不到1.1米,还差一些。"服务员微笑着指引方向,请小孩去测量身高。小男孩蹦蹦跳跳到了测量仪器上,测量结果刚好过了1.1米线。服务员礼貌地对他的父母说:"您的孩子要买半价票哦,两张成人票一张儿童半价票,共350元。"母亲似乎看起来很不情愿,说:"你们这尺会不会不准,我们前几天刚在家里量过,没到1.1米啊,孩子这么小,也要买票吗?"说话之间去看孩子的父亲,很希望得到他的支持和帮助。

服务员仍旧保持微笑解释说:"我们的测量仪器定期检查,一定客观、标准,这点请您放心。"接着转头对迫不及待想要冲进园区的小孩说:"这位小朋友看起来比同龄人都要高呢!"

小男孩也笑着回答说:"是啊,我在班上是长得最高的!"说完还看看妈妈,脸上尽是骄傲的神色。母亲尴尬地笑笑,小孩子的父亲在边上说:"算了,快买票吧,儿子已经跃跃欲试了!"

于是三口之家顺利购票入园了。

(资料来源:新华网.全国首例!孩子个太高,门票不优惠?这个景区被告了[EB/OL].(2019-02-22)[2023-12-28].https://mp.weixin.qq.com/s/rZ0yNtsdvtO8mLFABKoSKQ.)

这位接待人员有哪些可取之处?在景区入门接待中我们需要做哪些准备?

___

___

___

___

___

知识卡

(一)验票服务

1. 验票方式

为了提升游客体验和景区服务效率,目前主题公园景区验票服务主要采用智能验票方式,如身份证验票、电子二维码验票、纸质验票、人脸识别验票等。

(1)身份证验票:游客提前在网上订票,录入身份信息,到景区后直接刷身份证即可入园。

(2)电子二维码验票:游客可以在网上购票后通过自助机器取票,或者直接扫电子二维码入园。

(3)纸质验票:传统的验票方式是设置副券,检票时工作人员手动撕下副券,完成检票。现在也可以在纸质门票上设置二维码,游客扫码就可直接验票入园。

(4)人脸识别验票:游客提前在网上录入人脸,再通过景区的人脸识别机器验证通行。

2. 验票流程

(1)保持整洁的仪容仪表和良好的精神面貌,同时做好入园闸口周围的卫生,备好导游图等,做好开园准备工作。

(2)工作人员站在检票位,面带微笑,用标准的普通话热情礼貌地回答游客询问,掌握基本的英语对话,并熟悉《门票价格及优惠办法》和景区内景点名称。

(3)游客入闸时,验票员应要求游客人手一张票,并认真检查。如设有自动检票机,验票员应监督、帮助游客通过电子检票,当自动检票机出现故障时,进行人工检票。不得出现漏票、逃票、无票等放人现象,并对游客使用"欢迎光临"等礼貌用语。

(4) 控制人流量,维持出入口秩序,避免出现混乱现象发生。对持无效门票入园的游客,说明无效的原因,要求游客重新购票。对闹事滋事者,应及时礼貌制止、耐心说服,如无法控制的立即报告安保主管。切忌在众多游客面前争执,应引到一边进行处理。

(5) 熟悉旅行团导游、领队带团入园的检查方法及相应的免票规定。团队入园参观时,需登记游客人数、来自国家或地区、旅行社名称等信息。另外,对于残疾人或老人以及孕期妇女和婴幼儿等应提供相应的帮助。

(6) 下班前把一天的工作日记填写好。

(二) 入门接待服务

入门接待服务是主题公园游客体验的重要组成部分。主题公园经常会采取一些措施,提高排队服务的效率和质量,让游客在等待中能够感受到主题公园的关怀和服务。主题公园门口经常使用的游客队形如表3-2所示。

表3-2 游客队形及其优缺点

游客队形类型	队式	优点	缺点	改进方式
单列单人型 (一名服务员)	服务员 ☺ ——— 队列 ↑	成本低	视觉上不易进入;等候时间难以确定	设置座位或护栏;标明等候时间
单列多人型 (多名服务员)	服务员 ☺ ☺ ☺ ——— ——— 队列过滤栏 ↑ 队列 B A	接待速度较快;较适用于游客人数集中的场合	人工成本增加;队列后面的人的视觉进入感仍较差	设置座位或护栏;将队列从A位置移到B位置,使视觉进入感改善
多列多人型	a ☺ ☺ ☺ ☺ ↑ ↑ ↑ ↑ 栏杆 队列 ☺ ☺ ☺ ☺ ——— b ↑ ↑ ↑ ↑ 无栏杆	接待速度较快;视觉进入感缓和;较适用于游客流量较大场合	成本可能比单列多人型高;不同队列移动速度不一,使游客不易决定走哪支队列	不设栏杆可以改善视觉进入感
多列单人型	☺ ——— 栏杆 → ↑ ↑ ← C2 A B C A2	视觉进入感缓和;人工成本低	队头是否排好非常关键;栏杆多,成本增加;排队者需选择进入哪一队列	将队列位置A移至A2,C移至C2,可以改善视觉进入感

续表

游客队形类型	队式	优点	缺点	改进方式
主题或综合队形		视觉进入感及时间感改善；有信息展示；使排队硬件具舒适性	增加主题公园、动物园、史迹等区域入口区、道路及吸引物的建设成本	可采用单列队形；主题队形可沿建筑物边缘改变

在实际操作中，主题公园景区会采取一些措施，提高排队服务的效率和质量，让游客在等待中能够感受到景区的关怀和服务。

（1）设立清晰的排队区域。在游客排队管理中景区应该设立明显的排队区域，并设置清晰的指示牌，让游客知道在哪里排队。同时，排队区域应提供足够的空间，避免游客过度拥挤。

（2）采取分流措施。在游客流量大的情况下，景区可以采用分流措施，如设置多个入口、分时段入园等，避免游客长时间排队等待。

（3）优化排队系统。景区可以采取一些技术手段，如网上预约、提前购票等，减少游客现场排队的时间。同时，景区也可以考虑设立快速通道或贵宾通道，以满足不同游客的需求。

（4）提供等待设施。在排队等待的过程中，景区可以提供一些设施，如椅子、遮阳伞、饮水点等，让游客在等待中能够舒适地休息。

（5）保持清洁卫生。景区应该保持排队区域的环境卫生，及时清理垃圾，避免游客在等待中感到不适。

实践卡

案例1：关于排队，华强迪士尼是国际上公认做得较好的乐园。游玩时间为5分钟的游乐项目需要等待70分钟以上，在黄金周期间，排队的时长更是达到了2小时以上。可游客们偏偏乐在其中，这要归功于不断改进的迪士尼排队流程。迪士尼的排队系统的核心是让游客觉得游乐项目在排队时就开始了！

迪士尼在排队的沿路设置了电视屏幕，提供游乐项目的刺激场面，或者通过肢体动作参与视频游戏，增加游客对项目的期待感和价值感；策划了和主题相关的沉浸式体验，让卡通人物不时出来和游客见面、合影，让游客在等待时有事可做。一眼望去看不到头的队伍常常会让游客感到"绝望"，但是将长队设计成弯弯绕绕的路线，用不同主题的房间分隔开来，设置一些可以看到终点的节点，即使到达该节点时发现还有另外房间的队列，游客也不会有不满情绪，至少会让他感到自己逐渐接近终点，而不是停滞不前。具体排队线路如图3-2所示。

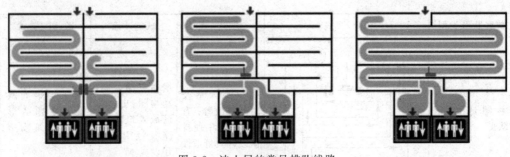

图 3-2 迪士尼的常见排队线路

案例 2：迪士尼官方出售的"免排队服务"主要有尊享卡、礼宾服务、尊享导览服务三类。

(1) 尊享卡：以单个景点或尊享卡套装(如家庭套装、探险套装)的组合方式售卖，每天数量有限，仅限在购买当天一次性使用，可享受一次景点优先通行，不可转让。

(2) 礼宾服务：分为经典套装、豪华套装，游园当天需到迪士尼大剧院出示身份证进行兑换，可享受快速入园、景点的尊享卡服务等。

(3) 尊享导览服务：由专属工作人员陪同，最低三人起售，游客可在 6 小时内所有游玩项目免排队且无限畅玩，观赏游乐演出可选择最佳体验位置。

需要注意的是，购买以上三类服务费用均不包含门票，其中，礼宾服务、尊享导览服务可在入园前提前购买，尊享卡的获取则需在入园后通过迪士尼官方 App 绑定门票后进行购买。

(资料来源：沈三万老沈."川沙狐狸精、浦东新顶流"有多吸金?[EB/OL].(2022-11-25)[2023-12-30]. https://mp.weixin.qq.com/s/3vJ_8PM32LoJZmkMMrTZWA.)

请课下查阅相关资料，思考如何让主题公园入门的游客排队从"煎熬"变成"享受"。

_____
_____
_____
_____

二、游客咨询服务

任务卡

漫步在迪士尼乐园时，大家可能会发现园内告知类标识非常少，人们会感到疑惑，但这反而是迪士尼故意为之的，园内少设告知类标识，游客就需要向迪士尼乐园的员工询问诸如"洗手间在哪里""餐馆在哪里"之类的问题。通过这样的方式，游客和员工之间的交流就得到了强化。

华侨城欢乐谷也有"三先五会"。"三先"是先注视、先微笑、先问候；"五会"是会导览、会细节、会合作、会赞美、会表演。在园区，员工经常会遇到游客询问某个项目在哪里，他们就会运用到"会导览",指引游客具体方位和告知其距离多远。如果是问洗手间在哪,他们在顺路的情况下会引领游客到达其目的地,游客会真诚地感受到他们的贴心服务。华侨城欢乐谷认为用心服务的内涵就是把游客当作朋友,通过员工和游客的友好交流和互动,带给他们快乐。这也是华侨城欢乐谷人的"欢乐予己,欢乐予人"的欢乐理念。

(资料来源:游乐界.参评乐园|北京欢乐谷[EB/OL].(2023-10-26)[2023-12-28].https://mp.weixin.qq.com/s/lVqXurCNyhdxIJJ2LgYtaA.)

如果你是主题公园员工,面对游客的各种咨询,你会如何处理?

知识卡

(一)电话咨询服务

1. 电话咨询服务礼仪

(1)态度热情友好。在接听电话时,应该以热情友好的态度对待客户,让客户感受到尊重和关注。

(2)态度耐心细致。客户可能会遇到问题或者需要解释,这时候需要耐心细致地倾听客户的需求和问题,并尽可能地提供帮助。

(3)自信专业。作为电话咨询服务人员,需要展现出自信专业的形象,对客户的问题能够给予专业的解答和建议。

(4)保密负责。对于客户的个人信息和问题,应该保守秘密,不泄露给第三方,并且对客户的问题负责到底。

2. 声音技巧

(1)清晰明了。在电话咨询服务中,声音的清晰明了是非常重要的,因为客户只能通过听筒听到声音。因此,应该用清晰明了的语言表达自己的意思,避免使用过于复杂的词汇或口音过重的语言。

(2)语速适中。语速过快或过慢都可能让客户感到不舒服,保持适中的语速,让客户能够听清楚并且不感到紧张。

(3)音量适中。音量的大小也要适中,过大或过小都会影响客户的听感。因此,应该根据实际情况调整音量的大小。

(4)语气友好。语气的友好程度也会影响客户的感受,用友好、亲切的语气与客户交流,避免使用过于生硬或冷漠的语气。

(5)避免打断客户。在客户说话时,不要打断客户的发言,应该等待客户说完后再进行回应,这样可以表现出对客户的尊重和关注。

3. 电话咨询工作流程

(1) 做好通话前的准备工作。工作前提前检查电话设备是否能够正常使用,同时需准备好记录本和笔,方便随时记录电话内容和客人信息,如果遇到电话设备故障,需及时与工程部门联系维修。

(2) 迅速地接入电话。服务人员在电话铃声响三声之内接听电话能体现出效率及乐意提供服务的意愿。如超过三声,拿起电话应先向对方致歉:"对不起,让您久等了。"对于错打的电话应要礼貌对待:"对不起,您打错了,这里是某某景区。"

(3) 谈话要得体。面对游客咨询的需求需要进行记录,记录内容如表3-3所示。

表3-3 电话留言单

致_____(紧急)			
日期_____ 时间_____			
来过电话 ( )	(姓名、电话)	留言:	请打电话 ( )
来看过你 ( )			想来看你 ( )
回过你的电话 ( )			会再来电 ( )
备注:		签名:	

(4) 行之有效的结束。确认对方已经把话说完,等对方先挂断电话后轻轻地放下电话,切忌"啪"地扔下电话。

(二) 当面咨询服务

1. 当面咨询服务人员礼仪标准

(1) 着装整洁。咨询人员的着装应该整洁、得体,以体现专业和尊重。避免穿着过于随意或花哨的服装,以免给客户留下不专业的印象。

(2) 形象端庄文明。咨询人员的形象应该端庄、文明,展现出专业素养和良好的气质。坐时应坐满座位的1/3~2/3,上身挺直,不出现斜靠、仰躺、倒卧、跷腿等不雅形象。

(3) 态度认真谦和。咨询人员应该以认真、谦和的态度面对客户,尊重客户的需求和问题。在回答客户问题时,应该耐心、详细地解答,避免使用过于专业的术语或行话,以免客户听不懂或产生歧义。

(4) 言辞礼貌。咨询人员在与客户交流时,应该使用礼貌的语言和措辞,以体现对客户的尊重和关心。避免使用粗鲁或冒犯客户的言辞,以免引起客户的不满和投诉。

(5) 行为规范。咨询人员在为客户提供咨询服务时,应该遵守公司的行为规范和职业道德准则,保持中立、公正和专业。避免做出不适当的行为或言论,以免影响公司的形象和声誉。

2. 当面咨询工作流程

1) 做好准备工作

（1）做好台面卫生。保持整洁的工作环境,是每一个景区提高自身形象的开端,也是增强游客对景区信任的开始。

（2）了解景区的最新动态。作为咨询服务人员,在工作前最基本的是要了解景区内将要开展的活动时间、内容、参加方法等,及时向游客提供最新的景区活动安排以及其他相关信息,并把前一天的工作日志浏览一遍,了解相关问题的处理情况,做到心中有数。

2) 咨询工作

（1）主动热情。主动向游客提供帮助,展现出服务热情和专业素养。

（2）耐心细致。耐心倾听游客的问题,并以细致、清晰的方式回答他们的问题,确保游客能够充分了解景区的相关信息。

3) 总结工作

（1）总结工作要做好记录。在即将结束工作时,对于游客的咨询要做好记录,重点将问题以及解决方法记录清楚,重复出现的问题需要多加注意,检查景区的服务工作是否出现漏洞。

（2）及时反映情况。对于无法当场解决的问题要及时向部门领导汇报,对于经常出现的问题也要及时汇总向部门领导反映,及时解决问题,避免大的隐患出现。

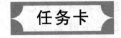

实践卡

将班级成员分成若干小组,组员担任游客与游客中心接待咨询人员,情景演绎游客咨询服务工作。

_____

_____

_____

_____

_____

三、游客投诉处理服务

任务卡

迪士尼的"服务恢复"体系

一年有1.5亿次游客到访迪士尼乐园,其中75%是回头客,他们之所以能做到这一点,其中有一项很值得人们学习的关键性服务原则——服务恢复原则。

迪士尼也将他们的"服务恢复"体系以英文缩写概括整理——HEARD。

(1) Hear(听到)：让游客毫不间断地讲述他们的整个故事,有时,他们只是希望有人倾听。

(2) Empathize(同情)：表达你深刻理解游客的感受。

(3) Apologize(道歉)：最真诚地道歉而不是流于表面的"抱歉"或"对不起",即使你没有做任何让他们不高兴的事,仍然需要真诚地为你的游客的感受道歉。

(4) Resolve(解决)：迅速解决问题,或者确保你的员工有能力这样做。不要害怕问游客"我能做些什么才能把它做好"。

(5) Diagnose(诊断)：找出错误发生的原因,不要责怪任何人；专注于修复这个过程,这样它就不会再发生了。

迪士尼的理念永远看起来很简单,关心体验不佳的游客,及时补救恢复。

迪士尼的服务恢复原则并非只是用在处理游客投诉事件上,相比于处理游客投诉,迪士尼更倾向于在服务失误时的及时补救。而能够做到及时的服务恢复的人,往往是提供直接服务的一线员工和基层管理者们。因此,迪士尼给予员工更多的自主权力并鼓励他们使用,而不是让他们告诉游客"你可以去游客中心投诉"。

迪士尼的演职人员非常愿意施展他们的"魔法"来帮助那些经历不愉快体验的游客。比如,尽管通过很多渠道向游客告知身高限制,但小孩子仍然常常和父母一起为过山车排很久的队,却在即将进入时发现自己身高不够。迪士尼注意到,父母经常会为此抱怨,更重要的是,这破坏了孩子的体验。因此,当这种情况发生时,工作人员被给予发放特别通行证的权力,让这样的孩子可以直接进入他计划的下一个游乐项目,而免去了重新排队等待的痛苦。

这样的事情时常发生,如果员工们只是单纯地进行阻拦便很容易产生矛盾,但发放特别通行证这样的举措,让客人们感受到了被理解和被公平地对待。即便游客自己也有责任,但他们仍然不需要亲自去承担这些,员工们说"很抱歉因为身高的限制",但他们又说"不过我有个好的建议,和一个能帮助你们的魔法"。

还有相似的事情。迪士尼拥有童车租赁服务,在每一个游乐项目附近也都设置了童车停放处,虽然在每辆童车后面都有童车主人的姓名标识,但童车丢失的情况仍然时有发生。游客们在发现找不到自己的童车时经常会把怒火发泄到附近他视线所及的无辜的演职人员身上,尤其是在炎热的夏季或强降水的恶劣天气情况下,即便客人自己也清楚推走自己童车的只会是其他客人。但当他们"讲述"完他们的故事后被告知可以在最近的商店或餐厅免费得到一辆童车时,大多数人会说"我为刚才的态度道歉,因为没有童车孩子的旅行将会很困难,谢谢你"。

积极提供客诉渠道,保障游客有话能说。但并不是每一名员工都愿意为不是自己的错误而真诚地道歉并及时采取补救措施来恢复与游客的关系,也不是每一个游客都愿意给予公园第二次机会。因此,客诉问题依旧不可避免。

对于现场员工无法进行服务恢复的游客通常会交给基层管理者及中层管理者应对。并且,迪士尼也要求与游客发生矛盾的当事员工以安全为先,第一时间离开现场,同时避免矛盾激化。

研究表明,当遇到服务失误后,仅有4%的游客会选择投诉,也就是说,每提出一项投诉时,就会有超过25项未登记投诉事件发生。很多不满意的游客只是默默地把目标(消费)转向了别处。

据美国消费者调查协会统计的"即便不满意,依旧会再次消费的游客比例"显示,不投诉的游客有9%会再次消费;投诉没有得到解决的游客19%会再次消费;投诉过,问题得到解决的游客54%会再次消费;投诉被迅速解决的游客82%会再次消费。

为了能让游客完整地说出他们的"故事",迪士尼乐园专门设立了"客户关系"团队,上海迪士尼就把它设立在位于出入口附近的游客服务中心"总部"里。

对体验不满意甚至愤怒的游客可以进去寻求最终的解决办法,在一个独立的房间里有饮料、点心和舒缓的环境,然后专门的演职人员会倾听游客的"故事"。即便是一些比较荒谬的说法,比如昂贵的迪士尼旅行被大雨毁了,或者在鬼屋里的演员没有对他们微笑。当然,大多数的故事是比较合理的。

同样,无论现场员工、客户关系员工还是管理者,在进行补救服务和处理客诉问题时都是按照HEARD体系来进行的。

(资料来源:道略文旅.迪士尼&丽思卡尔顿:如何积极有效地处理客诉?[EB/OL].(2018-06-20)[2023-12-30].https://mp.weixin.qq.com/s/ZflbnHK3JH-XYRy0vJ-7CA.)

迪士尼的"服务恢复"体系对于你处理客户投诉方面有哪些启示?

_____
_____
_____
_____
_____

知识卡

(一)正确看待游客投诉

1. 游客投诉是提高服务质量的机遇

游客的投诉可以提供景区服务改进的反馈,帮助景区了解服务中存在的问题,进而提高服务质量。通过游客的投诉,景区可以了解到服务中的不足,并采取相应的措施进行改进,从而提高游客的满意度和忠诚度。

2. 游客投诉是对景区信赖的象征

游客选择向景区投诉,说明他们相信景区能够解决他们的问题。这表明游客对景区是信赖的,对景区的服务有一定的期望和要求。因此,景区应该认真对待游客的投诉,并采取积极的措施解决问题,以保持游客的信任。

3. 游客投诉是建立忠诚的契机

当游客对景区的服务感到满意时,他们更有可能成为景区的忠实客户,而处理游客的投诉是建立忠诚的重要契机。通过积极处理游客的投诉,景区可以向游客展示其关注游客需求和利益的决心,进而增强游客对景区的信任和忠诚度。

4. 游客投诉是补救服务过失的前提

在景区服务中,由于各种原因可能会出现服务过失。当出现服务过失时,及时了解并处理游客的投诉是至关重要的。通过与游客进行沟通并采取相应的补救措施,景区可以弥补因服务过失带来的负面影响,恢复游客的信任并重建良好的关系。

(二)游客投诉原因分析

1. 对景区服务人员的投诉

对景区服务人员的投诉主要可分为服务态度类投诉及服务技能类投诉。服务态度类投诉包括对景区工作人员的服务礼仪、对客态度等方面的不满,如服务过程中没有使用正确的手势、穿着邋遢、态度冷淡、服务时三心二意、对待游客粗暴蛮横及恶语相向等;服务技能类投诉包括对工作人员不熟悉岗位操作程序、工作效率低下等方面的不满,如餐饮商品金额计算错误、设备操作失误、服务操作速度过慢等。

2. 对景区产品的投诉

(1)质价不符。旅游经营者没有提供质价相符的旅游服务,宣传与实际产品不符等。主要可分为商品价格投诉、餐饮品质投诉、园内交通投诉等。商品价格投诉包括景区门票价格过高、售卖商品价格过高、优惠价格群体不明确、园中园重复购票、服务项目收费过高等;餐饮品质投诉包括饭菜质量与描述不符、餐厅环境卫生不能令游客满意等;园内交通投诉包括景区电瓶车、电瓶船等内部交通乘坐不方便,交通工具破损严重或存在安全隐患,园内停靠点过少或不明显等。

(2)收费不明。收费价格虚高或者收费项目不明,强行对景区内的一些活动项目收费,不按承诺给予收费优惠等。

3. 对景区硬件配套设施和交通情况的投诉

(1)配套设施。景区的配套设施配备不到位,主要针对景区游览设施、卫生设施、安全设施等方面。景区游览设施如景区游客中心的功能、位置、面积等是否合理,景区内是否有清晰完善的标识导览系统,景区内是否设置有合理充足的游客休憩设施,针对特殊人群是否提供无障碍通道或配套服务设施设备等;景区卫生设施包括在景区内是否配备足够的公共卫生间,卫生间内的设施设备是否可以正常使用,景区内垃圾桶的数量是否充足、选址是否合理等;景区安全设施包括在景区危险地段、施工场所是否设有安全标识、护栏,景区公共区域内是否安装有安全监控,景区内是否配备医疗救助点(医务室)等。

(2)交通情况。景区外交通不便,可进入性差;景区内交通拥挤,等待时间过长;停车场乱收取费用等。

(三)游客投诉心理分析

1. 求尊重的心理

受尊重是人们最普遍、最基本的心理需求,是处理人际关系的重要原则之一。旅游者到异地他乡进行旅游,如果旅游景区在吃、住、行、游、购、娱等方面的服务没有到位,使旅游者花了钱而没有享受到相应的服务,其所预期的目标没有实现,会使旅游者产生挫折感,会使他们感到没有得到应有的尊重,他们会认为自己的权利受到了损害,心灵受到了创伤。因此,旅游者会通过投诉寻求权利保护,以求心理上的平衡。

2. 求公平的心理

求公平心理是指旅游者希望在旅游过程中获得公平、公正的待遇和保障。在旅游过程中,旅游者可能会遇到各种问题,如服务质量不佳、旅游安全问题、旅游合同违约等,这些问题可能会让旅游者感到不公平和不满。

旅游者希望通过投诉获得公平的解决方案,包括赔偿、道歉、纠正错误等。他们希望得到公正的对待,并得到相应的补偿和保障。如果旅游者认为他们没有得到公正的解决方案,他们可能会采取法律行动或其他措施来维护自己的权益。

3. 求发泄的心理

发泄是指当一个人遇到某种挫折时,把由此而引起的悲伤、懊悔、愤怒和不满等情感痛快地释放出来的心理调节方法。游客把情绪发泄出来后,就可以比较理智地对待遇到的挫折,也就比较容易忘掉该挫折,而不至于耿耿于怀,从而达到一种平和的心态。人们在遭受心理挫折后主要有三种心理上的补救措施:心理补偿、寻求合理解释而得到安慰、发泄不愉快的心情。此时,发泄自己的情绪,"出了气再说"或者"出了气再走",就成为旅游投诉者寻求心理平衡的一种途径。所以,对待投诉者,必须耐心、仔细、专注,认真地倾听他们的"发泄",鼓励他们把事情经过讲述出来,不要打断投诉者的讲述,更不能让对方感到他们的投诉无足轻重,要敏感地洞察对方的委屈、沮丧和失望,并给予安慰和同情。

4. 求补偿的心理

在景区服务过程中,如果由于工作人员的不当行为、设施故障或景区未能履行某方面的合同并兑现承诺,给游客造成物质上的损失或身体、精神上的损害(如门票内包含的表演项目被取消、游乐设施被关闭、游客遭受意外伤害、景区没有提供应有的景区服务等),游客可能通过投诉的方式来要求给予他们物质上的补偿,这是一种正常的心理现象。

(四)游客投诉受理方法

1. 处理游客投诉的原则

1)冷静

在处理投诉时,保持冷静是非常重要的。无论投诉者情绪如何激动,都应避免与其发生争执或冲突。冷静地听取游客的意见和问题,并确保能够理解游客的立场和观点。

2)迅速

一旦收到游客的投诉,应迅速采取行动。及时回应并解决问题,不要让问题扩大或恶化。迅速的响应可以增强游客对景区的信任,并有助于恢复景区的声誉。

3)真诚

与游客沟通时,应展现出真诚的态度。对游客的投诉表示理解和关注,并表达对问题的重视和关心。真诚的回应可以让游客感受到景区对他们的尊重和关注,有助于缓解他们的不满情绪。

4)景区利益

在处理投诉时,应考虑到景区的利益。采取适当的措施来解决问题,同时维护景区的形象和声誉。这可能需要对游客进行合理的解释和引导,以确保游客的理解和满意。

这些原则的具体内容可能因景区的具体情况而有所不同,但总体上,它们为处理游客投诉提供了有效的指导。

2. 投诉处理的六个步骤

1) 聆听和记录

认真聆听游客投诉内容,让游客的情绪得到适度的发泄。在聆听的过程中,要注意保持心平气和,不可流露出反感、嘲讽或不耐烦的情绪。

在聆听的过程中,应根据游客的叙述,进行详细的记录,记录内容包括游客投诉事件发生时间、地点、原因、涉及人员等。在记录的过程中应及时回应游客,让游客知道他得到了重视。在聆听的过程中,不要计较游客的说话方式,游客在情绪愤怒的时候,可能会有过激的言辞或某些用词、用句不够准确,要包容游客,尽量让游客把心中的不满说出来。工作人员要把握好自己的情绪,在游客述说的过程中找到问题产生的根源以及游客投诉的最终诉求。

2) 安抚游客情绪

不论游客投诉是否属于有效投诉,都应在游客情绪发泄后,及时对游客进行安抚,请游客保持冷静。同时,对游客在景区内遭遇到的不愉快,表示感同身受。例如:"我对您感到气愤和委屈的情绪非常理解,如果我是您,我也会和您有相同的感受。"对投诉的游客做出一些同情和理解的表示,可以拉近与游客的距离,安抚他们的情绪,也便于把他们的注意力转移到如何解决问题上来。

3) 收集相关信息

游客投诉的最终目的是解决问题。游客情绪稳定后,应进一步与游客沟通,确认引起他投诉的主要原因。投诉处理人员应根据前期了解的情况,对游客投诉事件的具体经过、原因、诉求等信息进行重复确认,让游客明白,景区已收到并了解他的问题和要求。在此过程中,如果还有需要进一步了解的细节,应与游客深入沟通,收集对投诉处理有帮助的信息,以便更好地帮助游客解决问题。

4) 提出处理方案

在全面了解游客的问题后,投诉处理人员应积极进行事实调查,针对游客提出的问题给出合理的解决方案。对于能及时处理的问题,应快速、果断地进行现场处理。在解决过程中,投诉处理人员可以根据实际情况,给游客提供几种解决的办法,以供游客选择。对于问题复杂或涉及多个部门的投诉事件,需要请示上级领导或进行部门间协调沟通的,应提前告知游客,向游客说明情况,并明确告知游客处理该投诉所需要的时间。请游客留下详细的联系方式,并在承诺的时间内将处理方案告知游客。

5) 征求游客意见

投诉处理人员最终提出的解决方案,应征得游客的同意。如果游客对处理方案表示不满意或不认可,那么投诉处理人员应礼貌地征询游客对投诉事件的具体想法,如果在景区能接受的范围内,原则上应满足游客的投诉诉求。

6) 总结评价,建立档案

对投诉进行总结评价,识别服务中的优点和不足,包括对涉事人员的表现、流程的有效性、政策合理性等方面进行评价。同时,也要评估类似问题在未来是否可能再次发生。基于总结评价的结果,应制订改进计划。档案可能包括修改政策、优化流程、提供培训或其他措施。确保这些改进措施是具体、可行并能解决问题的。为每个投诉建立档案,以便未来参考。档案应包括详细的投诉记录、调查结果、总结评价以及改进计划。档案可以是一个纸质或电子文件系统,确保易于检索和查阅。定期回顾投诉处理过程和改进措施的实施情况,以评估其效果。如有需要,可以调整策略或重新制订改进计划。

实践卡

情景模拟:四位学员为一组,撰写主题公园游客投诉及处理对话稿件并演绎对话。

思政园地

苏志刚的长隆故事

苏志刚,广东长隆集团董事长、中国民间商会副会长、广东省总商会名誉会长,一个"没读过万卷书,却天天走万里路"的农民出身的企业家。经过近30年的发展,长隆创出了中国乃至亚洲主题旅游的第一品牌。2014年,长隆项目入选"全球最佳主题乐园"三甲,实现了中国主题公园在国际同业内获顶级大奖的"零的突破"。2018年,世界主题公园权威研究机构发布了2017年全球主题公园游客量数据,长隆集团位列全球主题乐园运营商第六位。2017年长隆总接待游客3200万人次,年度经营收入名列全球主题乐园运营商第四位。苏志刚的长隆故事,可以说是改革开放后广东民营企业发展历程的时代缩影。

苏志刚是土生土长的广州番禺大石人。20世纪70年代末,中国开启了改革开放的伟大进程。苏志刚从村里到广州城里打工,干过泥瓦工、卖猪肉等工作。1989年,苏志刚看到大石105国道车流不息,想到有车流就有人要吃饭的需求,于是借了农村信用社和朋友的几十万块钱,加上自己的积蓄,开了第一个大排档——香江酒家。

1989年,香江酒家开业,生意火爆,每餐翻台好几轮。每天苏志刚夫妻俩洗台布洗到夜里两点多,5点又去广州清平市场进货。酒家能一炮打响,是因为服务令人满意,而且苏志刚懂食材,又从广州有名的大酒家请了好厨师,一下就达到一流水平。

1992年,已经有了资金和经验积累的苏志刚,利用自有资金和银行贷款,投资1亿元建设规模大很多的香江大酒店,按三星级标准打造,有100多个住房和40多个包间。香江大酒店是当年广州地区最大的餐饮企业之一。

苏志刚具有令人吃惊的记忆力。他可以记得每一位来过的客人的姓氏和吃过的菜谱,对于电话号码一类信息也过目不忘,在待客时让客人有宾至如归的感觉。这种计算机般的记忆力至今仍令苏志刚受惠,面对繁杂海量的信息,强大的记忆力使他在千头万绪中还能把事情分得一清二楚,处理自如。

在商业界,"好产品会说话"是屡试不爽的规律。对苏志刚来说,从开第一个大排档开始,无论做什么,争取最好的出品和口碑都是最重要的,而赚钱似乎只是附带的结果。

苏志刚并不满足于酒家、酒店的生意兴隆,他的目光看到了远方,想到了进军旅游业,开办野生动物园。

一打定主意,苏志刚便寻求政府主管部门支持,请来国内一些动物园的专家担任顾问,筹建专业团队。国家原林业部、原动植物检验检疫局都非常支持苏志刚的探索,甚至派专人到南非,配合引进动物的隔离检疫。1995年,野生动物园项目得到原林业部正式批准,1996年开始征地,第一期有2000多亩。

苏志刚全身心投到项目建设当中,仅种树就种了8个月,把一片山坡地绿化了90%。

动物园最重要的当然是动物。当时中国野生动物园的资源很少,苏志刚大手笔引进珍稀动物大种群,一出手就从南非引进30只长颈鹿,包一架波音747货机空运到广州。

海关、动物检疫和林业部门采用了最严格同时又最灵活的检疫通关方式。747包机上的30只长颈鹿和一批斑马、猎豹、羚羊运到广州后,封闭隔离,直接送到了检疫区。

1997年12月26日,野生动物世界开业,中国有了第一家民企投资管理的大型国家级野生动物园!

1998年是虎年,一个惊人创意出现在苏志刚脑海里。他从瑞典引进了两头白虎,一下成为火爆焦点。1998年大年初三,竟有8万多游客入园游玩,创了中国主题公园的最高纪录。经过不断繁衍,长隆的白老虎现有200多头,形成了一个全世界最大的白虎种群,被媒体誉为"白虎王朝"。

"白虎王朝"刚形成,苏志刚又开始打考拉的主意。他斥资大规模种植大片桉树林和十几种桉树,还专门派专家到澳洲学习考拉饲养技术。2006年,三对可爱的考拉仔终于来到广州,半年后就生了一对双胞胎,是47年以来世界首例考拉双胞胎。这一繁育奇迹迅速被CNN、泰晤士报等知名媒体报道,在动物保护界引起轰动。

野生动物世界成功后,长隆在世纪之交又征了2000多亩建设用地,开始实施新的发展计划。

苏志刚要建中国第一个动物主题酒店。他带着设计师去南非太阳城、澳洲,去拉斯维加斯的酒店看白老虎,博采众长。这个投资数亿的酒店设计风格大气,生态主题鲜明,"与白老虎一起共餐",这句广告语让长隆酒店在广州家喻户晓。

也是在2000年,苏志刚琢磨创办大马戏表演。

一开始，长隆聘请了包括俄罗斯"马戏教父"扎巴斯内等多方高手策划执导，节目却叫好不叫座。苏志刚发现，真要搞出适合中国人观赏的马戏节目，还是要靠自己的智慧和创意。为此，他几乎每天晚上都蹲在马戏场，与导演团队一起研究，抠细节，提创意。如今，长隆大马戏成为广州和珠海一张永不落幕的名片，至今累计超过2500万人到现场观看。秉持"中国创意、全球采购、世界生产"理念的苏志刚，堪称长隆大马戏的总策划。

长隆欢乐世界2006年开业，这使长隆从动物世界进入以高科技、游乐设备和节日气氛营造为特色的游乐园领域。

随着世界级的十环过山车、垂直过山车、大摆锤等设备的引进，以及万圣节、减压节、小丑节等特别节日的打造，长隆第一个机动游乐园一举成为行业排头兵，为此后长隆水上乐园和长隆海洋王国等项目打下了良好基础。

长隆水上乐园是2007年5月开业的。这个项目又源自苏志刚敏锐的市场嗅觉。他觉得光搞游乐园还不够，南方天气热，水上乐园应该是一个很好的选择。他按照"全球最大、项目最多、设备最先进的水上乐园"标准，聘请世界上最好的水上乐园设计公司，全部十几套设备都从国外进口，一下拉高了水上乐园行业的标准。

广东靠海，所以苏志刚一直想做以海洋为主题的乐园。2008年，苏志刚选定紧邻我国澳门的珠海横琴岛，要做一篇以海洋为主题的大文章。

横琴岛山清水秀，但当时除了养蚝的人家和几家大排档，没有任何投资项目落地。按当地人的话来说，"横琴连一只蚊子都没有"。而苏志刚偏偏不信邪，一下就在这块土地上规划了包括几个主题公园、1万间酒店房间的蓝图。三年多的时间里，他经常凌晨4点多起床，从广州驱车2小时赶到横琴，与高管团队和工程师一起丈量，围在工地现场开会，研究拍板。

2014年3月，珠海长隆海洋王国和横琴湾酒店开业，一举刷新了多项行业之最，比如海洋王国的鲸鲨馆包揽了五项吉尼斯世界纪录，5D城堡影院作为全球最大5D影院，也独揽两项吉尼斯世界纪录等。开业到年底，珠海的GDP增速从前一年全省倒数第二跃进到全省第一，其中长隆的拉动是关键因素。

苏志刚在不断增加新项目、新设备的同时，也高度重视"软实力"的营造。长隆不仅创造了许多独特的、针对细分市场的"节日"，更将国际大马戏打造成一张蜚声世界马戏界的王牌。从2013年起，中国国际马戏节永久落户珠海长隆国际海洋度假区。

苏志刚说，旅游主题公园是世界难题，每天都要有雄心壮志，去思考怎样才能做出世界上最好的东西，他说："这太迷人了，太上瘾了，也太不容易了。"

苏志刚，这个觉得"自己的心还只有18岁"的企业家，他其实正在做着一件了不起的事情，就是让世界上最快乐的时刻是中国创造。他是"中国创造"在服务业的一个典型代表。

苏志刚说自己"天天在研发，天天在设计，每个细部都要精耕细作"。他说："我是苦中作乐。苦不用说了。长隆走到今天，可以说是呕心沥血。但是，我也有巨大的乐趣。乐趣来源于为游客所带来的快乐。每当在公园里看到父母和孩子们发自内心的欢笑声，看到酒店里客人满意的表情，听到社会各界对长隆的评价，想着中国的消费者不用劳神费力去到国外就可以在家门口享受世界级的旅游产品，我就觉得很幸福。能让别人快乐，能为社会做出奉献并获得认可，这是我一生最大的幸福和价值！"

苏志刚说,"30年前我拿着几毛钱去广州动物园看动物,30年后我办了世界上最好的动物园。"他的自豪之情溢于言表,这是个人的自豪,也是一个时代的自豪,是中国改革开放成就的微观案例。感谢改革开放、感谢共产党,是苏志刚内心的真实写照。

(资料来源:广东省工商联.粤商故事|苏志刚的长隆故事[EB/OL].(2023-09-01)[2023-12-30]. https://mp.weixin.qq.com/s/8O90iaDAmYgAOmkfmURjLw.)

任务三　认识主题公园游乐服务

任务卡

李女士家是一个四世同堂的大家庭,他们准备去重庆市乐和乐都休闲度假主题公园游玩,作为主题公园的工作人员,请你帮她推荐适合全家人游玩的游乐项目。

_____
_____
_____
_____

知识卡

一、常规游乐设备运行服务

主题公园游乐设备的运行服务主要包括以下内容。

1. 设备检查

1) 外观检查

检查游乐设备整体外观是否有破损或者变形,特别是设备的关键部位,如安全带卡扣、座位连接处等。

2) 电源检查

检查电源插头是否松动或者损坏,电缆是否处于安全位置,设备是否处于合适的电源带电范围内。

3) 安全带检查

检查安全带松紧是否合适,卡扣是否牢固,是否出现断裂现象等。

4) 保护罩和护栏检查

检查保护罩和护栏是否完好,如是否存在开裂、脱落等情况。

5) 操作系统检查

检查游乐设备的操作系统是否正常运作,如验票系统、计时系统、控制系统等。

6）功能测试

在上述检查工作完成后,进行设备的测试,以确保其处于正常的使用状态。测试设备时,要验证设备的功能性要求是否正常。

2. 执行设备操作规程

根据不同类型游乐设施的操作规程,运行人员需要进行相应的操作。例如,对于旋转木马设施,操作人员需要按照规定的步骤启动设备,并密切关注设备运行情况,以确保设备正常运行。

3. 做好游客游玩注意事项讲解及服务引导

1）游玩项目讲解

当游客开始进入项目排队区时,项目主持人需介绍游乐项目体验的注意事项。例如,"亲爱的游客朋友们,大家好！欢迎大家乘坐××项目,在开心游玩的同时,请您注意,患有心脏病、高血压等疾病的游客不宜乘坐本项目……"

当游客进入设备区域,等待设施设备开启时,项目主持人须有提示语。例如,"请各位游客存放好行李物品,不要摇晃座椅……"并问候前来游玩项目的游客：注视顾客,面带微笑；语气亲切、语调柔和、语速适中、语言简练、语意明确、声音上扬(如"亲爱的游客朋友,大家好！欢迎体验××项目。我是本项目主持人")。

当游客即将体验游乐项目时进行项目介绍。每个游乐项目应有简洁明了的介绍词；针对项目的介绍词宜在 100 字以内(或在 30 秒内完成)；介绍项目时充满热情,富有感染力；目光环视所有游客,保持微笑(如"本项目为木质过山车,刺激程度为五星,适合……游客参与……")。

向游客详细介绍游乐设施设备的安全须知,包括安全带、安全栏、安全门等的使用方法,以及在游玩过程中应遵守的规则；针对不同的游乐设施设备,向游客讲解可能出现的风险和安全问题,让他们了解可能会出现的情况和注意事项；强调在游玩过程中要保持秩序和注意安全,不要随意乱动或做出危险行为(如"各位游客朋友们,为避免您或他人受到不必要的伤害,请将手机、相机、钥匙、眼镜、钱包等贵重物品和容易脱落的物品存放到储物柜,请您按照工作人员的示范系好安全带")。

2）服务引导

在游客游玩前,向游客介绍游乐设施设备的入口、出口、等待区、游玩区等位置,让他们了解如何进入和离开游乐设施设备；对于需要排队等待的游乐设施设备,向游客说明等待时间、排队规则等,并安排好排队区域,避免出现混乱和拥堵；在游乐设施设备出现故障或意外的情况下,及时向游客解释情况并采取措施,如疏散、退票等,确保游客的安全和权益；提供必要的服务支持,如饮料、防晒、休息区等,让游客在游玩过程中得到必要的休息和照顾。

3）宣传教育

通过宣传册、海报、电子屏幕等多种方式,向游客宣传游乐设施设备的安全须知和注意事项,提高他们的安全意识和自我保护能力；在游乐设施设备周围设置安全提示牌和警示标志,提醒游客注意安全事项和遵守规定；提供安全教育视频或讲解员向游客介绍游乐设施设备的操作原理和安全知识,让游客了解如何正确使用游乐设施设备并避免出现安全问题。

4. 设备运行突发事件的协助处理

操作员或服务人员发现故障和险情后，应首先按下急停按钮，维持好现场秩序，然后联系现场紧急救援小组，召集现场救援小组赶往事故现场，进行紧急救援。

现场救援小组应当尽快对事故发生的基本情况作出评估，分析控制事故和应急救援的流程及技术要求，针对事故引发或可能引发的次生灾害，提出启动相关应急预案的建议或者救援方案，并向总指挥长报告。

事故发生后，安全保卫组立即赶赴事故现场进行宣传保护和警戒，迅速组织乘客和现场人员撤离事故危险区域，设置警戒标志，封锁事故现场和危险区域。必要时请求公安部门、武警官兵协助维护现场秩序，封锁事故现场，重点保障顺畅实施救援，包括交通管制、救援队伍、物资供应、伤员进出、人员疏散，宣布警戒开始和撤销步骤。事故现场应当开辟应急抢险人员和急救车辆出入的专用通道和安全通道。

二、大型主题游乐服务

大型主题游乐服务包括各种形式的表演和活动，如主题巡游、焰火表演、舞台剧、音乐会等，这些表演和活动能够为游客带来视觉和听觉上的享受，以增强游客的游乐体验。

主题巡游是指一种以特定主题为核心的巡游活动，通常由一组经过精心挑选和设计的展品、表演和活动组成，旨在向观众传达一种特定的信息或情感。通过吸引观众的注意力来推广景区文化、理念或产品。通常包括各种形式的表演、展览、互动活动和游乐节目，如音乐、舞蹈、戏剧、美术、手工艺等。比如欢乐谷主题公园推出的《欢乐颂》花车巡游，在保留国潮国风文化内核的基础上炫彩升级，山海经、三星堆、大闹天宫、葫芦兄弟、哪吒闹海、饼干警长六大热门IP，12辆主题彩车争奇斗艳，百余名欢乐舞者轮番登场，彰显中国文化自信，提供沉浸式国潮体验。成都欢乐谷延续国风潮玩节系列活动，以敦煌IP"一梦敦煌"为主题，通过主题IP展、五场国风大秀、十场国风见面会、百名嘉宾达人，为游客带来如诗如画的国风盛宴。重庆欢乐谷在儿童节来临之际，推出聚集羊驼、梅花鹿等八种网红动物的奇趣萌宠乐园；联动超级飞侠、巴啦啦小魔仙、巨神战机队等知名IP，举办超级玩具嘉年华；邀请海底小纵队、我是霸王龙、葫芦兄弟、黑猫警长四大人气IP，打造儿童剧盛宴，吸引全家大小共享欢乐。

实践卡

在主题公园景区游乐服务管理中，立足景区文脉是游乐服务的关键，强化游客体验是游乐服务项目的核心。请以国内知名主题公园景区为案例，分析如何塑造主题景区文脉及沉浸式游客体验？

_____

_____

_____

_____

> 思政园地

横店影视城梦外滩——影视与旅游交融驱动的发展之路

横店影视城梦外滩影视体验度假区是横店影视城从旅游景区向休闲度假目的地转型的标杆项目,也是横店影视城第三代主题景区的最新代表。横店梦外滩总投资35亿元,总占地面积500亩,总建筑面积近40万平方米,是一个以老上海文化为主题,集影视拍摄基地、影视主题乐园、影视主题度假酒店、老上海文化博物馆群、影视主题文创空间等于一体的影视文化旅游综合体。

横店梦外滩于2015年开始建设,2019年试营业,2021年正式营业。目前梦外滩一期项目基本完成,二期项目已经完成规划设计。从规划到建设再到运营,梦外滩项目力图打造一个全新的"主客共享"式的影视文化旅游综合体,同时满足影视拍摄工作群体、外来旅游观光度假客群、本地城市居民日常休闲客群三类群体的需求,同时三类客群的工作和休闲场景又互为彼此的风景,使之成为一个具有影视主题特色的、高品质的主客共融的美好空间。

基于横店现实的综合诉求,结合影视、旅游两大行业自身的发展趋势,以及国民消费习惯的改变,梦外滩进行了一系列创新尝试。

一、梦外滩度假区的突破创新

1. 总体定位创新

旅游业从前几年就出现了单一景点景区建设管理向综合目的地服务转变,从门票经济向全产业链条的城乡经济转变,从封闭式的观光游览活动向全天候、全范围、全业态的综合性体验转变。而旅行服务商混业经营态势日趋明显,旅游住宿、旅游景区、主题公园等典型行业开始从单一形态向复合型生活场景方向变迁,城市里开始纷纷出现包含餐饮、游乐、体育、休闲等多种功能的文商旅综合体。

基于横店影视城战略规划及客源市场研究分析,最终确定下梦外滩的定位,就是集影视拍摄、主题乐园、主题度假酒店及其他多种游乐业态于一体的一站式体验型主题综合体,在还原20世纪20年代至三四十年代老上海外滩原貌的基础上,充分挖掘老上海文化和影视文化,配以高科技多媒体各类体验项目,再融合主题演艺、主题文创、主题博物馆、主题体验项目等内容。

2. 建筑形态创新

通过对剧组大量的调研和对老上海历史建筑的研究,将梦外滩的建筑选定在20世纪20—40年代的以外滩沿岸城市道路景观为主的建筑群,建有南京路、中山东路、西藏中路、四川路等老上海街道8条,对外滩进行了整体还原建设,特别是诸如和平饭店、汇丰银行、海关大楼、怡和洋行等现在上海外滩仍能见到的著名历史建筑,做到1∶1的"还原"。

同时,苏州河沿岸的历史建筑,以及老上海最具特色的石库门等,也进行了综合布局。石库门、南京路、老上海火车站、外白渡桥、上海大世界、国泰大戏院等一批老上海著名街区和地标性建筑,在梦外滩得到突出与集中的展现,并融合了花园洋房、戏院、里弄,以及各式城市建筑。这些场景支撑起了近两年大量在横店拍摄的重大献礼题材剧,同时,为后续旅游项目和产品的开发、主题文化的挖掘,都预留了充足的发展空间。

这些建筑的室内空间大多保留了中空的大空间,既可做摄影棚,又可以承办大型会务会展等活动,改建成新的游乐项目也有足够的物理空间,为今后的复合业态发展也预留了空间。

3. 主题场景创新

主题是主题公园的灵魂,在老上海文化与影视文化的两个大主题背景下,如何进一步分解成可应用于各项目的小主题,团队在主题挖掘和定位选择上做了较多功课。这两个大主题可挖掘的内容实在太多,海派文化、红色文化、名人名流、商业文化、风情风物等,以及众多以老上海为时代背景的影视作品,团队要做的是进一步地聚焦,落地到具体的演艺主题、博物馆的主题、游乐设备的故事主题、儿童体验馆的主题,以及服务特色中去。尤其是作为主题文化应用最细的酒店,如何系统地植入文化,团队做了反复思考与梳理,提炼了"上海风系列"主题,上海风貌、上海风俗、上海风情、上海风华、上海风骨、上海风云、上海风味,从楼层、客房的主题,餐饮、酒店软装、产品等,将诸多元素进行串联设计。

4. 项目业态创新

在主题公园领域,在2014年以后,以三维、四维、动漫、科技为主的第四代主题公园进入了蓬勃发展期。第四代主题公园在第三代以各种室外动感体验设备为主的游乐园基础上,融入了更多的科技元素,更加重视游客体验与互动。国外主题公园进入中国后,在技术与创意方面遥遥领先于国内主题公园,形成了强大的吸引力和竞争力,最具代表性的就是上海迪士尼乐园和北京环球影城。

研究国际顶级主题公园的优点,梦外滩项目开发的原则是坚持影视文化路线不动摇,以科技与文化主题创新为支撑,开发新的交互体验方式,所有项目体现内容要有文化、有技术手段,能跟上行业竞争的脚步,为游客带来持续的新鲜感和吸引力。目前梦外滩已经推出的几个项目中,取材于上海美术电影制片厂创作的国内首部彩色动画片为主题的《大闹天宫》是动感球幕影院,取材于谍战追逐题材的《生死营救》是运行中的电车、动感轨道与大型曲面LED屏幕相合的胶囊式沉浸秀,得到了游客的追捧和好评。

二、梦外滩度假区的重点创新项目

1. 梦外滩主题酒店

梦外滩主题酒店其实是酒店群的概念,包括各种不同等级、不同功能的酒店。按照总体规划,梦外滩将建设3000间左右的客房体量。目前建成的主要是百老汇大厦、礼查饭店(即浦江饭店)、俄罗斯公馆、先施宾馆,有600余间客房。在探索主题酒店多种业态相融合的可能上,团队做了很多努力与尝试,成效较为突出。建成一年多时间,百老汇大厦成功申报金鼎级主题文化特色饭店,连续两年获浙江十佳特色主题酒店,平均住宿率可达到百分之七八十。

在建设理念上,以特色最为明显的百老汇大厦为例,其原型就是上海黄浦江与苏州河交汇处、外白渡桥北侧的上海大厦,这座三角形的建筑与外白渡桥构成了上海外滩最具标志性的景观。团队在还原建筑外观的基础上,除酒店内部做了大量的老上海文化植入,除满足度假功能外,最大化地把它建成景区化、打卡式的酒店。

酒店的软装设计团队邀请了剧组美术以及博物馆的展陈专家帮团队一起把关。陈列在角角落落的钟表、留声机、打字机、老式电话机等,是团队从世界各地淘来的充满年代感的古董物件,大厅里摆放的钢琴是100多年前德国制造的,音质依然清澈醇厚,每台留声机放上唱片都能发出久远的声音。自助餐厅内的桌、椅、沙发,乃至看上去只是装饰物的厚厚的硬壳书,其实都是古董物件。客人一进入酒店,就能感受到浓郁的老上海气息和韵味,而剧组在这里取景,也几乎不需要重新制景,可以随来随拍。除陈设装修外,酒店在多种业态的融合上也做了诸多尝试,努力让酒店破圈、出圈。

(1)"酒店＋演艺":酒店每天都有3场老上海风的快闪表演,多位行为秀演员自由活动在大厅,客人一进酒店就有沉浸感,快速感受到老上海的氛围。

(2)"酒店＋演出":梦外滩酒店在2019年推出国内首个酒店原创沉浸式话剧《百老汇之夜》,酒店内的各个场所都是演出的剧场,观众们可以选择一个角色跟踪,零距离感受一场悬疑大剧,跟着不同的角色可以掌握不同的故事线索。这种玩法就是目前最火热的剧本杀的前身。2020年5月,梦外滩酒店又引进国潮话剧《邯郸,又一记》,并率先尝试通过线上直播的形式演出,仅一天微博平台播放量就突破3300万。

(3)"主题宴＋玩法":怎么在用餐环节增强体验感,酒店也做了很多尝试,开发推出了"上海风云宴"。比一般主题宴更具创新性的是,上海风云宴融入了更多的玩法,有剧情推进,有十几个人物角色,人物角色换上服装后,在酒店氛围辅助工作人员的助推下,用餐气氛会被瞬间拉动。该产品推出后,特别受到高端团队客人的欢迎。

(4)"酒店＋影视体验":除了给剧组提供天然的影视拍摄场景外,酒店也针对住店客人推出"梦回外滩·好梦一日"的影视拍摄体验,在酒店内就可以当一回剧中人,做一回主角,拍一部自己的MTV或微电影。如果有小朋友随行,可以报名参加卖花童、卖报童的民国生活体验。

2. 海上洋货博物馆

这是横店泛博物馆建设计划中的较大型的专题博物馆,主要展出的是从18世纪末至20世纪中期英、法、德、俄、意、美等西方十几个国家的30多种衣、食、住、行、文化、游乐相关的产品、艺术品,小到汤勺,大到大型钟表。整个展馆分为"西风东渐""海上风华""魔都奇珍""洋场曼舞""浮生年华"四个主题区,面积1600多平方米。

横店影视城从2013年开始规划实施泛博物馆群建设,从增强文化体验、为旅游赋能的初衷出发,来促进横店文化软实力的提升。目前横店在各个不同的景区建成了中国电影放映机博物馆、大宋市井生活博物馆、清宫御膳博物馆、钢琴博物馆等几大专题馆,以及其他的小型馆和布展布景。现在在横店各大景区中看到的很多道具、布景,有些是真的影视道具,还有很多是横店影视城多年来收藏收集的真物件、老物件。目前横店的藏品达到了3万件左右。

3. "穿越时空的礼物"文创主题店

这是由横店影视城文创公司自主设计,集影视互动体验、文创商品销售和轻餐饮于一体的文创综合商业空间,也是横店文创的集成店之一。

"横店文创"是"横店影视城+"战略下的业态延伸。横店文创公司成立于2016年,秉承"影视基因,游乐精神",致力于影视文化IP打造、文创产品设计开发与文创商业运营,形成了以"穿越时空的礼物"横店影视城官方文创商店为核心的景区线下商业布局,开发出"剧中人""剧小潮""大咖""映画横店"等产品主题系列和"吉格格""无名小英熊"等深受游客喜爱的卡通形象,以及"上茶图""姨十三咖啡""路人咖"等多个文创特色轻餐饮品牌,形成从产品研发、生产制作到销售推广的全产业链发展模式,产品SKU超1000个。在梦外滩的文创体验店内,除了售卖老上海特色的商品外,还有众多横店文创开发设计的商品。

4. 梦外滩演艺秀

目前梦外滩内主题演艺秀主要有如下两种类型:第一种是街头表演秀,包括街头互动秀和主题巡游类节目,主要是为了提升景区沉浸感气氛营造;第二种是剧场秀,其中包括展现中西文化碰撞下的老上海剧院文化的歌舞秀《啼笑洋戏》,萌想片场内的儿童剧《阿拉丁神灯》,以及景区内的王牌演艺秀《百老舞汇》。

《百老舞汇》是横店演艺秀3.0的代表作品,与《暴雨山洪》《走进电影》并称为"横店三大秀"。区别于1.0时代的传统封闭式剧场和2.0时代的全景开放式剧场,《百老舞汇》的最大亮点和特色在于通过多表演空间的打造营造浓厚的沉浸感和代入感,是一台多场景沉浸式影视水舞秀。

节目故事背景设定在抗日战争前夕的远东第一歌舞厅百乐门的"最后一夜",以歌舞皇后红玫瑰和上海滩帮派老大强哥为主要人物开展。整个表演共有三个剧场,通过三个剧场的层层铺垫递进地演绎,全方位、全景式地展现老上海的风貌,观众从走着看、站着看,到最后坐着看,一路通过不同的观看方式获得全过程的沉浸体验。《百老舞汇》从策划到筹备历时6年,在横店以往演艺秀的基础上进行了全新的突破与创新,成为横店演艺秀的最新标杆。

5. 沉浸式高科技游乐项目

横店影视城近几年打造了几台游客评价较高的室内游乐项目,包括4D轨道骑乘视频《龙帝惊临》和裸眼6D穹幕飞行影院《帝国江山》。横店梦外滩的《生死营救》《大闹天宫》、VR摩托,不论从主题到场景的营造,还是设备的体验感、互动感,都在室内游乐项目上实现了较大的进步。

6. "主题影视旅游+"项目

作为一个大型的综合体项目,依托于"横店影视城+"的业务延伸,梦外滩的业态横跨了研学、会展、婚庆、体育等多个领域。

(1)研学。已退役的我国自主生产的导弹护卫舰"金华舰"落户在梦外滩,是金华地区重点爱国主义教育基地及研学教育基地,2021年7月正式开放,梦外滩开发了系列与海军军事有关的研学课程,如海军旗语课、结缆绳课等。另外,上海还是中国革命的"红色源头",2021年建党百年,大量红色献礼影片在这里拍摄。也为研学体验课程的研发提供了内容素材。同年8月,梦外滩度假区与上海翔宇公益基金会达成了"红色经典传颂地"项目合作,将在梦外滩落地"一套书、一间房、一个班、一艘船"系列活动,纪念周恩来总理在上海期间的革命活动事迹。

（2）体育。梦外滩落地了很多大型体育赛事,比如全球华人篮球联赛、青少年乒乓球积分赛等。景区充分利用摄影棚空间,将赛事搬进摄影棚内,2016年举行的第32届全球华人篮球赛,在空旷的摄影棚内,铺上塑胶,装上球筐,搭起篮球场,346支参赛队伍,4500多名参赛运动员,18片球场同时开打,4天时间进行了500多场比赛,创下了全球华人篮球邀请赛参赛队伍最多、参赛人数最多、比赛场次最多的纪录。横店最大的品牌赛事"横店马拉松"2021年也将跑进梦外滩。目前景区也正在计划引入与体育相关的小众项目,比如拳击馆、滑轮等。

（3）会务会展。梦外滩园区内有多个大型摄影棚,都是优质的活动举办场地,这里举办过的活动包括影视产业博览会,以及各种不同品牌的新品发布会、秀场等。目前梦外滩的几个场馆、剧场已经成为横店承办各类会务会展活动的重要场所。

（4）婚庆。"穿越时空的婚礼"也是横店打造的重点子品牌之一。横店拥有独一无二的场景特色和一站式的接待能力,推出了系列的婚庆类产品,有庄重典雅的秦汉帝王婚礼,有皇家气派的宫廷婚礼,有奢华浪漫的皇家园林婚礼,以及经典传奇的民国世纪婚礼等。凭借老上海的"万国建筑群"的原貌基础,梦外滩迅速成为浙中地区热门的婚纱摄影基地。

（5）旅拍。由婚纱摄影渐渐延伸出来的旅拍、美拍等十分受年轻人的欢迎。梦外滩度假区内有老上海的有轨电车、风情浓郁的街区等,且景区可提供不同风格的服饰妆发、道具、主题场景、小视频拍摄制作的技术支持等,是旅拍的绝佳之地。目前旅拍是梦外滩年轻散客选择较多的体验项目之一。

（6）多业态产业的融入大大增加了梦外滩的旅游内涵,从投资角度看,包容度更大的综合体,回报投资的入口就会增多,对梦外滩的经营是非常有益的补充。

7. 梦外滩的实践创新总结

梦外滩度假区是横店影视城全新打造的首个影视文化旅游综合体,也是横店影视城第三代主题景区的代表。

目前,国内由影视延伸出来的旅游目的地与主题公园大致有以下三种类型:第一种是以迪士尼、环球影城、华谊电影小镇为代表的以影视IP衍生开发为主题的乐园;第二种是以横店影视城、无锡、象山为代表的由影视基地转换而来的主题公园;第三种是由某部影片或电视剧的热播而引起关注的目的地,或者叫取景地,比如云南的普者黑、重庆的洪崖洞等。而梦外滩的模式与上述几种都有较大的不同,它作为集影视拍摄、主题乐园、主题度假酒店及其他多种游乐业态于一体的一站式复合性体验型主题综合体,其模式在国内的主题公园领域还是全新的尝试。

（资料来源：任国才,桑小庆,赵菡菅. 横店梦外滩:影视文化旅游综合体的创新实践[EB/OL]. (2023-02-10)[2023-12-30]. https://mp.weixin.qq.com/s/xiLaDOs9M9MZtlZnxutO3A.）

任务四 认识主题公园购物服务

一、主题公园旅游商品及其分类

任务卡

案例1：成都融创乐园拥有中国现存唯一驻场冰上特技舞剧《爱丽丝梦游仙境》，乐园的特色IP"财俊猫"即诞生于此。据介绍，乐园将原剧中的"柴郡猫"角色与成都融创乐园所在的都江堰本土文化相融合。乐园地处财神祖庙赵公山脚下，因此乐园为柴郡猫融入了"招财"属性，将原剧中的"柴郡猫"打造为有颜有钱的招财神兽"财俊猫"，并立足爱笑招财的财俊猫形象，开发出一系列周边产品，主要包括"财俊猫雪糕"和"财俊猫玩偶"两大类型。财俊猫雪糕以3D立体的财俊猫形象为原型，与乐园门头雕塑雪糕同期推出，满足了游客的消费场景打卡需求。而财俊猫雪糕打趣又讨喜的传播语"吃个猫头，万事不愁"，与成都人民乐观豁达的个性达成了情感共鸣。财俊猫玩偶的品类更加丰富，拥有发箍、抱枕、手偶、公仔等多种形态，财俊猫发箍成了游客沉浸式体验乐园、进入童真梦幻世界的有形媒介，从装扮上满足了消费者重拾童年快乐的情感诉求，而抱枕、手偶等产品补充了游客在生活实用、旅游纪念维度上挑选文创产品的购物需求。

案例2：大连海昌发现王国的主题形象"酷乐""酷啦咪""蓝毛"等，在乐园开业的2006年即已面世。多年来，发现王国致力于提升园内设施和服务的同时，对IP衍生的文创产品开发方向也有了更深的思考与探索。发现王国方面表示，通过文创产品的持续开发，乐园为游客打造差异化的消费体验，将发现王国品牌文化传递给消费者，为品牌赋能。目前，发现王国基于原创IP开发的文创产品品类涵盖图书、玩具、文具、服装、饰品等数百种，兼具纪念与实用性。不仅满足游客的消费刚需，还将发现王国与大连本土文化强势结合，开发出极具"大连元素"的产品，如大连话帆布包、冰箱贴、许愿瓶书签、大连特色伴手礼盒等，让游客通过这些文创产品更加了解发现王国，记住大连。

案例3：2018年开始，中华恐龙园在二消领域从传统主题旅游纪念商品往文创功能类产品进行重点突破，目前文创类产品涵盖衣、食、住、行等多个领域，覆盖30多个品类。依托恐龙IP，中华恐龙园文创产品在自主研发、联合开发、异业联名等领域均表现不俗，其中自主研发高颜值恐龙立体造型雪糕、圆咕龙咚造型雪糕，以其生动可爱的恐龙造型，带动一大批游客前来打卡消费。2020年5月上市的暴龙双层杯，一经推出就成为网红爆款，截至目前，暴龙双层杯单品已累计销售400余万元。

此外，中华恐龙园研发部门与国内头部文创设计单位联合开发了"侏罗纪蜜语""恐龙森林""恐龙涂鸦"系列产品，带动了整体产品迭代升级，同时积极开展异业联名，与棉仓、稚优泉、沪上阿姨、JOYCORN、玛丽黛佳等品牌联合，推出凸显品牌的T恤、彩妆面膜、奶茶、潮流雨衣等联名限定产品，满足全年龄段消费者的需求。2022年，中华恐龙园入选"中国5A级景区文创排行榜"（江苏第一，总榜第六），成为唯一入榜的主题乐园类景区。

经过三年多的发展,恐龙园景区已逐步形成以恐龙 IP 为核心、创新单品引爆市场、横向延伸产品线的文创产品开发经营模式。

(资料来源:游乐届."老牌、新锐齐出手!主题乐园文创共闯破局之路"[EB/OL].(2022-04-06)[2023-12-30].https://mp.weixin.qq.com/s/8GsOKIefxpRoiOU4E6NRkw.)

通过上面三个案例,请查找资料,分析目前主题公园旅游商品开发的要点和趋势。

_____
_____
_____
_____

知识卡

(一)主题公园旅游商品定义

主题公园旅游商品属于旅游商品范畴,是指游客在主题公园旅游活动过程中所购买的具有纪念性和主题公园特色或者满足旅游活动需要的各类物质性商品。

(二)主题公园旅游商品分类

旅游学者由于其所考虑的角度不同,对旅游商品有着不同的分类方法。如有的学者将旅游商品分为实用品、工艺品、艺术品、文物和仿制品;有的学者将其分为旅游纪念品、文物古玩及复制品、实用工艺品及土特产品、特种工艺美术品、旅游日用品、免税商品;还有学者将其分为文化艺术品、工艺美术品、风味土特产、名贵饰品、特色服装、旅游纪念品和其他商品。旅游资源分类国标中,将旅游商品分为菜品饮食、农林畜产品及制品、水产品及制品、中草药材及制品、传统手工业品与工艺品、日用工业品和其他物品共七个基本类型。

在主题公园中旅游商品常常表现为三种类型,分别是旅游纪念品、旅游日用消耗品和旅游专用品。

1. 旅游纪念品

旅游纪念品是为纪念一次旅游而购买的商品,是纪念特殊时期或经历的事物。过去旅游纪念品的范围非常狭窄,主要指游客在旅游目的地购买的具有当地特色的土特产品或手工艺品。

(1)旅游景点型。它是以文物古迹、自然风光为题材,为特定旅游景点开发制作的,古文物复制、仿制品等属于这类纪念品,如兵马俑复制仿制品、彩陶复制品、苏州仿古碑帖字画等。此外,介绍风土人情、景点特色、历史沿革、名人诗文、土特产品的专著、游记等书刊、导游图、风光图片、风情画册、书签、明信片等也属于这一类型。

(2)事件依托型。它是一种专门为特定事件或活动(如运动会、风筝节)开发的旅游纪念品,如在西班牙足球大赛期间,旅游部门及有关方面向厂商定制了一大批有球赛标志的烟灰缸、烟斗、书包、电子足球游戏机、打火机、T恤衫、纪念币等纪念商品,向游客出售。

(3) 名优特产品。这类产品种类很多,可分为工艺品、土特产品、旅游食品等。

(4) 名牌产品。指在一国或世界上被消费者普遍认可的商品,它们已成为一个国家或一座城市非常有代表性的商品,如法国的化妆品、日本的电子产品、中国的茶叶、韩国的人参等。这类产品在当地购买具有产地优势和价格优势。

2. 旅游日用消耗品

在旅游途中(在各旅游客源地所设车站、码头、机场内的免税店、旅游途中的普通商店)购买的日用消费产品,不包括在居住地购买的日常用品。旅游日用消费品是游客在旅游活动中所必备的生活日用品,主要满足游客在旅游活动中的日常需要,是游客外出的必需品。包括穿着和用品两大类,如各种旅游服装、鞋帽、器械、洗涤用品、化妆用品、游乐用品等。它不同于一般日用品,要求是用品艺术化,具有纪念意义,带有礼品性质,因此它是实用性与纪念性相结合的商品,以轻工、纺织产品居多。

3. 旅游专用品

旅游专用品是指满足游客从事旅游活动专门需要的旅游商品,最显著的特点是具有专用性,如旅游专用鞋、服装、望远镜、照相器材、风雨衣、电筒、指南针、游泳用品、各种应急品等。

(三) 旅游商品的特点

1. 文化性

旅游商品作为一种文化的载体,记录着游客的旅游经历,反映出旅游目的地的文化渊源和背景,这是旅游商品区别于一般商品最本质的特点之一。如到中国的游客喜欢购买中国茶叶、丝绸、印章、瓷器、国画、工艺品等,是因为其具有中国文化的特色。

2. 愉悦性

旅游商品的愉悦性是指人们购买它会带来旅游活动的愉悦。普通商品一般不具有旅游愉悦性。如旅游过程中的饮食与在家用餐是有区别的,在家吃饭是满足基本的生活、生理需要,而在旅游目的地用餐不仅仅是满足吃饱的生理需求,更多的是希望品尝当地有特色的饮食,感受异地的饮食文化习俗等。

3. 代表性

旅游商品的代表性是指旅游商品能代表和反映旅游目的地的资源特色。那些能反映目的地资源特色和文化底蕴的旅游商品往往与众不同,特色明显,异地不易买到,具有一定的垄断性。

4. 宣传性

旅游商品的宣传性是指其具有宣传旅游目的地和产品品牌的功效。旅游商品能使游客了解当地的历史文化、生活习俗甚至地理气候等,从而对目的地的知名度、形象等起到宣传作用。如刻有"东北地区"的五味子酒就具有较强的宣传作用,它不但使人们了解到东北地区的魅力,还传递这样一个信息:东北是一个资源物产丰富的地区。

5. 纪念性

人们外出旅游总是希望带回一些具有地方特色的商品留作纪念。一件具有纪念意义的旅游商品能有效地加深人们对旅游经历的回顾和感受,因此,纪念性也是旅游商品的基本特性。

> **实践卡**

查阅资料,收集国内海昌、长隆、华侨城、融创、迪士尼、环球影城等主题公园的主题商品体系、项目规模、发展定位、市场状况等情况,对比不同企业主题商品的亮点与不足。

_____
_____
_____
_____

二、游客购物心理及行为特征

> **任务卡**

对游客来说,游玩迪士尼的快乐,随着重游次数的增多,边际快乐是递减的,自然而然,游客不会无限次重游迪士尼。如何打破游客的适应偏见,迪士尼用了三招。

一是意外幸福感。在生日当月去迪士尼游玩,可以申请一枚生日徽章,别在显眼的地方。在游玩过程中,如果被工作人员注意到,就会收到专属的生日惊喜。可能是送的贴纸、贺卡,也可能是工作人员临时画的生日祝福,还可能是突如其来的生日快乐歌。总之,生日惊喜是你无法预料的,越是无法预料的收获,越容易收获幸福感。迪士尼给游客的生日惊喜虽然价值并不高,但是给到游客的幸福指数却很高,原因就是引入了不确定和意外的机制,打破了游客的适应性偏见。

二是对比幸福感。迪士尼有快速通道卡,除了VIP客人可以有快速通道的权利,迪士尼还推出了免费的快速通道卡,就是平时常说的FP。FP是限量的,抢完了就没有了。FP这项业务对迪士尼的营业收入没有任何好处,相反还增加了营业成本。迪士尼推出免费的快速通行卡,显然是醉翁之意不在酒,不是为了增加收入,只为增强游客的幸福感。不是所有人都能抢到FP,抢到FP的人可以快速游玩某个项目,免去排队的烦恼,而没有抢到FP的人只能默默地排队。人的幸福是对比出来的。当自己抢到FP,不用排队,快速体验设备,而其他人只能默默排队,这种因为对比而产生的幸福感动态波动,永远不会被"适应"。

三是延长幸福感。同样是迪士尼FP卡,一次只能领一张,距离下次可再领取FP的时间大概是2小时。FP卡只能一张一张地领,领完一张,充分享受,直到充分适应之后,再领第二张,这样的幸福感会更强,每一张FP卡发挥的作用也就更大。游戏关卡的使用也是延长幸福感的原理,给玩家阶段性的奖励。越是一次性通关的游戏,越是没有人玩,越是关卡多、难度大的游戏,越是有更多的人沉迷其中。好处一点一点提供,可以有效延长客户的幸福体验。

结合案例,梳理游客在主题公园进行消费时,往往存在着哪些心理。
_____
_____
_____
_____

知识卡

(一)游客的购物心理

主题公园游客的购物心理涵盖了求实用、求审美、情感满足、社交体验和追求个性等多个方面。

1. 求实用心理

游客追求旅游商品的使用价值,注重商品的品牌、质量、功能等实用性。他们更倾向于选择经济实惠、经久耐用的商品,以满足自己的需求和性价比的考虑。

2. 求审美心理

游客重视旅游商品的艺术欣赏价值,关注商品的款式、包装以及环境装饰作用。他们喜欢具有民族特色、地方特色和审美价值的旅游商品,追求商品的艺术美、色彩美和造型美。

3. 情感满足心理

游客希望通过购物来满足自己的情感需求,寻求一种情感上的满足感和归属感。他们更倾向于选择能够引起共鸣的商品,如具有特殊意义或纪念价值的商品,或是与自己喜好相关的商品。

4. 社交体验心理

游客希望通过购物体验来获得社交需求的满足,与他人分享购物心得、交流体验感受。他们更倾向于选择具有互动性、体验性特点的商品或活动,如参加主题公园的互动游戏、品尝当地特色美食等。

5. 追求个性心理

游客希望通过购物来展示自己的个性和独特性,寻求一种自我表达和认同感。他们更倾向于选择具有独特性、个性化的商品或服务,如定制化的纪念品、专属的旅游体验等。

(二)游客购物行为特点

1. 从众性

在主题公园内,游客往往会受到其他游客的影响,尤其是在购买商品方面。如果一个游客购买了某种商品,其他游客也可能会因为看到该商品的受欢迎程度而产生购买的冲动。这种从众心理可能会导致许多游客会同时购买相同的商品,即使他们并不真正需要。

2. 随意性

游客在主题公园内购物时,往往没有明确的购物计划和目的,受到多种因素的影响而做出购买决策。游客往往会被与自己兴趣和爱好相关的商品所吸引,尤其是那些具有主题公园特色的商品,如迪士尼乐园的卡通形象商品、环球影城的电影主题商品等。

3. 仓促性

主题公园游客在游览过程中,往往面临时间紧迫、行程安排紧凑的情况,导致他们在购物决策上往往没有过多的时间和机会进行比较和考虑。因此,要在有限的时间内通过特别的展陈、独特的产品设计、有趣的促销方式迅速吸引游客眼球,促使其迅速成交。

在主题公园的购物环境中,需要充分考虑游客的心理需求和消费行为,提供符合他们需求的商品和服务,以提升游客的购物体验和满意度。

实践卡

请以自己为原型,绘制在主题公园购物时的自我画像。

三、游客购物服务

任务卡

亚洲文化注重亲切有礼,迪士尼公司在发现了日本人热衷于购买"手信"作为馈赠亲友礼物的这个习惯并为乐园带来巨大收益之后,也同样发现中国人十分重视旅游纪念品的选择与购买,于是在上海迪士尼园区米奇大街内和迪士尼小镇入口处分别建立了两家大型购物中心,名为"M大街购物廊"和"世界商店",出售兼具迪士尼风格和中国特色的旅游纪念品。

迪士尼的纪念品一向是反其道而行之,普通的乐园是体验了乐园项目后选择购买纪念品留念,迪士尼偏偏从星黛露和玲娜贝尔开始,开拓了为了争夺纪念品前往乐园游玩购物的新思路。

(资料来源:在旷野狂野.迪士尼的七大心理学套路[EB/OL].(2020-06-20)[2023-12-30]. https://mp.weixin.qq.com/s/M-BB56rZBx84PeDgoxXrog.)

迪士尼在小镇入口处建立大型购物中心,给主题公园旅游购物服务方面带来哪些启示?

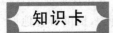

旅游景区购物服务一般从购前准备、购中服务和售后跟进等几方面进行探讨。

（一）购前准备

旅游购物环境是指旅游购物建筑与其周边环境、旅游购物设施、购物场所内部环境以及旅游景区的人文环境。旅游购物环境的优劣将直接影响游客的购买欲望以及旅游商品的吸引力，所以营造舒适、美好的购物环境是刺激旅游者购物的重要手段。具体应从以下几个方面入手。

(1) 购物网点布局合理。旅游景区购物网点的布局要根据景区的具体情况而定，一般会将分散的购物网点整合，形成一条特色旅游购物街或者旅游购物中心。对于空间尺度较大的大型景区，可以在旅游交通要道上设置购物网点，满足游客游览过程中的购物需求。

(2) 购物建筑的规划与周边环境。旅游景区要科学、前瞻性地规划购物建筑，购物建筑的整体风格要与景区风格相协调，购物建筑不仅要成为景区的一部分，而且要成为景区的景观之一。

(3) 购物商店内部环境设计。旅游购物商店的展陈方式、商品摆设位置、灯光营造、环境氛围等都是影响游客购物欲望的因素。购物商店内部设计要体现景区的文化气息，与景区的整体环境一致，给游客一个整体的旅游和购物体验。

(4) 严格管理旅游商品的选择与售卖。旅游商品要多样化，满足不同层次、不同需求的游客，要体现当地特色，与当地的自然山水、历史文化、名胜古迹、美食特产有机融合，打造极具地域特色的旅游商品。旅游商品在售卖过程中，价格要与市场价格基本一致，不可价格过高，过高的价格不仅会影响旅游商品的销售，而且将影响景区的声誉，对景区的美誉度破坏极大。

（二）购中服务

旅游景区销售服务是景区销售企业在顾客选择、交易过程中提供相关服务，使顾客的意向和决定转化为实际购买行为并达成交易的过程。

旅游景区的销售服务主要考虑以下几个问题。

(1) 沟通技巧。旅游者的购买行为存在随意性，游客购买商品时往往没有明确的目标和计划，因此，从游客进入购物商店开始，服务人员能否提供优质的售中服务，根据游客的喜好、言谈举止判断游客的购买倾向就至关重要了。这就要求服务人员具有敏锐的观察力和判断力，及时发现游客的潜在需求，并将合适的商品推销给游客。

(2) 精准营销。旅游景区商店的服务人员要根据不同游客的需求,销售给游客相应的商品。例如,针对女性消费者,可以推荐美颜美容产品、瘦身产品等;针对青年消费者,可以推荐创意礼品、个性摆件等;针对老年消费者,可以推荐保健品、艺术品等。

(3) 帮助决策。游客在旅游景区商店停留的时间有限,对商品的特性了解不完全,因此,服务人员要根据游客的需求,帮助游客了解他们真正需要什么,为其推荐适合的商品。

(三) 售后跟进

旅游景区售后服务是指旅游商品销售后产生的一系列服务活动,这一直是我国旅游业发展中的薄弱环节。旅游商品由于各种原因,产品质量问题一直饱受争议,旅游商品消费投诉较多,因此,完善优质的售后服务是增加游客购买信心和提升景区美誉度的有效方式。

(1) 售后服务涉及的范围。包括大件商品的托运、邮寄,回答游客对旅游商品的咨询,对旅游商品销售后做满意度回访等。游客在旅游景区购买到假冒伪劣产品,可以要求退换货,这也是售后服务的一部分。

(2) 及时处理游客投诉。旅游景区应建立完备的旅游投诉反馈机制,对于游客的投诉及时处理,并查出问题的根源,杜绝此类问题再次发生。对不属于本部门处理范围的投诉事件,要在规定的工作日转交给相关部门处理,并及时告知投诉人。

实践卡

全班同学分成小组担任游客、商店经营人员角色,模拟游客购物服务场景。

任务五　认识主题公园餐饮服务

一、主题公园餐饮卫生安全管理

任务卡

2023年10月,有游客在社交媒体发帖称在上海迪士尼海怪小吃购买鱿鱼鱼蛋后,吃出一枚钉子,引发关注。根据当事人在社交平台发布的内容显示,10月9日下午,其在海怪小吃售卖的鱿鱼鱼蛋中吃出钉子。当事人立刻返回摊位并投诉,工作人员退款后表示可以补偿一份鱿鱼鱼蛋,但当事人并没有同意。最终,迪士尼工作人员提出的解决方案为，补偿 2 张 300 元购物券以及两位皇家宴会厅就餐名额。

对于该解决方案，当事人表示并不同意，希望上海迪士尼能够按照《中华人民共和国食品安全法》进行赔偿，"我的诉求是按照食安法赔偿 1000 元。"9 日晚，当事人称，已经拨打"12315"进行了投诉，正在等待处理结果。

10 月 12 日，上海迪士尼度假区工作人员回应，该事件正在多方调查阶段，暂未有确定的调查结果。目前海怪小吃正常营业，没有接到"鱿鱼鱼蛋"食品的调整通知。同时该工作人员表示，园区内餐厅当天出售的商品以现场实际情况为准，园区可以保证食品安全。如果游客遇到此类食品安全事件，园区会就实际情况进行调查。

(资料来源：南方都市报.游客称吃出钉子！上海迪士尼回应[EB/OL].(2023-10-13)[2023-12-30]. https://mp.weixin.qq.com/s/Z-WQ6dUVnwKpIPY5Qarxgg.)

结合案例，请思考：如何能够在竞争激烈的市场背景下将主题公园餐饮服务做到极致？

_____
_____
_____
_____

知识卡

饮食卫生和身体健康有着密切的关系，加强对餐饮业的卫生管理，对防止食品污染、预防食物中毒、增进人们的身体健康有着重要意义。食品卫生管理是关乎顾客人身健康的头等大事，餐饮店应严格按照科学方法保证食物的清洁和卫生。

（一）保证食品卫生

1. 食材

食品安全至关重要，因此在烹饪前，主题公园必须彻底清洗和整理食材，确保其卫生。储存场所和器具容器也应保持清洁，以防止交叉污染。一旦准备工作完成，要尽快处理食材并进行烹饪，避免食材在环境中暴露过久。烹调后的食物同样需要尽快食用，减少细菌滋生的机会。为了确保食品安全，尽可能选择新鲜的食材，因为不新鲜的食材含有较多细菌，即便经过烹调，仍可能残留细菌，且容易滋生细菌。严格遵循食材卫生原则，是保障食品安全的重要步骤。

2. 包装容器

在储存过程中，包装容器容易受到尘埃污染或昆虫侵害，必须特别注意其保存方式。为确保食品安全，使用前最好预先以含有效氯 50mg/L 以上的水溶液进行消毒，以有效杀灭潜在的细菌和微生物。此外，外包装选择时应注意不要过于厚重，以免影响散热，导致细菌在包装中大量繁殖。在储藏和使用食品包装容器时，以上这些措施可以有效减少污染，保障食品的卫生与安全。

（二）控制食品安全

餐饮店应从食材的采购、验收及储存等环节来控制食品安全。

1. 要严格按规格采购各类菜肴原料

一定要确保购进原料能最大限度地发挥其应有作用，使加工生产变得方便、快捷。选购没有制订采购规格标准的一般原料，要以保证菜品质量、按菜品的制作要求及方便生产为前提，并且要分量相当、质量上乘，不得乱购残次品。

2. 全面细致验收以保证进货质量

验收各类原料，要严格依据采购规格标准，对没有规定规格标准的采购原料或新上市的品种，对其质量把握不清楚的，应认真检查，以保证验收质量。

3. 加强储存原料管理

严格区分原料性质，进行分类储藏。加强对储藏原料的食用周期检查，杜绝用过期原料进行再加工制作。加强对储存再制原料的管理，如泡菜、泡椒等。如这类原料需要量大，必须派专人负责。厨房已领用的原料，也要加强检查，确保其质量可靠和卫生安全。

（三）食品安全操作规范

餐饮服务应当符合下列要求。

（1）在制作加工过程中应当检查待加工的食品及食品原料，发现有腐败变质或者其他感官性状异常的，不得加工或者使用。

（2）储存食品原料的场所、设备应当保持清洁，禁止存放有毒、有害物品及个人生活物品；应当分类、分架、隔墙、离地存放食品原料，并定期检查、处理变质或者超过保质期限的食品。

（3）应当保持食品加工经营场所的内外环境整洁，消除老鼠、蟑螂、苍蝇和其他有害昆虫及其滋生条件。

（4）应当定期维护食品加工、储存、陈列、消毒、保洁、保温、冷藏、冷冻等设备与设施，校验计量器具，及时清理清洗，确保正常运转和使用。

（5）操作人员应当保持良好的个人卫生。

（6）需要熟制加工的食品，应当烧熟煮透；需要冷藏的熟制品，应当在冷却后及时冷藏；应当将直接入口食品与食品原料或者半成品分开存放，半成品应当与食品原料分开存放。

（7）制作凉菜应当符合专人负责、专室制作、工具专用、消毒专用和冷藏专用的要求。

（8）用于餐饮加工操作的工具、设备必须无毒无害，标志或者区分明显，并做到分开使用、定位存放、用后洗净、保持清洁。接触直接入口食品的工具、设备应当在使用前进行消毒。

（9）应当按照要求对餐具、饮具进行清洗、消毒，并在专用保洁设施内备用，不得使用未经清洗和消毒的餐具、饮具。购置、使用集中消毒企业供应的餐具、饮具时，应当查验其经营资质，索取其消毒合格凭证。

（10）应当保持运输食品原料的工具与设备设施的清洁，必要时应当消毒。运输保温、冷藏(冻)食品应当有必要的且与提供的食品品种、数量相适应的保温、冷藏(冻)设备设施。

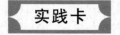

HACCP 食品体系实施指南

1. 收料与检疫

(1) 食品是否被害虫污染。
(2) 食品是否被化学品污染。
(3) 包装是否干净、完整。
(4) 是否在保质期内并符合规定。
(5) 收料后是否马上送到储藏处。
(6) 运输食品的车辆等工具是否干净卫生，食品温度是否正确。
(7) 是否对肉、禽类食品进行动物检疫复核。

2. 储存控制

(1) 是否有保质期。
(2) 现场是否有库存管理程序。
(3) 储存温度是否正确。
(4) 是否有防虫控制措施。
(5) 是否有化学和物理污染食品的可能性。
(6) 食品包装是否干净卫生和合适。
(7) 食品的储存是否有足够的设施。

3. 烹饪管理

(1) 烹饪时间是否足够并按程序进行。
(2) 烹饪温度是否正确并按程序进行。
(3) 烹饪方法是否适合食品。
(4) 烹饪后是否有交叉污染。
(5) 烹饪结束时加入的原辅料是否有污染的可能。
(6) 烹饪是否按正确的时间计划进行，以避免烹饪后放置时间过长。
(7) 使用的设备装置是否合适、完好。
(8) 冷藏和冷却程序是否安全。
(9) 食品再次加热时的温度是否足够。

4. 保温控制

(1) 保温时间和温度是否正确。
(2) 准备的食品是否适量。
(3) 是否有外来物、化学品的污染危险。
(4) 是否有与其他食品交叉污染的可能。
(5) 个人卫生是否符合规定。
(6) 服务及销售前发送程序是否安全。

(7) 操作台表面、器皿及设备是否干净卫生。
(8) 保温食品是否适量。

5. 服务管理

(1) 时间和温度是否正确。
(2) 个人卫生是否符合规定。
(3) 是否有防止外来物或消费者污染食品的措施。
(4) 是否提供公筷、公勺或推荐消费者分餐制用餐。
(5) 操作台表面、器皿及设备是否干净卫生。

6. 清洁管理

(1) 清洁程序能否防止交叉污染。
(2) 现场是否有清洁程序,如清洁场所、设备和装置的程序。
(3) 化学品是否安全、正确地使用,是否按有关指示或规定使用。
(4) 是否使用合适的设施高效地进行清洁工作。
(5) 水温是否恰当。
(6) 现场是否有相关的消毒程序。
(7) 清洁设备和清洁剂是否与食品分开储存或放置。
(8) 清洁工作的监控是否有人负责。

7. 个人卫生控制

(1) 员工是否具有基本的食品安全和卫生知识。
(2) 员工是否有不卫生的举止。
(3) 员工是否遵守洗手的规定。
(4) 洗手和干手装置是否足够。
(5) 急救物品是否足够。
(6) 员工是否佩戴首饰及涂指甲油。
(7) 员工是否穿戴合适的、卫生的工作服和工作帽。
(8) 员工是否对设备、装置进行颜色编码及正确使用。
(9) 员工是否戴手套,是否按规定换手套。
(10) 员工是否患病仍在岗位上并有引起食品中毒的可能。
(11) 员工是否知道患某些疾病必须向上级领导报告。

8. 食品包装管理

(1) 用于包装食品的材料是否安全。
(2) 包装时,温度是否始终安全。
(3) 有关材料是否卫生地储存。
(4) 食品标签是否正确,包括有关储存条件。

9. 废料控制

(1) 水温是否恰当。
(2) 食品废料及垃圾是否被卫生地收集。
(3) 垃圾箱是否合适。

（4）放置废料的区域及设备是否干净。

（5）有关场所的废料是否按规定合理地收集。

（6）现场的废料是否先卫生地集中后等待收集。

10. 虫害控制

（1）现场是否有虫害控制程序。

（2）员工是否知道发现虫害问题必须马上报告上级领导。

（3）在操作场所是否有虫害监控措施。

11. 消毒管理

（1）现场是否有消毒控制程序。

（2）员工是否知道消毒的重要性。

（3）操作场所是否有消毒监控措施。

（资料来源：食品质量管理.食品企业 HACCP 实施指南[EB/OL].（2021-05-19）[2023-12-30]. https://mp.weixin.qq.com/s/oj6o5dG4EXWFs6ph1u3-LA.）

请你对照 HACCP 食品体系，以岗位主管身份梳理主题公园景区食品安全卫生管理工作要点。

_____
_____
_____
_____

二、主题公园餐饮销售服务

任务卡

餐饮是主题乐园二次消费的重要组成部分，华强迪士尼非常重视餐饮产品的开发，餐饮收入在二次消费中占据了巨大比重。

迪士尼餐饮 IP 化的操作十分细腻，可分三个层次：初阶版——用有 IP 的纸卡点缀餐点，或在食物的包装容器上出现 IP；进阶版——在食物表面印上 IP 图案；高阶版——整个食物都依照 IP 的脸型、头型、身形制作，全部都能吃，因此有最高的记忆点。另外，除了在食物外观上下功夫，迪士尼在其他餐饮设计上也同样用心。例如，美国加利福尼亚州的迪士尼 Oga 的 Cantina 餐厅就以不同的《星球大战》主题名称提供知名饮料，因此国际主义者被称为"贝斯平·菲兹（Bespin Fizz）"。在 Docking Bay 7 快速服务餐厅，炸鸡则命名为"Endorian Tip-Yip"。

上海迪士尼乐园在"宝藏湾"园区的"巴波萨烧烤"餐厅设计的背景是一位叫巴波萨的海盗是这家餐厅的主人，并添加了电影《加勒比海盗》中的场景布置。同时，厨房以开放式呈现，游客可以看见"海盗"本人亲自掌勺，而餐厅的服务员也会穿着特别设计的服装。供应的是和"海盗"主题相关的海鲜、烧烤类产品，如烤鱿鱼配上海菜饭和烤猪肋排。

在东京迪士尼乐园，比所有要排队的设施更具人气的是波利尼西亚草坛餐厅。餐厅主打边吃饭边看表演,并且表演完的迪士尼明星还会逐桌和游客合影,最后还会邀请所有小朋友一起上台和偶像表演,满足大人和小孩的明星梦。这种做法让餐厅一位难求,需要在入园前一个月就上网抢位。这种餐饮演艺化的趋势,成功将原本独立的餐饮、表演、卡通明星见面等内容进行整合,受到多数游客的青睐。

迪士尼推出的素食服务一致被游客认为很贴心,这种服务在其他主题乐园比较少见。加州迪士尼引入了小册子,对现场的每家餐馆进行了细分,并解释了每个商店中哪些菜肴包含动物副产品和肉类。它还可以分解游客每次用餐的时间长短,因此游客知道在哪里可以根据需要快速获得无肉的食物。这项服务对那些患有糖尿病或麸质过敏的人来说实在非常出色。

华强迪士尼的餐饮服务及体验案例带给你哪些启示?

_____
_____
_____
_____
_____

知识卡

(一)餐饮销售指标

1. 平均消费额

平均消费额能反映菜单的销售效果,反映餐饮销售工作的成绩,能帮助管理人员了解菜单的定价是否过高或过低,了解服务人员是否努力推销高价菜和饮料。通常餐厅要求每天都分别计算食物和饮料的平均消费额。其计算方法为

$$平均消费额 = 总销售额 \div 就餐客人数$$

管理人员要经常注意平均消费额的高低,如果连续一段时间平均消费额过低,就必须检查食品饮料的生产、服务、销售或定价有无问题。

2. 每座位销售量

每座位销售额的计算公式为

$$每座位销售额 = 总销售额 \div 座位数$$

这个数据可以用于比较档次相同、不同餐饮企业的经营好坏程度。每座位销售额也常用于估计和预测酒吧的销售情况。在酒吧中,有的客人也许喝一杯饮料就离去,有的客人可能整个下午坐在那里商谈公务,订了十几次饮料。这样就难以比较座位的周转率和人均的消费额,所以往往以每座位销售额来统计一段时间的销售状况。

3. 平均每座位服务的客人数

平均每座位服务的客人数又常被称为座位周转率,其计算公式为

$$座位周转率 = 某段时间的就餐人数 \div (座位数 \times 餐数 \div 天数)$$

座位周转率反映了餐厅吸引客人的能力,由于餐厅早、中、晚客源和就餐特点不同,座位周转率往往分别统计。

4. 每位服务员销售量

每位服务员销售量可用每位服务员服务的顾客人数来表示。这个数据反映服务员的工作效率,可为管理人员配备职工、安排工作班次提供基础,也是职工业绩评估的基础。当然,该数据要有一定的时间范围才有意义,因为服务员每天、每餐、每小时服务的客人数是不同的。不同餐别每位服务员的客人数不同,一位服务员在早餐能服务的客人数多于晚餐;不同餐厅的服务员能够服务的客人数也不同,高档餐厅的服务员不如快餐厅服务员服务的人数多。

每位服务员销售量也可以用销售额来表示。每位服务员的客人平均消费额可用服务员在某段时间内产生的总销售额除以服务的客人数得到。

5. 时段销售量

某时段(各月份、各天、每天不同的钟点)的销售量对于确定餐厅人员如何配备、餐饮推销计划和餐厅最佳的开始营业与打烊时间是特别重要的。

时段销售量可以用两种形式表示:一段时间内所服务的客人数和一段时间内产生的销售额。例如,某咖啡厅下午 3:00—6:00 所服务的客人数为 50,产生的销售额为 2000 元;而在晚上 6:00—9:00 所服务的人数为 250,产生的销售额为 10000 元。很明显,在这两个不同时段应配备不同人数的工作人员。

(二)餐饮销售日常分析

餐饮销售日常分析是对餐饮运营的经常性分析,主要是对营业日报表的分析。营业日报表一般包含营业构成、分类构成和收入构成。营业构成是整个餐厅的营业构成状况,包括营业收入、就餐人数等,分析这些数据可以得出平均消费额、平均每座位服务的客人数、座位周转率、时段销售量及各个餐厅每天的销售动态。

1. 服务促销法

服务促销法就是寓促销于提供额外服务之中,主要有以下几种。

(1)知识服务:在餐厅里准备报纸、杂志、书籍等,以便客人阅读;或者播放外语新闻、英文会话等节目,还可以将餐厅布置成有图书馆意义的餐厅。

(2)附加服务:如在午茶服务时,餐厅赠送一份蛋糕;给女士送一枝鲜花等。

(3)表演服务:餐厅运用乐队伴奏、钢琴演奏、歌手演唱、歌舞表演、现场电视、卡拉OK、现场烹调表演等形式来进行促销。

(4)信息服务:在餐厅播放商品信息、股票行情、外汇牌价等。

2. 优惠促销法

优惠促销法就是为鼓励客人反复光顾和在营业的淡季时间里购买、消费餐饮产品与服务而采取的一系列折扣办法。餐厅的优惠促销主要有以下形式。

1)赠券

赠券的使用在餐饮业极为普遍,尤其在营业淡季更多地被采用。赠券通常免费或以较低的价格向消费者销售产品,常与其他促销方式如给予折扣等结合运用。

2)试用样品

主题公园各餐厅开发出新的餐饮产品和服务时,可将样品送给某些客人品尝,以了解他们是否喜欢这种产品；同时建议客人再次光顾或立刻购买。当新产品和服务得到客人的认可后，餐厅再将其列入菜单。

3）套餐折扣

当经过仔细设计将若干种菜肴组合成一种套餐时，餐厅可以按较低价格将其出售，即以一定的折扣价格吸引新顾客，增加整体收入。有宴会场地和可以承办婚礼的餐厅通常都这样做。

实践卡

在淡旺季分别从线上线下两个维度调研辖区内主题公园景区的餐饮销售报表统计指标及常用促销手段，为该主题公园餐饮经营部设计节日促销活动方案。

思政园地

《中华人民共和国食品安全法》节选

第一章 总则

第一条 为了保证食品安全，保障公众身体健康和生命安全，制定本法。

第二条 在中华人民共和国境内从事下列活动，应当遵守本法：

（一）食品生产和加工（以下称食品生产），食品销售和餐饮服务（以下称食品经营）。

（二）食品添加剂的生产经营。

（三）用于食品的包装材料、容器、洗涤剂、消毒剂和用于食品生产经营的工具、设备（以下称食品相关产品）的生产经营。

（四）食品生产经营者使用食品添加剂、食品相关产品。

（五）食品的贮存和运输。

（六）对食品、食品添加剂、食品相关产品的安全管理。供食用的源于农业的初级产品（以下称食用农产品）的质量安全管理，遵守《中华人民共和国农产品质量安全法》的规定。但是，食用农产品的市场销售、有关质量安全标准的制定、有关安全信息的公布和本法对农业投入品作出规定的，应当遵守本法的规定。

第三条 食品安全工作实行预防为主、风险管理、全程控制、社会共治，建立科学、严格的监督管理制度。

第四条 食品生产经营者对其生产经营食品的安全负责。食品生产经营者应当依照法律、法规和食品安全标准从事生产经营活动，保证食品安全，诚信自律，对社会和公众负责，接受社会监督，承担社会责任。

第四章　食品生产经营

第三十三条　食品生产经营应当符合食品安全标准，并符合下列要求。

（一）具有与生产经营的食品品种、数量相适应的食品原料处理和食品加工、包装、贮存等场所，保持该场所环境整洁，并与有毒、有害场所以及其他污染源保持规定的距离。

（二）具有与生产经营的食品品种、数量相适应的生产经营设备或者设施，有相应的消毒、更衣、盥洗、采光、照明、通风、防腐、防尘、防蝇、防鼠、防虫、洗涤以及处理废水、存放垃圾和废弃物的设备或者设施。

（三）有专职或者兼职的食品安全专业技术人员、食品安全管理人员和保证食品安全的规章制度。

（四）具有合理的设备布局和工艺流程，防止待加工食品与直接入口食品、原料与成品交叉污染，避免食品接触有毒物、不洁物。

（五）餐具、饮具和盛放直接入口食品的容器，使用前应当洗净、消毒，炊具、用具用后应当洗净，保持清洁。

（六）贮存、运输和装卸食品的容器、工具和设备应当安全、无害，保持清洁，防止食品污染，并符合保证食品安全所需的温度、湿度等特殊要求，不得将食品与有毒、有害物品一同贮存、运输。

（七）直接入口的食品应当使用无毒、清洁的包装材料、餐具、饮具和容器。

（八）食品生产经营人员应当保持个人卫生，生产经营食品时，应当将手洗净，穿戴清洁的工作衣、帽等；销售无包装的直接入口食品时，应当使用无毒、清洁的容器、售货工具和设备。

（九）用水应当符合国家规定的生活饮用水卫生标准。

（十）使用的洗涤剂、消毒剂应当对人体安全、无害。

（十一）法律、法规规定的其他要求。非食品生产经营者从事食品贮存、运输和装卸的，应当符合前款第六项的规定。

第五十四条　食品经营者应当按照保证食品安全的要求贮存食品，定期检查库存食品，及时清理变质或者超过保质期的食品。食品经营者贮存散装食品，应当在贮存位置标明食品的名称、生产日期或者生产批号、保质期、生产者名称及联系方式等内容。

第五十五条　餐饮服务提供者应当制订并实施原料控制要求，不得采购不符合食品安全标准的食品原料。倡导餐饮服务提供者公开加工过程，公示食品原料及其来源等信息。餐饮服务提供者在加工过程中应当检查待加工的食品及原料，发现有本法第三十四条第六项规定情形的，不得加工或者使用。

第五十六条　餐饮服务提供者应当定期维护食品加工、贮存、陈列等设施、设备；定期清洗、校验保温设施及冷藏、冷冻设施。餐饮服务提供者应当按照要求对餐具、饮具进行清洗消毒，不得使用未经清洗消毒的餐具、饮具；餐饮服务提供者委托清洗消毒餐具、饮具的，应当委托符合本法规定条件的餐具、饮具集中消毒服务单位。

（资料来源：中国人大网.全国人民代表大会常务委员会关于修改《中华人民共和国产品质量法》等五部法律的决定[EB/OL].（2018-12-29）[2023-12-30]. http://www.npc.gov.cn/zgrdw/npc/xinwen/2018-12/29/content_2069864.htm.）

项目实训

分组合作完成项目实训。

分配角色：将全班同学分成小组，担任不同岗位角色（游客、游客服务中心接待人员、门岗检票员、游乐引导员、餐厅经营人员、商店经营人员等角色）。

情景演绎：模拟各岗位人员面对游客不文明行为、游客投诉的处理方法。

实训分享及总结：个人体验分享及活动总结。

小组名称：_____

角色分配：_____

_____

_____

_____

不文明行为及其处理：_____

_____

_____

游客投诉及其处理：_____

_____

_____

实训分享及总结：_____

_____

_____

自我评价与思考

班级：_____　　组名：_____　　姓名：_____

评分项目	比重/%	分数	评分人	评分标准
自我评价	20		自己	根据自己在实训过程中的表现和收获进行评分
参与度	30		组长	根据出勤、提问、回答问题、讨论等实训项目的参与情况进行评分
配合度	20		组员	根据实训调研过程中组员之间的相互配合程度进行评分
报告成绩	30		老师	根据班级公开汇报的情况进行评分
总分		100		

总结反思：_____

_____

_____

_____

项目四

主题公园安全与风险管理

项目清单

主题公园安全与风险管理项目清单如表 4-1 所示。

表 4-1 项目清单

任 务	知 识 目 标	职业核心能力
了解主题公园的安全风险识别及类型	（1）知道主题公园的安全风险因子； （2）能够识别主题公园的安全风险类型	（1）分析问题能力； （2）关于主题公园安全风险识别的专业知识能力
了解主题公园常见安全事故的处理	（1）掌握主题公园安全事故预防的内容； （2）能够对主题公园常见安全事故进行一般处理	（1）解决问题能力； （2）团队合作能力； （3）领导能力
了解主题公园安全管理体系的构建	（1）知道主题公园安全体系的构成； （2）能够在安全体系中的具体点位对主题公园安全管理工作进行指导	（1）解决问题能力； （2）团队合作能力； （3）领导能力

任务一 主题公园的安全风险识别及类型

一、主题公园的安全风险识别

任务卡

2023 年 10 月 27 日，深圳欢乐谷过山车"雪域雄鹰"项目发生车辆碰撞，造成 8 人受伤。事故发生后，设备停止运营，深圳欢乐谷对园区所有设备进行全面检测。

请就下列问题展开讨论：

你还了解主题公园其他的安全事故吗？你认为有哪些因素会给主题公园带来安全风险？

知识卡

风险是客观存在的,是不以个人意志为转移的,它会受到客观条件的影响,也会与人的行为紧密联系。主题公园在给人们带来惊险刺激的感官体验的同时,也存在着诸多安全隐患,导致安全事故的发生,这些不安全因素严重威胁着游客的生命财产安全,严重影响了游客体验的满意度,也严重影响了主题公园的运营,甚至造成恶劣的社会影响。所以,对主题公园来说,安全管理尤为重要。进行安全管理,首先要识别安全风险。主题公园常见的安全风险来源主要有人的风险、环境风险、设施风险和管理风险。

(一) 人的风险

1. 游客风险

由于误用游乐设施或不遵守指示,乘客可能会造成伤害自己或伤害他人的事故。如故意摇晃设备、中途站起来、打开安全约束、不正确的坐姿或把孩子抱在安全约束之上等,都可能导致严重的事故。有些游客在体验某些游乐项目时对自身身体条件预判不准确,游玩时发生突然状况等。即使没有机械缺陷、操作不当或游客过失,游乐设备有时也会因为其剧烈运动等预期的因素而对身体不适的游客造成伤害,如乘客可能会出现脑出血、视网膜出血、硬膜下血肿、意识丧失、头痛和头晕等症状。

2. 员工风险

员工态度不端正,对安全问题缺乏预见性往往是导致风险发生的重要因素。由于游客对体验项目要求不熟悉,往往会做出一些对自身造成伤害的行为,如解开安全带、不按规定路线行走等。主题公园的设备操作员,只经过简单的操作培训就上岗,或者员工频繁流动,导致对设备操作不熟悉,责任心不强,没有按操作规范进行规定的检查等情况都可能带来安全风险。

3. 居民风险

主要是公园附近的居民与主题公园文化的冲突,居民区对主题公园的治安状况带来的风险隐患等方面。

具体来自人的风险如表 4-2 所示。

表 4-2 人的风险主要风险因子

风险因素来源	风险因子
游客	缺乏安全意识、缺乏安全技能、缺乏安全保护、违规乘坐设备、自身疾病等
员工	缺乏职业道德、缺乏安全操作技能、缺乏风险应对知识和技能、违规操作设备等
居民	主客矛盾、文化冲突、治安事件、违法犯罪行为等

资料卡

游客常见风险行为

(1) 挥动单手——在空中挥动单手,如向观看游乐设施的父母或朋友挥手。

（2）挥动双手——在空中挥动双手，如过山车向下冲时双手在空中高举。

（3）大幅度转头/转身——大幅度转动头部和腰部以上的身躯，如经常伴有挥动单手的动作；当游乐设施转向时，乘客为继续向同一个方向挥手，可能会转身。

（4）在座位上转身——从标准正中姿势到转动头部、身体和腿部，如在转马中面向后方倒坐。

（5）跪在座位上——向后转和跪在座板上，如面向侧方或后方。

（6）（头部或肩膀）伸出至防护装置外——伸出头部或肩膀至防护装置外，如在小型过山车和儿童游乐设施上，由于过分倚靠防护装置较矮一侧，会出现此类行为。

（7）（手臂）伸出至防护装置外——伸出手和手臂至防护装置外，如过山车经过时，伸手摸柱子或栏杆。

（8）（腿）伸出至防护装置外——伸出腿和脚至防护装置外，如将腿悬于海盗船外。

（9）（手臂和身体）大幅度伸出至防护装置外——明显地或严重地伸出至防护装置外，如在乘坐过山车时，为触摸移动物体，将胸部、头部、肩膀和手臂伸出至防护装置外。

（10）破坏防护装置——试图打开或破坏防护装置的一部分，如向前伸，打开咖啡杯前方的连锁杆。

（11）设备运动中，不正确离开游乐设施——在游乐设施运行中或在正常速度下运行时离开或试图离开游乐设施，如在转马运行中离开。

（12）设备停止过程中，不正确离开游乐设施——在游乐设施处于慢速运行或停止时，试图通过某条路线或方式离开，以及在游乐设施慢速运行时，过早离开，如走向转动中的游乐设施，如迷你喷气机，并走到升降臂上。

（13）暴力行为——任何带有明显攻击性和身体暴力的行为，如袭击其他乘客、操作员或游乐设备。

（14）喧闹行为——在朋友群中过分的喧闹行为，如敲打朋友的头部。

（15）站立行为——游乐设备运行时随时站立，这不同于乘客不当离开的行为类型，因为这并不意味着乘客会继续离开游乐设施。

（16）指向行为——指向防护装置外的一个物体或人，如单手指向父母。

（17）触动防护装置——主动而不是由于重量或游乐设施的作用力等原因被动地操作防护装置，如在咖啡杯上侧拉扶手。

（18）踢腿行为——踢腿，如像荡秋千一样在探空飞梭上踢腿。

（资料来源：中国游乐.游乐设备安全及游客行为分析[EB/OL].（2022-07-26）[2023-12-20]. https://mp.weixin.qq.com/s?__biz=MzA3NTAyNDcxNw==&mid=2651185003&idx=1&sn=f24612c6c7ec3bdbb3e738ac5056a347&chksm=8487af49b3f0265f23e250efd45ecdb79886f1a3a48f51230efb970083e5f5ab7decda20f4eb&scene=27.）

（二）环境风险

环境风险主要表现为社会环境风险和自然环境风险（表4-3），如主题公园选址在易发洪涝、台风的地区且应对自然灾害的设计不足；园区的车行道、人行道的设计，照明设施是否完善正常，这些问题容易导致游客摔倒或受伤；园区总体布局混乱，游客主要动线和活动场地和周边区域与车流、人流相互干扰;园区及邻近区域突发气象或地质灾害,如洪水、地震、泥石流、山体崩塌等,给公园带来一定的风险。

表 4-3 环境风险因子

风险因素来源	风 险 因 子
社会环境	道路状况、照明设施等
自然环境	各种自然灾害

(三)设施风险

游乐设施作为主题公园很重要的组成部分,往往会对材料、组件的连接、运行的环境都有一定的要求,一旦管理和维护不善,就会带来一定的安全风险(表 4-4)。比如游乐设施常年运行、超负荷运转、组件老化、缺少维护,不进行定期检测或检测流于形式,无使用操作规程或有规程但人员不规范操作等,都会导致设备设施的安全问题。例如,某公园鬼屋项目,游客受到扮演鬼的工作人员"恐吓"向前奔跑,导致面部撞到墙上,造成擦伤;或者后退撞倒后边的游客,导致受伤等。

表 4-4 设施风险因子

风险因素来源	风 险 因 子
设施设备	设计缺陷、建设缺陷、材料磨损、维护不当等
使用事故	操作不当、过度使用、超负荷运转等

(四)管理风险

管理风险方面主要的风险因素来源于管理失当,企业管理人员缺乏必要的风险意识,如管理计划不周、安全管理制度不完善、管理权责不清、人员选配不当、教育不足、风险观念不强、监督执行不力、管理过程缺失、紧急预案不能落到实处等。

实践卡

请为当地的主题公园进行安全风险分析。

_____
_____
_____
_____

二、常见的安全风险类型及原因

任务卡

以重庆欢乐谷或者其他你熟悉的主题公园为例,思考园区内主要的安全风险类型有哪些。

_____
_____
_____
_____

知识卡

（一）自然灾害类

自然灾害是主题公园安全风险中最为常见的一种。例如，地震、暴雨、台风等都有可能对游客的人身安全造成极大的威胁，或对游乐设施造成巨大的破坏。如2016年，湖北黄冈的一场暴雨使得当地一座新建的沙雕主题公园20多座大型沙雕塑像一夜之间毁于一旦。

（二）游客自身类

一是有的游客在主题公园体验的过程中风险意识淡薄，或者高估自己的身体状况，一些刺激的活动如海盗船、蹦极等，在设备安全的情况下游客也有可能因为活动刺激而造成身体不适或突发疾病。二是因为公园内人流量大而造成游客走失等情况。三是一些游客在体验项目的过程中出现不文明行为，如插队、乱扔东西等导致和其他游客产生纠纷，甚至直接引起安全事故。四是游客在公园内游玩过程中身体突发疾病，如中暑、心脏病突发、突然晕厥等。

（三）机动机械类

主题公园通常有大量大型设备，承载人数多，一旦遇到如停电、设备故障导致设备停机等事故，就有可能导致危害游客人身安全的情况发生。尤其是部分公园严重老化、锈蚀和残损的设施仍在使用，容易造成设备安全风险，比较常见的如旋转椅倒塌、旋转升降飞机滑坠、水上滑道事故等。游乐项目不断追求新的形式，挑战人类生理极限，使得某些技术标准缺乏参照，造成新设备的风险。

（四）违法犯罪类

主题公园人流多，尤其是在节假日期间，主题公园内及主题公园周边地区常发生无照游商、"黄牛"倒票、非法"一日游"、黑车黑摩的、黑导游等秩序类问题，以及盗窃、诈骗等违法犯罪类的安全问题。

实践卡

请根据主题公园安全风险类型填写表4-5。

表 4-5　主题公园安全风险类型

序号	安全风险表现	安全风险类型
1	公共假期,公园人流量大,5 岁的小明在公园内与父母走失	
2	小王在公园内乘坐海盗船时突然晕厥	
3	小周和他的朋友在游玩过山车项目时被悬停在空中半小时	
4	小李在园内与其他游客发生矛盾,被对方用刀具刺伤	

思政园地

发扬工匠精神　保障游客安全

欢乐谷作为一个游乐场所,设备的运行安全一直是放在第一位的。而我们维修技师是直接和设备打交道的人,设备的运行安全和我们有着千丝万缕的关系,只有维修技师们发扬出工匠精神,设备的安全才有保障。

一个周末的清晨,我们和平常一样,开完早会准备前往各设备点进行早检,在路过一处秋千的时候,我们顺便对秋千进行了检查,这个秋千是临时加上去的,是为了给游客在游玩累的时候提供一个落脚点,增加游客的游玩体验。但这次我们发现了问题,秋千的绳子有明显的磨损,钢丝绳有断股现象。随后我们把这个情况向领导做了汇报,领导了解情况后建议我们早检结束后去实地考察一下,然后做决定解决。一般遇到这样的情况,就是更换绳子,但是作为一名合格的维修技师,我们不应该只是被动地去解决问题,而是应该发扬工匠精神,精益求精,从根本上把问题解决。

早检结束后我们去现场进行了查看,现场模拟了游客坐在上面时秋千的运动轨迹,然后对其进行了受力分析。最后我们发现,之所以出现钢丝绳断股现象,是因为秋千在运动过程中,绳子与绳子之间产生了摩擦,导致钢丝绳磨损特别快,如果只是更换钢丝绳,要不了多久还是会出现断股现象。因为找到了出现问题的根本原因,所以我们一起讨论了解决方法。最后我们决定用简单实用的方法,直接在两股绳子之间加上两个铁片,这样就可以避免秋千在摆动过程中,钢丝绳之间的直接摩擦,这样绳子就不会那么容易磨损了。

安全无小事,一个问题的忽略可能会导致一次安全事故,作为一名合格的维修技师,应当发扬工匠精神,让自己做的每一件事都精益求精,从根本上去分析故障原因,拒绝被动地对待问题。

(资料来源:武汉欢乐谷心家园.发扬工匠精神保护游客安全[EB/OL].(2019-02-25)[2023-12-20].https://www.sohu.com/a/297659687_769939.)

任务二　主题公园常见安全事故的处理

任务卡

请以小组为单位进行实地走访调查或查询各主题公园为了防止安全事故的发生所采

取的预防措施,把你认为最为有效的记录下来(表4-6)。

表4-6 安全预防措施统计表

主题公园名称	安全预防措施

知识卡

一、主题公园安全事故的预防

伴随着主题公园的运营,游客、员工的意外伤害等安全事故给主题公园的品牌声誉、公众形象、经济效益等带来损害,需要采取积极的应对措施,在不影响公园正常发展的前提下最大限度预防、减少意外伤害发生的可能和频次,保证员工、游客、设备安全,有效延展运营周期,达成企业目标。因此,把安全事故的预防工作放到重要地位,将事故的发生扼杀在摇篮,或者尽量减轻事故发生所带来的不良后果。

(一)加强设施设备管理

对设施设备的安装、定期检查要落实到位;要定期对各种设备进行维护和保养,及时处理设备故障;对各种安全设施、安全标志加强检查,发现有破损、变形等情况,应及时整修或更换;制订专门的运作规章制度,加强维护队伍的技能培养,确保设施的安全和运行效率。加强设备操作员的培训,规范员工的操作流程,制订完善的设备设施操作流程,使得员工在操作时有章可循,同时为了保障工作人员能够依规操作,应建立相应的奖惩制度来进行约束。例如,迪士尼乐园非常重视安全事项,从设计阶段到运营阶段整个过程都有完善、成熟的安全管控体系。迪士尼有强大、专业的创意设计团队和游乐项目设计团队,这些团队在每一个设计阶段都会考虑到安全事项,比如建筑是否能给游乐设施提供足够的安全距离,疏散设施和通道是否满足规范和标准的要求等。在设备安全方面,迪士尼在采购合同中对安全事项进行了明确的约束,如设备的结构稳定性、抗倾覆稳定性、安全系数、强度、刚度等。迪士尼有特有的项目施工安全管理规定,如设备进场安全、设备安装安全、设备调试安全、设备验收安全等。此外,迪士尼在运营安全和消防安全方面也有详细的管理规定。

案例1:开展定期巡检,安全形势总体稳定

"请各位乘客不要惊慌,救援人员马上到位。"

在湖北武汉欢乐谷,一场应急演练正在进行。星际奇航矿山车在运行时突发"故障",10名游客被困车内。很快,两名运行人员通过检修救援楼梯到达车体旁边,给游客们送上遮阳伞、应急水等物资。几分钟以后,全部乘客离开车厢,来到安全区域。

"整个演练过程用时仅7分钟,各方面人员分工明确、协调有序。"武汉市特种设备监督检验所高级工程师檀昊说,"设备出现故障时,工作人员要第一时间安抚游客情绪,不要

让游客因急于自救而做出危险行为。"

星际奇航矿山车是武汉欢乐谷极速世界主题区升级改造后的项目之一。像这样的大型游乐设施,要严格按照维护手册和相关行业规范要求进行设备日、周、月检修。每天,设备管理人员和工程师对检修现场进行质量监督,在运行过程中,对设备重点位置每隔两个小时进行一次巡检,确保设备正常运行。每月进行设备突发状况应急救援演练,让员工熟悉救援步骤。

大型游乐设施,是指用于经营目的,承载乘客游乐的设施,其范围规定为设计最大运行线速度大于或等于2米/秒,或者运行高度距地面高于或等于2米的载人大型游乐设施。根据《特种设备目录》,大型游乐设施分为观览车类、滑行车类、陀螺类、自控飞机类、碰碰车类等13个类别。

"根据多年来对大型游乐设施事故的分析,大多数事故的原因是使用管理不当,如违规操作、维护保养不到位、人员管理不当等。"中国特种设备检测研究院游乐设施与客运索道部技术开发室主任、高级工程师宋伟科说。

国家市场监督管理总局特种设备安全监察局相关负责人介绍,目前,我国有大、中型游乐园500多家,大型游乐设施数量约2.51万台(套)。市场监管部门对大型游乐设施重点监管,相继开展专项整治行动,全国大型游乐设施事故起数逐年下降,安全形势总体稳定。

案例2:压实安全主体责任,提升合规管理水平

进入暑期以来,深圳欢乐谷人气持续走高。"雪域雄鹰是园里最高最快的设备,共有2辆车,每车有24组座椅,每一个螺栓都要仔细检查,特别是座椅的安全束缚装置,更是重中之重。"深圳欢乐谷维修领班温耀波说。

炎炎夏日,在高温下作业的温耀波一丝不苟,检查完座椅他又来到空压机机房,用测温枪仔细检查空压机不同部位的温度。"像这样的高温天气,重点检查动力系统的散热情况,因为很多设备提升靠空压机提供动力。我们在空压机房加装了空调给设备降温,对暴露在室外的电子元器件还要进行重点检查,为的就是让游客安全放心。"他说。

"每天开园前,检修人员都会进行日常检查。每周会进行周检,比如给游乐设施的轴加油、调校。每个月我们也会按照维护手册进行月度维护保养,每个季度还会进行一次应急演练。"深圳欢乐谷设备总监单长武介绍。

不仅企业有自检,监管部门还会对企业进行不定期监督检查。深圳市市场监管局南山监管局近期大力开展游乐场所特种设备专项检查,确保暑汛期特种设备的安全运行。"在企业对大型游乐设施做好日常维护保养的同时,每逢节日前夕,我们也会开展突击执法检查,重点检查作业人员持证上岗和设备安全装置有效性等事项,保证设备安全运行。"深圳市市场监管局南山监管局特种设备安全监察科工作人员介绍。

保障大型游乐设施安全,首先要压实使用单位安全主体责任。宋伟科说:"使用单位安全主体责任的落实与设备安全息息相关,安全主体责任通过相关法规和标准的具体要求落实到使用单位的日常管理环节,可以有效提升设备的安全水平,减少事故隐患。"

各地市场监管部门贯彻实施《特种设备使用单位落实使用安全主体责任监督管理规定》,督促大型游乐设施使用单位全部配备安全总监,并逐台为大型游乐设施配备安全员,严格落实"日管控、周排查、月调度"工作机制,将事故隐患消灭在萌芽状态。督促使用单位全

面开展安全隐患自查自纠,提升运营使用单位应急处置能力水平,杜绝设备"带病运行"。

保障大型游乐设施安全,还需提升合规管理水平。市场监管总局特种设备安全监察局相关负责人介绍,要将合规管理作为提升安全管理水平的重要抓手,在旅游游乐行业持续贯彻《大型游乐设施运营使用合规管理指南》团体标准和《游乐园安全基本要求》等五项国家标准,促进大型游乐设施运营单位依法合规经营。

专家建议,保障大型游乐设施安全,要根据实际情况实施分类监管。按照《特种设备法》分类监管的原则,针对管理水平较高的大型主题乐园,强化作业人员培训、修理和检测的责任,提高企业自主管理能动性。针对中小型游乐场所,加大监督检查力度,从严检验检测,督促企业落实安全主体责任。此外,进一步规范中小游乐场所,尤其是租赁场地等个人运营大型游乐设施行为,提升运营使用管理水平。

案例3:提高安全意识,提升监管体系信息化水平

"去游乐场玩,要跟着爸爸妈妈,不能自己跑。"四川遂宁市二十一世纪幼儿园的蒋颖涵说。

近期,四川遂宁市安居区市场监管局与二十一世纪幼儿园开展了大型游乐设施安全宣传活动。工作人员向孩子们讲解大型游乐设施安全知识、乘坐要领、安全警示标志、注意事项等。在讲解过程中,通过提问、答疑等形式,引导小朋友们踊跃发言,结合孩子们自己的日常生活,让孩子们谈谈自己对大型游乐设施的认识。

安居区市场监管局负责人何畅说:"家长带着小朋友乘坐大型游乐设施之前,一定要仔细阅读乘客安全须知,注意观察警示标识,确认身体状况符合乘坐要求后再有序乘坐。如遇突发情况切莫惊慌,不要擅自打开安全保护装置,更不能攀爬、跳跃,要听从工作人员的指挥,耐心等待救援。"

全国索道与游乐设施标准化技术委员会秘书长张勇认为,个别大型游乐设施使用单位还存在应急救援演练实战性不足、日常安全检查不到位、人员安全培训不全面等问题。针对上述问题,需要社会各方共同努力,做好从业人员安全培训和优秀乐园示范工作,提升运营使用单位安全意识,落实安全主体责任,并制订完善相应标准和规范。

大型游乐设施是一种综合了机械、电气、液压、气动等技术的特种设备,对其安全绝不可放松警惕。专家建议,政府相关部门、行业组织、检验检测机构、制造使用单位、标准化组织等要共同努力,提升大型游乐设施质量安全水平,普及大型游乐设施基本安全常识,强化全社会的安全意识,保障群众游乐安全。

同时,还要提升监管体系信息化水平。目前大型游乐设施的安全监管仍然是以传统手段为主,虽然在制造许可、检验检测等方面实现了一定的信息化,但没有形成系统的信息化管理模式。随着5G、物联网等技术的不断进步,要有效发挥大数据的支撑作用,实现智慧监管和社会共治,确保大型游乐设施使用安全。

(资料来源:林丽鹏.市场监管部门开展专项行动,提高游乐园大型游乐设施管理水平切实保障游客的安全[EB/OL].(2023-08-02)[2023-12-20].http://paper.people.com.cn/rmrb/html/2023/08/02/nw.D110000renmrb_20230802_1-19.htm.)

(二)提升游客的安全意识和防范意识

对游客做好应急安全教育和告知体验项目的危险风险,做好游客宣传、引导和培训,

提高游客的风险意识和防范能力。如增强游客消防安全意识,严格遵守消防安全管理规定,不在易燃物聚集地或有防火提示的地方吸烟、烧烤或者使用明火;增强游客防暑降温安全意识,高温天气期间,合理安排行程和旅游项目,科学调整休息时间。特殊情况下,听从工作人员的指挥和安排,做到有序疏散。对于风险程度较高的旅游项目,应全面告知游客安全风险以及突发状况应对措施,提醒游客做好身体状况评估,谨慎参与。增强文明出游意识,爱惜公共设施,遵守公共秩序,践行文明旅游行为规范,弘扬文明旅游新风尚,提升游客安全事件应对的能力。

(三)做好应急预案与应急演练工作

对各种不同的设施设备和可能出现的意外情况,应分别做好相应的紧急专项疏散应急预案,以求在发生情况的时候,损失最小化。

一个结构完整的应急预案由以下12部分组成:总则,应急救援组织机构及职责,单位资源和安全状况分析,危险辨识与灾害后果预测,预警和预防机制,应急响应,应急作业技术和现场处置措施,保障措施,预案编制、管理和更新,事故调查,附件。

应急预案只是文字内容,是否实用、有效,都要通过应用才能验证。如何做好应急演练工作呢?

(1)制订演练工作方案,包括演练小组构成及分工,演练时间计划,演练工作机制及流程,演练纪律及要求。

(2)检查应急演练物资是否到位。

(3)根据应急预案制订单项演练实施步骤。

(4)演练要有记录、有签到表、有演练图像、有改进意见,一并建档。

(四)做好安全标识

主题公园的安全标识分为前场和后场,对客使用的为前场标识,对员工使用的为后场标识。

安全标识的应用,在有些情况下可以大大降低主题公园安全管理责任风险,如果主题公园安全标识应用不规范,张贴不到位,出现事故,公园方要承担全部责任。可见,一块小小的安全标识,作用是很大的。所以每个主题公园要根据乐园项目内容建立自身的"安全VI标识应用规范"——对名称、标志图形、材质、制作工艺、规格、字体、颜色标准、应用区域、安装位置等做出明确规范(图4-1)。

实践卡

横店影视城全面提升安保水平

近年来,横店影视城接待国内外游客总量逐年大幅度提升,客源市场半径不断扩大,影视旅游的品牌越来越响,成为我市旅游的一张亮丽名片。"横店影视城能取得这样的成绩,安保部做了大量卓有成效的工作,其成绩有目共睹,功不可没。"横店影视城董事长兼总经理殷旭如是评价。

图4-1 主题公园常见安全标识

"没有安全,就没有旅游。"横店影视城牢固树立"安全重于泰山"的理念,将旅游安全放在头等重要的位置,确保游客的人身财产安全,得到中外游客的好评,并多次被评为金华市级、东阳市级安全生产、治安保卫等先进集体,曾被金华市旅游局授予安全生产管理规范化单位荣誉称号,并召集全市A级景区安全管理负责人在横店影视城召开安全生产规范化管理现场会,大力推广其做法和先进经验。

1. 健全组织,加大投入

为切实抓好安全保卫工作,横店影视城健全组织机构,专门成立了安保部,现有安保人员271人,全面负责各景区、宾馆、旅行社的安全生产工作。按照属地管理的原则,通过网络化管理模式,所有安保人员分片包干,具体负责落实相关工作,安保工作真正做到了横向到边、纵向到底。

在层层签订安全生产责任书的同时,横店影视城大力营造安全工作宣传氛围,在各景区内开设了18处安全生产宣传栏,定期定时更换宣传内容,还在醒目位置悬挂各类安全生产宣传标语。同时,利用户外电视和LED显示屏不间断播放宣传标语,进一步加大安全保卫工作的宣传力度。

横店影视城始终把旅游安全生产放在重要位置,舍得在硬件建设上投入资金,增添或更换安全监控设施。针对监控存在的视觉盲点,影视城对各停车场追加投资490万元,新添了780多个探头及主机等设施;对过期损坏的灭火器、应急照明灯等设施进行更换和维修,新购置了应急手电筒、防毒面具、防火服、强光手电筒、反光背心、道路警锥等设备,对重点部位的安全警示牌和标识标牌重新进行整理和规范,在水域较多的景区,在原有基础上更换、增设了救生绳、救生杆等防护设施。

2. 强化训练,加强管理

为切实提高安保人员的综合素质,横店影视城"走出去""请进来"相结合,开展形式多样的训练与实战。安保部组织各企业负责人先后参加了东阳和金华市生产经营单位主要负责人安全培训、消防安全知识培训、消控室专业技能培训、保安员上岗培训。针对各景区水域较多的情况,该部组织30名安保人员参加金华市救生协会组织的救生员培训。所有安保部经理、专职安全员均参加了市安监局组织的安全管理人员资格培训,并取得了相应的专业资格证书。为提高安保人员的体能、技能和业务素质,他们利用淡季上班前或下班后的半小时,以班为单位积极开展业务培训和体能、技能训练。2011年12月,分三批对全体安保人员开展脱产培训,既学理论知识,又训练体能和技能,全面提高安保人员的技能、服务质量及身体等综合素质,并将考核成绩列入年终考评。针对各景区游客财物被窃多发的实际,他们邀请市公安局巡特警专业反扒人员进行专业指导培训,还专门组织了由兄弟企业安保人员自发组成的业余反扒队伍。经过培训后,相继在周末、节假日到各景区游客密集场所从事反扒工作,先后抓到多名盗窃分子。

不断强化安全训练工作,以提高安保工作的整体水平,是横店影视城安全生产的重要一环。他们及时组织学习,不定期开展各类应急预案的演练,使全体员工能熟练掌握突发情况的疏散营救和自我逃生技能。2011年4月底,影视城成功举办了"防踩踏事故演练",开创了全省旅游企业防踩踏演练之先河,160多名安保人员参加演练,2000多名员工现场观摩,收到十分理想的效果。为提高员工在突发事件中的疏散逃生和自救能力,联合消防、公安、医院等相关部门、单位举办消防安全、治安安全、机械安全、自然灾害等各类预案的演习,极大地提高了员工的安全意识及逃生自救能力。在经常开展安全生产演练的同时,全体员工的检查和消除火灾隐患能力、扑救初级火灾能力、组织疏散逃生能力、消防宣传和教育能力得到有效提升。

横店影视城拥有16个影视拍摄基地,建筑面积约50万平方米。针对影视拍摄过程中出现的用火、爆破等火灾不安全因素较多情况和各类枪械、弹药、爆炸物品逐渐增多、危险品管理难度不断加大的实际,他们不断完善影视拍摄中用火、爆破拍摄审批手续,对不具备拍摄条件的剧组一律不允许擅自开工;对枪械、弹药、刀具等危险物品严加监管,落实专人领取、定点存放,及时处理或销毁废弃炸药。由于领导重视,措施到位,去年150个影视剧组在各景区拍摄影视作品,未发生一起消防安全事故。

近几年来,游客迅猛增多,特别是黄金周期间游客总量不断刷新历史纪录。为此,在春节、清明、"五一""十一"等节假日前,横店影视城及时组织开展安全生产大检查,及时完善安全保卫方案和应急救援预案,召集公安、消防、安监、旅游、卫生、质监、电力等相关部门召开节前协调会,及时解决各类难题,有效确保各节假日游客的顺利接待。

(资料来源:李民中.横店影视城全面提升安保水平[EB/OL].(2012-02-21)[2023-12-20]. http://dyrb.zjol.com.cn/html/2012/02/21/content_74925.htm.)

(1) 阅读以上新闻报道,分析横店影视城主要做了哪些安全事故的预防工作。

_____
_____
_____

(2) 请选择本地的一个主题公园做一份应急预案。

_____
_____
_____

二、主题公园安全事故处理的原则和基本程序

(一) 安全事故处理的原则

1. 科学严谨的原则

调查处理生产安全事故,需要做很多技术上的分析和研究,要科学调查、严谨分析,特别是要充分发挥专家和技术人员的作用,把对事故原因的查明、事故责任的分析和认定建立在科学分析的基础上,力求客观、公正。

2. 依法依规的原则

事故调查处理要严格按照《生产安全事故报告和调查处理条例》等法律法规规定的原则、程序进行,做到客观公正、恪尽职守、严守纪律。事故责任认定要"以事实为依据,以法律为准绳",严格按照法律法规的规定,严肃追究相关责任人的责任。

3. 实事求是的原则

对安全事故进行调查处理,必须从实际出发,在深入调查的基础上,客观、真实地查清事故真相,明确事故责任,提出处理意见。不得从主观出发,凭空想象,不得感情用事,不得夸大事实或缩小事实,不得弄虚作假。

4. 注重实效的原则

事故调查处理要提高效率,尽快完成。同时,除了要严肃认真彻底查清事故原因和责任,还要通过事故调查加强警示教育,提出防范措施,用事故教训推动安全生产工作,不能用鲜血换来的教训再次用鲜血去验证。

这四项原则是事故调查处理工作的经验总结,也是对事故调查处理工作的基本要求。

(二) 安全事故处理的基本程序

(1) 现场安全确认。一旦发生安全事故,主题公园工作人员应第一时间赶到现场,确

认事故性质和范围,并立即采取措施保护现场安全。

(2) 报警与救援。工作人员应及时拨打报警电话,同时启动救援机制,协调相关部门参与救援工作。

(3) 人员疏散。应组织游客有序疏散,避免拥堵和踩踏事故发生。

(4) 伤员救治。对于受伤游客,工作人员应立即进行急救处理,并联系医疗救援人员进行进一步救治。

(5) 事故现场保护。工作人员应设立警戒线,保护事故现场,防止进一步事故发生。

(6) 事故调查。成立事故调查组,对事故原因进行调查,查明责任,以便采取相应措施避免类似事故再次发生。

三、常见安全事故的处理

(一) 治安事故的处理

1. 保护游客

以游客安全为重,全力保护游客的人身安全,如有游客受伤,立即组织抢救或将其送到急救中心抢救。

2. 立即报告

工作人员应第一时间了解情况,立即报警,组织人员进行事故调查和证据保护,清理事故现场,并及时向应急指挥机构报告。

3. 协助处理

积极协助公安机关破案,妥善安排好轻伤游客和未受伤游客。根据事故情况,应采取措施疏散游客。指挥机构应通过广播、警示标语等方式通知游客有序撤离景区。及时与相关执法机构、医疗机构等进行联络,协调处置事故。根据事态的严重性,可以申请外部支援。

4. 做好善后工作

现场处理完后,做好事故处理记录。指挥机构应及时发布事故信息,向媒体提供准确信息,以及后续处理进展的公告。同时应积极配合媒体进行事故报道工作,及时回应社会关切。

(二) 设备安全事故的处理

(1) 一旦发现游乐设备出现故障,立即停止设备的使用,确保没有新的游客进入。

(2) 保持冷静:首先要冷静,不要惊慌。了解故障的性质和影响,然后采取适当的行动。

(3) 隔离区域:根据设备故障的位置和性质,设立隔离区域,确保游客和工作人员不会靠近故障设备。

(4) 通知维修人员:立即通知专业的维修人员,以便他们能够迅速赶到现场,诊断问题并修复设备。

(5) 指引游客:如果设备在故障时有游客在上面,应该由工作人员进行指引,帮助他们平稳地离开设备,避免引发更大的问题。

(6) 保持沟通:在处理故障过程中,与游客和员工保持有效的沟通。告知他们现状、预计修复时间等信息。

(7) 提供补偿:如果游客因设备故障而受到影响,可以考虑提供适当的补偿,如退款、发放免费游玩券等,以维护客户满意度。

(8) 记录和分析:记录故障的细节、时间、原因以及采取的措施。分析故障的根本原因,以便未来避免类似问题。

(9) 维护检查:在设备修复后,进行维护检查,确保设备能够安全正常地运行。

(三) 游客生病的处理

1. 中暑的处理

(1) 迅速将患者移至阴凉通风处,放低头部。

(2) 松开患者衣服,使其全身处于无负荷状态,然后冷水或冰块擦洗,直至患者苏醒。

(3) 与此同时,用力按摩其四肢,防止毛细血管流血滞积,并促使其散热加速。

(4) 如发现患者呼吸困难,应立即采用人工呼吸措施。

(5) 患者清醒后,及时供应水分,送公园医院或附近医院做进一步治疗。

2. 心脏病突发的处理

在主题公园游览中,发现游客心脏病突发,应让患者就地躺平,头垫高,从患者口袋中寻找备用药物让其服用,与此同时,让医生前来救护,病情稍稳定后再送医院。

3. 突然昏厥的处理

(1) 保持冷静。员工首先要保持冷静,不要惊慌失措,以免引起其他游客的恐慌。稳定的态度和镇定的举止可以让游客感到安心,有助于进行后续的处理。

(2) 确保安全。在处理游客突然晕厥的情况时,首先要确保自己和其他人的安全。如果游客晕倒的地方存在危险,如楼梯口、狭窄通道等,应立即将其移至安全的地方,以免陷入更加危险的境地。

(3) 呼叫急救。一旦游客晕倒,员工应立即呼叫急救。拨打当地的急救电话号码,并告知对方游客的状况和所在位置。急救人员会根据情况提供进一步的指导,并尽快赶到现场。

(4) 提供基本救助。在急救人员到达之前,员工可以提供一些基本的救助措施。首先,检查游客的呼吸和脉搏,确保其生命体征正常。如果游客呼吸困难或没有呼吸,员工应立即进行心肺复苏,直到急救人员到来。其次,员工可以帮助游客保持舒适的姿势,如俯卧位,并确保通风良好。

(5) 收集信息。在处理游客晕倒的情况时,应尽可能收集有关游客的信息。这些信息包括游客的姓名、年龄、联系方式、过去的健康状况等。这些信息能对急救人员提供帮助。

(6) 在游客恢复意识后,应与其进行交流,询问其感觉和症状,以便提供更好的帮助。员工应耐心倾听游客的需求和要求,并尽力满足。

实践卡

(1) 某主题公园的过山车出现故障,导致 10 名游客暂时被困,请模拟该事故的处理。

_____
_____
_____

(2) 某景区游客在乘坐碰碰车时,眼镜未摘,导致碰撞中头部碰到方向盘,划伤脸部。请问员工应如何处置?

_____
_____
_____

任务三　主题公园安全管理体系的构建

任务卡

以小组为单位调研当地的主题公园,了解它们从哪些维度开展主题公园的安全管理工作,有哪些比较突出的具体措施。

_____
_____
_____

知识卡

一、科学规划

科学规划主要体现在主题公园园区环境布局及设计。在规划的时候就要考虑安全因素,在主题公园设计的每个阶段都要充分考虑各方面未来运营的安全,做到科学合理,把安全隐患消灭在源头。

(一)园区环境布局设计

主题公园的选址应充分考虑地形地貌种类、地质情况、水文情况、气候特点以及地下水位升降对基础沉降影响等因素,避开蓄洪滞洪区域、易发生风暴海潮或海啸威胁区域、地震断裂带等,远离滑坡、泥石流、洪水、沙尘暴等地质灾害易发地区。合理划分公园内的不同区域,如园区内的道路、建筑、设施和场所的规划、布局和设计。在布局设计时应充分考虑到应急疏散的需要,比如排队区域应避开交通道路、应急疏散通道和安全出口等位置。

(二)园区设施安全

游乐设施是主题公园中的主要设施,其建筑面积往往占总建筑面积的一半以上,包括游艺设施、展示设施、表演设施、体育娱乐设施等。这类设施随着科技含量的迅速增加,专业性越来越强,一般由专业公司主导设计。主题公园设施设备的安全运行要遵守国家市场监督管理总局、国家标准化管理委员会批准发布的《大型游乐设施安全规范》,加强设备管理,落实特种设备检验制度,包括登记、注册、培训和持证上岗四个方面。做好日检、巡检、周检、月检、预防性停机检修等措施。除了日常检修工作外,还要做好游乐设备安全运营的监管和督促工作,每一项游乐设备都有与之相匹配的安全管理手册,这样就可以使游乐设备的保养维修始终处于受控状态。运营者需要对每一台游乐设备都制订一个应急预案,并要求各台设备每月均要进行应急救援演练,定期组织相关作业人员的应急管理培训,做到未雨绸缪,防患于未然。同时要根据设备运营、检查的过程中发现的新情况、新问题,对原有的预案不断地改进、完善。

(三)电气安全

园区电气安全是一个至关重要的环节。园区内众多设施和设备依赖电气系统供电,而电气安全问题的存在可能导致设备故障、火灾等严重后果,不仅危及游客的人身安全,也会对园区的形象和经营造成严重影响。因此,建立健全的园区电气安全体系至关重要。

园区电气安全体系的构建需要从设施设备的选材和安装开始。选择符合安全标准的电气设备,确保其质量可靠、稳定耐用,是构建电气安全体系的首要步骤。此外,在设备安装过程中,必须严格按照相关标准和规范进行操作,确保安装质量和接地连接的可靠性。园区电气设施的定期检测与维护也是保障安全的重要措施。定期对园区内的电气设备进行全面检测,发现问题及时修复,预防潜在安全隐患的发生。同时,建立健全的设备维护保养制度,加强设备的日常维护,延长设备使用寿命,提高设备运行的稳定性和安全性。

因此,通过系统化、规范化的管理和措施,全面提升园区电气设备的安全性和稳定性,确保游客和员工的人身安全和园区的正常运行。

总之,科学规划园区应提升公园的规划设计能力,聘请资质高、技术强的科研单位和技术人员联合开发,提升设施制作手段,确保安全和质量。

二、安全文化和理念

要树立安全运营和以人为本的理念,建立安全核心价值观,牢固树立"安全第一,预防为主"的安全总理念,重视园区的安全文化建设。

(一)安全承诺

从园区领导到园区管理者和各级员工都应该对安全工作做出相应安全承诺。领导层应该提供安全工作的领导力,制订安全发展的战略规划以推动安全承诺的实施;各级管理者要确保所有与安全相关的活动均采用了安全的工作方法；员工应对任何安全异常事件保持警觉并主动报告，在本职工作中始终采取安全的方法。

（二）安全激励

（1）积极宣传安全理念，营造良好的安全文化氛围。可以通过内部宣传会议讲话、安全知识竞赛等方式，让员工深入了解安全意识的重要性。

（2）定期为员工提供安全培训和教育，增强他们的安全知识。培训内容可以包括安全操作流程、安全设备使用、应急处理等方面。同时，对于新员工和转岗员工，也要进行必要的安全培训。

（3）主题公园应该建立员工安全绩效评估系统，建立将安全绩效与工作业绩相结合的奖励制度。

（4）在组织内部树立安全榜样或典范，发挥安全行为和安全态度的示范作用。

（三）行为规范与程序

建立各级人员的行为规范和安全工作程序，对与安全有关的所有活动进行有效控制。在主题公园内涉及安全操作规程的部门主要是工程设备部、游乐服务部、演艺部、餐饮部。凡是涉及安全操作的设备设施都要制订规范的"安全操作规程"或"安全操作流程"，有效对员工进行培训和实操，防止安全事故发生。可以以文字版或流程图式的上墙公示，加强员工学习与执行。

三、安全管理机构

任务卡

表4-7为重庆欢乐谷公园管理部门安全管理室的职能，由此可以了解主题公园的安全管理机构工作内容。

表4-7 欢乐谷安全管理机构工作内容

序号	职　能	对应工作事项
1	负责维护公司、顾客和员工人身及财产安全，保证公司正常营运	（1）识别安全因素，制订本年度安全管理年度计划并上报审批； （2）组织实施与监控； （3）安全检查与培训； （4）隐患整改； （5）安全考核
2	负责所辖区域出入口的控制管理，保证各出入口秩序正常	各种因工作关系的人员及物品出入园手续的检查核对、登记确认、放行
3	负责园区内外治安秩序的管理，保证园区良好的治安管理秩序	（1）治安巡逻检查各部门自查（防火、防盗、防恐、防治安灾害）； （2）维护园区及排队区秩序，为顾客提供优质服务； （3）负责园区监控使用维护，监控园区安全； （4）隐患整改和排除

续表

序号	职　能	对应工作事项
4	负责公司消防安全管理工作,保证公司消防安全	(1) 对园区消防安全的检查; (2) 记录; (3) 整改建议; (4) 跟踪复查
5	负责突发事件处理,保证及时处理	方案的制订、演练、启动、组织实施
6	负责停车场的管理工作,保证停车场经营服务目标的达成	(1) 车辆出入日常管理; (2) 负责经营指标的完成; (3) 跟进各租赁商租金的收缴情况,负责租赁现场的安全管理; (4) 公司重大活动车辆的留位及看护
7	负责公司各项活动的分工执行,保证活动顺利开展	(1) 公司各项活动支持; (2) 负责对公司各部门人员进行安全指导
8	做好内部服务,使内部顾客满意	(1) 协助财务部盘点部室固定资产; (2) 重大接待方案的制订、上报、演练、启动、组织实施
9	宿舍相关工作	(1) 负责员工入住、退房工作; (2) 负责宿舍健身房、篮球场、羽毛球场、足球场管理工作; (3) 负责楼栋巡察工作; (4) 负责宿舍维修物资采购,做好进出台账管理工作; (5) 负责宿舍物资仓库管理工作; (6) 做好员工房间水电费用核算工作; (7) 做好员工房间设施设备报修工作,并督促相关维修部门尽快完成维修

请根据以上资料画出重庆欢乐谷安全管理组织架构图。

知识卡

(一)分级设置主题公园安全管理机构

主题公园应设立完善高效的安全管理机构,明确各级各岗位的安全职责。

常见主题公园安全管理机构层级设置如图4-2所示。

1. 公园安全管理委员会

公园安全管理委员会作为主题公园的顶级安全管理机构,主要职责是设定公园安全管理的总体方向和目标,确保公园安全管理工作得到必要的资源和支持。

2. 公园安全管理部

公园安全管理部的主要职责是制订公园安全管理的具体政策和措施,负责安全管理工作的组织和协调,检测安全风险,制订应对的措施。

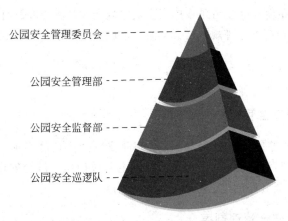

图 4-2　主题公园安全管理机构层级

3. 公园安全监督部

公园安全监督部的主要职责是监督公园内各个环节的安全措施的执行情况,审核公园安全计划和应急预案的有效性;协助公园安全管理部解决安全问题。

4. 公园安全巡逻队

公园安全巡逻队的主要职责是巡逻公园各区域,提供现场安全监控;发现安全隐患和问题,及时报告并处理;协助应急救援工作等。

(二)合理配备安全人员

主题公园的安全人员除了各级各部门配备的专职安全人员、紧急救援队伍之外,应对员工进行全员安全教育,做到人人都是安全保障员。

主题公园的安全人员配置应根据公园的规模和特点等来进行确定,合理的人员配置主要包括以下安全人员。

(1) 安保人员:主要负责园区巡逻、维持秩序、协助游客等。

(2) 紧急救援人员:主要包括急救医生和救护车队,他们应该具备紧急救援的相关技能和设备,能够在遇到意外的情况时提供及时的救援。

(3) 设备保护人员:负责设备的维护保养和安全运行。

(4) 协调人员:负责与其他公共安全机构(如公安局、消防队)进行沟通和协调,确保公园内外的安全。

(5) 培训人员:负责为公园安全人员提供必要的培训,包括紧急救援、安全意识等方面的培训,他们应具备相关专业知识和培训经验。

四、安全制度

近年来国家为加强旅游安全管理,不断建立健全法律法规,所以做好安全管理工作,首先要将这些行业相关的安全规范学习到位,从而更加有效地指导安全生产工作。相关法律法规主要有《中华人民共和国旅游法》《中华人民共和国安全生产法》《中华人民共和国突发事件应对法》《旅游安全管理办法》《安全生产事故报告和调查处理条例》《特种设备安全法》

《特种设备安全监察条例》《大型游乐设施安全监察规定》《特种设备作业人员监督管理办法》《特种设备事故报告和调查处理规定》《大型游乐设施安全规范》(GB 8408—2018)。

（一）实行分级安全管理

分级安全管理的原则是全员参与、领导负责、职责明确、落实到位。通过岗位安全责任制度落实安全管理责任。岗位安全责任制度主要包括建立健全安全事故的领导责任制度、各级管理岗位安全责任制度、全员安全责任制度。

（二）建立健全安全管理制度

中大型的主题公园,安全管理制度从几十项到上百项不等,健全的安全管理制度是做好安全工作的基石。所以每个主题公园都要根据自身实际管理需要,编制出全面的安全管理制度文件。

1. 建立安全隐患排查制度

安全事故隐患排查制度是指根据法律法规的要求,结合以往的经验教训,用科学的方法进行分析,找出可能引发事故的部位,利用现有条件和科学手段控制和预防安全隐患的机制。

主题公园是区域安全的责任主体,根据各类有关安全法律法规,分析和结合本单位生产经营活动的特点,找出容易发生事故的领域和环节,采取有效的监控措施,达到预防安全事故发生、实现安全的目的。主题公园主要负责人应当组织经常性的安全检查,对检查中发现的安全问题或者事故隐患指定专人负责消除;难以及时消除的,应当组织有关职能部门研究,采取有效的防范措施,以免对人身财产造成损害。

2. 建立游览安全管理制度

（1）按照《旅游管理条例》的规定和景区规划容量的测算,将游客数量控制在最佳接待容量之内。

（2）完善公园设施安全管理制度,制订工作人员规范操作规程。

（3）在园区内重点部位和危险地域加强安全防护措施。

（4）在节假日、"黄金周"等重点时段设立园区游客安全疏导缓冲区。

（5）禁止游客在未开发或无安全保障的地域开展旅游活动。

（6）园区安保人员要加强园区内巡视,禁止游商尾随游客兜售商品,保证园区内良好的游览秩序。

3. 建立安全信息发布制度

（1）通过有线广播、安全须知、宣传手册等形式,及时发布地质灾害、天气变化、洪涝汛情、交通路况、治安形势、流行疫情预防等安全警示信息以及游览安全提示信息。

（2）根据消防、用电以及道路交通等有关法律法规的规定,在园区内设置明显的警示标志,并采取安全措施。

（3）在有条件的区域建设无障碍游览通道。

（4）园区内的施工现场应当设置易于识别的安全提示标志。

(5) 非游泳区、防火区、禁烟区等区域应当设置明显的禁止标志。

4. 建立交通安全管理制度

游览线路的规划应当符合国家规定的道路交通条件；运营中的游览工具须符合国家相关质量标准，游览工具的驾驶员应当经过专业技能培训；园区内夜间游览区域应当配备数量充足、功能有效的照明设备。

5. 建立消防安全管理制度

(1) 保持消防通道畅通，配备足够的消防器材，并定期组织检查。

(2) 建立义务消防队伍，定期组织所属员工的安全培训和应急演练。

(3) 加强园区内建筑物消防安全管理，禁止在园区内堆存易燃、易爆物品。

(4) 园区餐饮场所内灭火器材配置点的距离应当符合国家有关规定；在厨房操作间、燃气调压室等重点部位应当设置可燃气体报警探测器。

(5) 园区停车场应当配备专用灭火器材。

6. 建立特种设备安全管理制度

严格执行《特种设备质量监督与安全监察规定》及相关法律法规的规定，保障特种设备的安全运行和游览活动的有序进行。

(1) 园区内的特种设备应当符合国家标准，特种设备的操作人员具备相应的资质；建立特种设备技术档案；每日设备运行前应当进行安全检查，并做好定期维护保养工作。

(2) 园区内各类游乐项目的运营场所应当公示安全须知；对游客进行安全知识讲解和安全事项说明，并配备相关人员具体指导、帮助游客正确使用游乐设施，严禁超员运营。

(3) 园区工作人员应当及时劝阻游客的各种不安全行为。

(4) 在园区内开展的攀岩、冲浪、漂流、骑马、拓展、蹦极、速降等特种旅游项目，应当制订内容详细的安全操作规程和安全提示手册。

(5) 园区内的制高点和高层建筑设施应当安装避雷、防雷设备，并在每年雷雨季节之前进行检测和全面维护。

(6) 园区应当向参与特种旅游项目的游客推荐投保人身意外伤害保险。

(7) 园区装置的电视监控系统应当符合公安机关的相关规定。

7. 建立食品安全监管制度

园区内生产和销售食品，应当严格执行《中华人民共和国食品卫生法》的规定；餐具、饮具、酒具等器皿应当符合相关国家标准和规定；餐饮场所工作人员应当持有效健康证明上岗。

8. 建立大型活动风险管理制度

主题公园举办大型活动前严格履行申报审批手续，主动接受相关行政管理部门的安全检查，坚持"谁主办，谁负责"的原则，进行事前风险评估，制订大型活动的安全工作方案和应急预案。

9. 建立应急预案制度

(1) 根据各类预案配备必要的应急救援物资，突发意外事件后，救援人员能够按照园区应急预案在第一时间启动救援机制，有效开展救援行动。

(2) 根据易发事故的特点建立消防、用电、交通、自然灾害事故的应急预案，预案内容应当包括应急救援组织、危险目标、启动程序、处理与救援程序、紧急处理措施等部分。

（3）应急救援预案应当每半年至少演练1次，并做好记录。

10. 建立安全事故报告制度

安全事故发生后，园区应当按照国务院发布的《生产安全事故报告和调查处理条例》以及《旅游安全事故报告制度规定》，在第一时间内向上级部门报告。

11. 建立安全管理档案制度

将经营场所或大型娱乐项目出租或承包的，应当与承租单位签订安全管理协议，明确各自的安全管理职责。主题公园对各承租单位的安全工作统一协调、管理。

12. 健全完善医疗救援机制

主题公园园区内设置医疗急救中心，各经营单位设立医务室，配备专业救护人员及急救车、急救箱、担架、医用氧等设施设备，对外公示救援联系方式。

表 4-8 列举了通用的安全及管理制度目录参考。

表 4-8 通用的安全及管理制度目录参考

序号	制度名称	序号	制度名称
1	安全制度编制管控制度	30	劳动防护用品管理制度
2	安全运营目标管理办法	31	工伤保险管理制度
3	安全管理小组组织架构职责制度	32	员工进入工地安全管理制度
4	安全责任制管理制度	33	商店安全管理制度
5	安全运营岗位责任制	34	餐厅安全管理制度
6	各部门安全岗位责任制	35	厨房安全管理制度
7	安全运营投入与使用管理制度	36	医务室安全管理制度
8	法律法规及相关监管要求管理制度	37	寄存处安全管理制度
9	安全文件档案管理制度	38	大型活动安全管理制度
10	安全培训管理制度	39	消防器材安全管理制度
11	安全会议管理制度	40	监控室安全管理制度
12	应急管理制度	41	消防监控系统安全管理制度
13	安全事故管理制度	42	闭园安全巡查管理制度
14	安全绩效考核管理制度	43	停车场安全管理制度
15	设备设施运行安全责任管理制度	44	制订场所（项目）运营安全管理制度
16	安全检查管理制度	45	安全VI标识管理制度
17	设备及岗位安全操作规程管理类制度	46	维修车间安全管理制度
18	特种作业人员安全管理制度	47	电气安全管理制度
19	特种设备安全管理制度	48	弱电机房安全管理制度
20	常规设备设施安全管理制度	49	库房安全管理制度
21	游乐项目运营安全管理制度	50	车辆安全管理制度
22	设备设施运行、检修、维护、保养管理制度	51	食堂安全管理制度
23	消防安全管理制度	52	办公区安全管理制度
24	食品安全管理制度	53	钥匙安全管理制度
25	施工安全管理制度	54	网络机房安全管理制度
26	职业健康管理制度	55	票房安全管理制度
27	危险源识别及管理制度	56	安全信息发布制度
28	室内影院安全管理制度	57	花车巡游安全管理制度
29	室外剧场安全管理制度	58	花船巡游安全管理制度

五、加强安全培训

任务卡

全国中小学生安全教育日 珠海长隆开展安全教育公益活动

在第28个"全国中小学生安全教育日",珠海长隆海洋王国邀请多个亲子家庭入园,贴心提供公益急救科普课程。孩子们化身"小小安全员",聆听长隆海洋动物救助故事,了解出游遇险应急救援常识,并现场演练救援过程,以理论与实践相结合的方式,提升自身面对突发情况的应急处理能力。科普讲师先以长隆动物救助故事引入,分享长隆多年动物救助经验,并现场示范救助过程,激起孩子们对科学救援的兴趣。科普讲师提醒大家,当看到搁浅的海豚时,不要把它抱起来拍照,也不要急于把它推回大海,不恰当的救助方式反而会伤害动物。什么是正确的救助方式呢?可以不时往海豚身上淋水,让它的皮肤保持湿润,等待救援队员的到来。通过深入浅出的科普与生动的示范教学展示,孩子们领悟到了科学救援的重要性。

随后,长隆卡卡俱乐部的专业救援老师为孩子们上了一堂别开生面的救援知识科普课。利用场馆模拟海洋生态环境的优势,救援老师现场示范了溺水急救。救援老师一边演示救援溺水者的几种方法,一边向小朋友反复强调:"遇事不要慌,稳定好心态最重要。平时牢记110、120、119等电话,遇到紧急情况赶紧拨打电话。碰到事情不要围观,马上求助现场的专业人士。""整场课程内容通俗易懂,我和孩子都受益匪浅,谢谢长隆为孩子提供了这么有意义的实践机会。"一位家长表示。

在安全教育层面,长隆推进儿童安全宣教活动,宣传和推广急救知识,在实践中提高儿童关爱生命意识和综合应急能力。目前,长隆已组织开展多场"小小消防员"职业体验活动,亲子家庭共同学习消防知识、参观消防设备,更实战演练火场逃生,在实践中树立起"学消防、懂消防、用消防"的理念,提高儿童火灾自救能力。

思考: 长隆欢乐世界开展"小小安全员"活动的目的是什么?这样的活动能够收到好的效果吗?

_____
_____
_____
_____

知识卡

(一)安全培训的目的

安全培训的基本目的是提高主题公园员工的安全素质,主要包括安全意识、安全知识和安全技能,从而降低主题公园发生重大安全事故的概率,最大限度保障游客的人身安全和财产安全。

（1）安全培训能提高员工的安全意识。只有掌握了这些内容，才能进一步提高每一位员工的安全意识，时刻绷紧头脑中安全这根弦，做到居安思危，警钟长鸣。

（2）能够提高主题公园员工的安全知识。能够使主题公园员工对安全问题更加敏感，及时发现安全隐患，并采取行动防止安全事故的发生；使主题公园员工更好地遵守安全法规，以减少安全事故的发生；推动景区安全生产管理工作的规范化和专业化。

（3）可以提高主题公园员工的安全行为技能，使他们能够在任何情况下采取正确的安全行动，从而有效地预防安全事故的发生。安全技能是人为了安全地完成工作任务，经过训练而获得的完善化、自动化的行为方式。只有掌握了安全技能，才能实现工作中的正确操作，掌握的安全技能越多，安全技能越高，安全事故的发生率就越低。

安全素质包括的三个方面相互交叉，密切联系，不可分割。安全意识提高了，就会自觉学习安全知识，掌握安全技能；安全知识掌握得越多，安全意识水平越高；有些安全生产知识同时又是安全技能知识；有些安全知识既是为了提高安全意识，又是为了掌握安全技能。

（二）主要培训内容

1. 对员工的安全培训

1）安全生产课程的设置

根据主题公园员工的实际需求和特点，制订不同类别和级别的安全生产课程，包括现场应急救援、交通管理、设备运行、食品安全、消防等课程。确保员工能够全面、准确地掌握安全生产知识和技能。

2）安全生产教学方法的改进

通过创新教学方法和推广信息化教育技术，提升安全生产培训的教学效果和互动性，特别是在应急救援培训中加强模拟和实践演练，使员工能够在实际操作中增强应对突发事件的能力。

3）安全生产考核评估的严格化

应设立考核机制，对员工进行定期考核评估，如发现员工安全生产有问题，要及时提醒和纠正。同时，针对各类安全隐患，制订相应的整改措施，严格执行。

2. 对游客的安全培训

发挥各种宣传教育渠道的重要作用，通过主题公园官网、微信公众号、展览、演讲、讲座、专家交流等形式持续开展宣传教育，提高游客安全意识和安全素养。

实践卡

请为一个以室内参观为主的主题公园（如杜莎夫人蜡像馆等）设计安全培训的大纲。

项目实训

分组完成实训任务。请查阅资料,了解环球影城、上海迪士尼乐园、珠海长隆野生动物园、重庆欢乐谷、苏州乐园森林世界等主题公园的安全管理预防措施和安全管理制度,分析这些举措和制度给公园管理带来的作用,整理材料,按小组交流。

主题公园:_____

安全管理预防措施:_____
_____
_____
_____
_____

安全管理制度:_____
_____
_____
_____

作用:_____
_____
_____
_____

自我评价与思考

班级:_____ 组名:_____ 姓名:_____

评分项目	比重/%	分数	评分人	评分标准
自我评价	20		自己	根据自己在实训过程中的表现和收获进行评分
参与度	30		组长	根据出勤、提问、回答问题、讨论等对实训项目的参与情况进行评分
配合度	20		组员	根据实训调研过程中组员之间的相互配合程度进行评分
报告成绩	30		老师	根据班级公开汇报的情况进行评分
总分				100

总结反思:_____
_____
_____
_____

项目五

主题公园设施设备管理

项目清单

主题公园设施设备项目清单如表 5-1 所示。

表 5-1 项目清单

任 务	知 识 目 标	职业核心能力
了解主题公园设施设备的类型与特点	(1) 了解主题公园设施设备的概念、含义； (2) 掌握主题公园设施设备的类型与特点	(1) 理解主题公园设施设备的范畴、用途以及对游客体验和安全的作用； (2) 熟悉各种类型设施和设备,包括游乐设备、景点、交通工具、设施结构等,了解它们的特性和功能
了解主题公园设施设备管理的内容与方法	(1) 熟悉主题公园设施设备管理内容； (2) 理解主题公园设施设备管理的规章制度； (3) 熟悉主题公园设施设备操作管理流程	(1) 理解主题公园设施设备管理的内容,包括设备维护、安全标准、清洁和保养； (2) 掌握主题公园设施设备管理的相关规章制度和标准,以确保设备操作与维护符合法规和安全要求
了解主题公园设施设备的维护与保养	(1) 熟悉设施设备的维护与保养； (2) 学会制订相关设施设备的检查、保养与维修计划	(1) 能够了解设施设备的常规保养需求,如清洁、润滑、日常维护等； (2) 确保设备的正常运转和安全使用； (3) 能够制订和执行设施设备的定期检查、保养和维修计划,保证设备的正常运行,减少损耗和故障率

项目情境

主题公园设施设备需要根据具体的主题和目标人群来进行设计,旨在为游客提供全面的娱乐和健康体验,主题公园可以根据自身的主题和目标人群进行合理选择和配置。以下是公园的一些设施设备情景。

1. 足式台球

足式台球是一种互动型游乐项目,将足球和台球相结合。游客可以用脚踢球,几个人可以在巨大的台面上进行比赛。最终,将球踢入黑 8 者获得胜利。这个项目不仅锻炼了身体,还可以促进游客之间的互动和感情升温。

2. 水帘秋千

水帘秋千是一种水景设备,由水帘和秋千组合而成。游客在荡秋千时,秋千顶端的检测器会捕捉到游客的信息,从而计算水帘落水时机。游客在荡秋千穿梭水帘时不用担心被水淋湿,同时可以近距离观赏水景。

3. 智能躲水机

智能躲水机是一种景观设备,玩法与智能水枪阵类似。当游客进入智能躲水机范围内时,水枪喷头会喷射出水弹。游客可以进行躲避,可以单人躲水,也可以多人躲水。在静止状态下,智能躲水机还可以作为一道靓丽的风景雕塑。

4. 健康大讲堂

主题公园健康大讲堂是一个提供健康知识和讲座的场所。游客可以在这里了解健康生活的方式,如饮食、运动和预防疾病等。该设施可以吸引那些关心健康的游客。

5. 地面彩绘游戏/钢琴

地面彩绘游戏/钢琴是利用地面作为媒介,以彩绘的方式再现经典游戏如"跳飞机"等,吸引游客参与互动。同时,地面彩绘还可以表现为3D钢琴,游客可以通过踩踏地面模拟钢琴弹奏,为公园增添音乐元素。

6. 健身器材

公园内设有各类户外健身器材,满足不同游客的锻炼需求。这些器材的分布应考虑游客的使用频率和便利性。

7. 健康宣传户外智能椅

健康宣传户外智能椅不仅可以供游客休息,还可以播放健康知识或通知。智能椅还配备有无线充电模块、蓝牙音箱等设备,方便游客使用。

8. 八段锦图解及3D视频教学区域

这是为有兴趣学习中国传统健身技能的游客设立的区域。通过图解和3D视频教学,游客可以学习八段锦这一古老的健身方法。

(资料来源:山东三喜文教游乐设施.公园游乐设备户外游乐设备休闲娱乐场所必备[EB/OL]. (2023-06-24)[2023-12-30].https://www.bilibili.com/read/cv24545667/.)

请查阅资料,就下列问题展开讨论。

以上主题公园的设施设备可应用哪些情景?这些设施设备与一般景区的设施设备有什么区别?

_____

_____

任务一　了解主题公园设施设备的类型与特点

一、主题公园设施设备类型

任务卡

近年来,人民消费水平的快速提高,带动了旅游市场的快速发展,旅游形式变得多种多样,旅游设施设备也逐渐丰富多元。在空白横线中列出你曾经去过或了解过的旅游景区设施设备名称,并分析它们是否为主题公园的设施设备,如果是,请在主题公园设施设备名称前的"□"中画"√"。

☐水上过山车　　　　　☐摩天轮　　　　　☐导视系统
☐旋转木马　　　　　　☐_____　　　☐_____
☐_____　　　　　☐_____　　　☐_____

知识卡

主题公园设施设备类型包括多种类型,如过渡空间类、道路交通设施类、服务设施类、安全设施类、休息设施类、公用设施类、游乐设施类、科技体验设施类、购物设施类、环保设施类等多个方面。

（一）过渡空间类

过渡空间类包括由天桥、连廊、入口标志或大门等形成的入口空间。

（二）道路交通设施类

道路交通设施类包括公路标线、红绿灯、斑马线、限速标志、禁行标志、礼让行人标志等相关道路交通安全标志,以及双向两车道的道路等。

（三）服务设施类

服务设施类包括导视系统、废物箱、公厕、广告亭、邮筒、自行车存放处及露天餐座等。

（四）安全设施类

安全设施类包括栏杆、沟渠、高差变化的地坪、过街通道等,其功能在于引导游客按照合适的路线游园,防止游客进入不安全区域。

（五）休息设施类

休息设施类包括椅、凳、桌、遮阳伞等游客休息必需的基础设施。

（六）公用设施类

公用设施类主要包括导视系统、垃圾箱、自动售货机、邮筒、自行车存放处等体量较小的便民设施。

（七）游乐设施类

游乐设施类包括各种刺激和娱乐性的游乐设施,如过山车、旋转木马、碰碰车、滑行车等。这些设施可以为游客提供欢快和兴奋的体验。

（八）科技体验设施类

科技体验设施类利用科技手段,如虚拟现实、增强现实等技术,让游客能够身临其境地体验各种场景和故事,如 VR 游戏、360°球幕电影等。

（九）购物设施类

购物设施类为主题公园增添购物体验,提供各种主题商品和纪念品,如玩具、饰品、服装等。

（十）环保设施类

环保设施类包括各种环保设备和措施,如垃圾分类处理、废水处理等,保护环境和生态。

实践卡

主题乐园的设施主要围绕其主题或品牌展开,包括各种游乐设施、表演场馆、餐饮和购物等。这些设施通常具有强烈的主题色彩,如迪士尼乐园的游乐设施和角色,环球影城的电影主题设施。其设备种类繁多,包括各种游乐设备、交通工具、信息娱乐系统等。这些设备主要用于提供娱乐、运输、导航和信息等服务。例如,过山车、旋转木马、模拟飞行器等游乐设备,以及电子门禁系统、信息显示屏等。

传统旅游风景区的设施设备主要包括导游设施、休息设施、照明设施、景观设施、旅游服务设施和安全设备等,如导游图、指示牌、游客服务中心、休息区、观景台、餐饮和购物设施、避雷设备、消防设备、防滑设备等。这些设施设备主要用于提供游客必要的旅游服务,供游客欣赏和学习,保障游客的安全。

从上述主题乐园和传统旅游风景区的设施设备的介绍,可以发现主题乐园与传统风景区在设施设备类型上存在的不同是什么?

_____

_____

_____

_____

思政园地

主题公园表演设施的教育和文化传承

（一）迪士尼乐园的百老汇音乐剧

迪士尼乐园中的百老汇音乐剧是一个经典的表演项目,以音乐、舞蹈和戏剧的形式展现了美国百老汇音乐剧的历史和文化。这个项目通过精彩的表演,让游客了解和欣赏到美国百老汇音乐剧的魅力和特色。

（二）海洋公园的水族馆表演

海洋公园中的水族馆是一个观赏设施，同时也是一个表演设施。在这个设施中，游客可以观赏到各种海洋生物的表演，如海豚跳跃、海狮表演等。这些表演不仅展示了海洋生物的聪明才智和多样性，同时也向游客传递了保护海洋生态和珍爱海洋生物的信息。

（三）欢乐谷的民族风情表演

欢乐谷中的民族风情表演是一个展示中国各民族文化的表演项目。这个项目通过音乐、舞蹈、服饰等元素，向游客展示了中国各个民族的文化特色和风情。这个表演不仅让游客了解和欣赏到中国文化的多样性和独特性，同时也增强了游客对中国文化的认知和尊重。

主题公园中的这些表演设施可以成为文化传承和教育的重要手段。通过精彩的表演，可以让游客了解和欣赏不同文化之间的差异和特点，同时也可以传递保护环境和珍爱生命的价值观。这些表演不仅丰富了游客的娱乐体验，同时也促进了社会文化的发展和进步。

二、主题公园设施设备的特点

任务卡

主题公园设施设备专业化程度较高，往往根据不同的主题需求来进行定制，以满足广大客户群体的需求。阅读下面两个案例，查找相关资料，分析归纳概括主题公园设施设备的特点是什么。

案例1：英国狄更斯主题乐园

这个主题公园将狄更斯笔下的维多利亚时期真实地复制出来，游客可以体验到那个暗无天日、烟雾弥漫、让人不安、充满臭味与潮湿的伦敦。公园中的游船路线穿过老鼠乱窜的伦敦下水道和黑漆漆的街巷，专门使用化学品制造出的怪味让游客仿佛穿越到了那个满街臭气熏天的时代。狄更斯小说中的地点和人物形象在这里一一再现，"圣诞颂歌"主题鬼屋里的工作人员身着古装迎接客人。园内还包括剧院、主题酒吧和餐厅。这个主题公园一经推出便大受好评，常常人满为患，特别适合对文学世界感兴趣的游客，对小朋友也很有教育意义。

（资料来源：央视国际.狄更斯主题公园重现19世纪英国风貌[EB/OL].(2007-04-20)[2023-12-30].https://news.cctv.com/xwlb/20070420/106065.shtml.）

案例2：唐山皮影主题公园

该公园文化景观特色是皮影文化。皮影教育课程可以教给游客皮影如何制作和表演，加强了对皮影文化的亲身体验感，并为孩子和家长提供阅读和文化产品的购买需求，起到了科普教育的作用，并达到寓教于乐的要求。皮影大道两边有迈克杰克逊、李小龙、孙悟空等国内外经典人物形象制作的皮影像，指引人们走向皮影剧场中央。皮影剧场是一个圆形舞台，周围有镂空的造型墙环绕，造型墙上也有十七个皮影元素，形成皮影博览墙。园中还有旋转皮影、皮影艺术廊架、皮影巨人、皮影兔骑行等各种活动项目，做到了对

"皮影文化"的融入和诠释,在点明主题的同时又富有创新、时尚和趣味性的特点。

(资料来源:唐山劳动日报社. 中国唐山皮影乐园[EB/OL]. (2021-10-20)[2023-12-30]. https://epaper.huanbohainews.com.cn/tsldrb/pad/content/202309/21/content_74637.html.)

_____
_____
_____
_____
_____
_____

知识卡

主题公园设施设备为游客提供了丰富多样的娱乐体验,其特点主要包括以下几个方面。

(一)与主题紧密相关,专业化程度高

主题公园的设施设备通常与主题紧密相连,不仅在视觉上呈现出主题的特色,而且在功能和体验上也与主题密切相关,同时,设施设备专业化程度很高,往往根据不同主题的需求进行定制,以满足游客的各种需求。

(二)多样性与高品质的体验感

主题公园的设施设备多样化,以满足不同年龄、不同喜好的游客的需求。这些设备包括过山车、旋转木马、水上乐园、模拟器、表演设施、电影院等。同时,主题公园设施设备注重体验感,游客可以通过设施设备感受到与主题相关的各种感官体验,如视觉、听觉、触觉、嗅觉等。

(三)创新性设计

主题公园的设施设备通常采用创新性的设计,如利用高科技手段实现的三维投影、虚拟现实、增强现实等技术,使游客仿佛置身于主题情境中。此外,还要注重艺术性,以吸引游客的目光。例如,一些游乐设备的外观设计独特,具有很高的艺术价值。

(四)安全可靠

主题公园的设施设备必须具有高度的安全性和可靠性,必须符合国家和地区的严格安全标准,要经过严格的安全检测,以确保游客的安全。同时,主题公园的工作人员也经过专业的培训,能够应对各种突发情况。此外,为了提供更好的用户体验,设备的运行和维护也必须具有高度的可靠性和稳定性。

(五)高成本与高维护性

设施设备通常是主题公园最昂贵的投资之一。这些设备不仅需要大量的资金来购买,还需要经常维护和保养,以确保其安全和正常运行,包括定期检查、保养和维修等。

实践卡

案例1：迪士尼乐园是一个主题乐园,以其独特的主题和丰富的设施设备吸引游客,迪士尼乐园设施设备具有以下的特点。

(一) 主题化设施

迪士尼乐园的每个区域都围绕一个特定的主题,如"星际旅行""动物王国""未来城市"等。每个区域都有与之相关的设施和表演,为游客提供沉浸式的体验。

(二) 高科技设施

迪士尼乐园使用最新的技术来增强游客的体验。例如,虚拟现实和增强现实技术被广泛应用于各种游乐设施,使游客能够身临其境地参与故事和游戏。

(三) 互动性设施

迪士尼乐园的设施鼓励游客的互动。例如,"星球大战"区的设施可以让游客扮演角色,参与战斗等互动游戏。

(四) 多样化设施

迪士尼乐园提供多样化的游乐设施,包括过山车、旋转木马、模拟飞行等,适合不同年龄段的游客。

案例2：黄鹤楼风景区是一个传统的旅游风景区,以其自然景观和历史文化遗产吸引游客。黄鹤楼风景区在设施设备上具有以下特点。

(一) 自然景观为主

黄鹤楼风景区的核心是自然景观,如长江、黄鹤楼等。这些景观是景区的主要吸引力,也是游客前来参观的主要原因。

(二) 文化遗产设施

黄鹤楼风景区有一系列文化遗产设施,如黄鹤楼、碑林等。这些设施为游客提供了了解中国历史文化的机会。

(三) 观光的便利设施

为了方便游客观光,黄鹤楼风景区提供了步行道、观景台、休息区等设施。这些设施为游客提供了舒适的环境,以便他们欣赏自然景观和文化遗产。

(四) 保护与维护

为了保护自然景观和文化遗产设施,黄鹤楼风景区采取了一系列的保护措施。同时,为了确保游客的安全,景区也加强了安全设施的建设和维护。

从迪士尼乐园与黄鹤楼风景区设施设备特点的案例中,可以发现两者之间设施设备特点的区别是什么?

_____
_____
_____
_____
_____

思政园地

主题公园垃圾处理设施设备

主题公园的垃圾处理设施设备主要包括以下几种。

(1) 垃圾收集容器：在主题公园的各个角落设置垃圾收集容器，以便游客将垃圾扔进容器中。容器应分类设置，区分可回收垃圾和不可回收垃圾。

(2) 垃圾车：主题公园需要使用垃圾车来收集和运输垃圾。垃圾车应定期清洁和维护，以确保其正常运行和使用效果。

(3) 压缩式垃圾车：压缩式垃圾车可以对垃圾进行压缩，减少垃圾的体积，使其更容易运输和处理。这种垃圾车在大型主题公园中较为常见。

(4) 清洁设备：主题公园需要使用各种清洁设备，如清扫机、吸尘器、喷雾器等，以便保持公园的清洁和卫生。

(5) 污水处理设备：对于有水景的主题公园，需要设置污水处理设备，对水景进行净化处理，避免水体污染。

(6) 焚烧炉：对于一些有机垃圾，可以使用焚烧炉进行焚烧处理。焚烧炉应符合环保标准，排放的废气需要经过处理符合标准后才能排放。

(7) 智能垃圾处理系统：一些大型主题公园可能会采用智能垃圾处理系统，通过自动化设备和技术对垃圾进行分类、压缩、运输和处理。这种系统可以提高处理效率，减少人力成本和环境污染。

这些设施设备都是主题公园进行垃圾处理的重要工具，可以帮助公园提高垃圾处理效率，减少对环境的影响，同时也符合可持续发展的原则。

任务二　了解主题公园设施设备管理的内容与方法

一、主题公园设施设备管理的概念及内容

任务卡

(一) 设施设备管理的方法

主题公园设施设备多样，设施设备较为特殊，其管理具有一定的标准要求。请在下列横线上列出你知道的设施设备管理的方法。

_____
_____
_____
_____

(二)资料分析

阅读下列关于上海迪士尼乐园与黄山风景区在设施设备上的管理方法,对比分析两者之间管理上的异同。

上海迪士尼乐园的设施设备管理注重游客体验的完整性和一致性。公园设施设备是为了营造一个完整的迪士尼世界,让游客可以完全沉浸在迪士尼的故事和角色中。在设施设备的维护和管理方面,上海迪士尼乐园有一套严格的标准和程序,以确保设施设备的正常运行和游客的安全。

黄山风景区的设施设备管理更注重自然景观的原始性和生态性。景区的设施设备主要为了提供游客必要的信息、交通和旅游服务,尽量减少对自然景观的干扰和破坏。在设施设备的选择和设计上,黄山风景区更倾向于使用环保、可持续的材料和技术,以减少对环境的影响。

_____

_____

_____

知识卡

(一)主题公园设施设备管理概念

主题公园设施设备管理是以主题公园最优服务质量和经济效益为最终目标,以最经济周期费用和最高的综合效能为直接目标,动员全体人员参加,应用现代科技和管理方法,通过计划、组织、指挥、协调、控制等环节,对设施设备系统进行综合管理的行为。

(二)主题公园设施设备管理内容

1. 前期管理

前期管理主要通过调查研究现有的设施设备基础,设施设备的安装环境、技术要求等多个方面的内容,决定是否进行投资、编制购买计划,进行设施选择与采购、设备安装与调试。

1)调查现有设施设备基础

前期管理需要对现有的设施设备进行详细的调查,包括设施设备的类型、数量、状况、性能等方面。通过了解现有设施设备的状况和能力,可以确定需要新购或更新的设施设备种类和数量。

2)评估设施设备的安装环境和技术要求

在决定是否进行设施设备的投资之前,需要对设施设备的安装环境和技术要求进行评估。需要考虑的因素包括设施设备的尺寸、重量、功率需求、安装位置、运行环境等。评估的目的是确保设施设备能够适应主题公园的环境和满足技术要求。

3)购买计划

根据调查和评估的结果,编制购买计划,包括需要购买的设施设备清单、预算、采购方式等。购买计划的制订需要考虑设施设备的投资回报率、运营成本、维护成本等多个方面的因素。

4）进行设施选择与采购

根据购买计划，选择合适的设施设备供应商，进行设备采购。在选择供应商时，需要考虑供应商的信誉、产品质量、价格等多个因素。采购过程中需要与供应商进行充分沟通，确保购买的设施设备符合要求。

5）设备安装与调试

在设备到货后，需要进行安装和调试。安装过程中需要保证设备的安装精度和质量；调试过程中需要对设备的各项功能进行测试，以确保设备的正常运行。

2. 服务期管理

1）管理要求

管理要求主要包括合理安排设施的负荷率；配备专职的操作和管理人员；建立健全使用、维护、保养的规章制度；创造良好的工作环境；维护设施的完好。

2）管理内容

管理内容主要包括设施设备的维护保养、定期维修、更换维修、事后维修等。一般要保持设施设备清洁卫生；定期给设备加油；紧固松动的螺丝和零部件；检查设备是否有漏油、漏气、漏电等情况；检查设施是否有虫害、腐蚀等现象。

（1）设施设备的维护保养。维护保养是设施设备前期管理的重要环节之一。它包括保持设施设备的清洁卫生，定期给设备加油，紧固松动的螺丝和零部件，检查设备是否有漏油、漏气、漏电等情况，以及检查设施是否有虫害、腐蚀等现象。这些措施旨在保持设施设备的良好状态，预防设备故障和事故的发生。

（2）定期维修。定期维修是指按照一定的时间间隔对设施设备进行维修。这些维修包括对设备的检查、测试、调整、更换等。通过定期维修，可以及时发现并解决潜在的设备问题，避免设备在运行中出现故障。

（3）更换维修。更换维修是指当设施设备的某些部件损坏或性能下降时，更换这些部件以恢复设备的性能。这种维修方式适用于一些关键部件的维修，如发动机、传动系统等。更换维修可以确保设施设备的正常运行，延长设备的使用寿命。

（4）事后维修。事后维修是指在设施设备出现故障或事故后进行的维修。这种维修方式通常是在设备出现问题后才进行的，因此也称为被动维修。事后维修可能会导致停机时间延长、生产效率下降等问题，因此应该尽可能地避免这种情况的发生。

3）更新改造

有计划、有重点、有步骤地制订设施更新规划；注意将设施更新和设施现代化改装结合起来；做好更新过程中旧设施的利用工作，充分发挥老旧设施的剩余潜力；要根据设施的使用频率及磨损程度、维修保养状况设计标准的高低等因素合理确定设施的使用期限；在进行设施设备更新方案的比较时，原设施设备的价值必须按现值来计算。

3. 安全质量管理

主题公园要严格审批游乐项目；建立健全安全管理体系；开展经常性的安全培训，相关人员应具有专业技术上岗证，遵守设备运行原则；在活动开始前应让游客了解安全注意事项,掌握安全要领;特殊项目要有要求,有公示牌,工作人员要随时提醒和有效控制;如发生意外要按规定程序采取救援措施;索道和游客设施一律不得超载和带险运行,定期检查;同时还应配备处理意外事故的急救设施设备。

4. 培训与人力资源管理

对设备操作人员进行专业培训和资格认证,确保操作人员具备必要的技能和素质,同时建立完善的人力资源管理制度,为设备维护和管理提供人力资源保障。通过实际培训效果来进行评估、反馈、管理与激励,加强人员的培训与管理。

5. 技术与信息管理

借助现代化的技术和信息化手段,提高设备管理效率。例如,利用计算机集成制造系统、自动化控制系统等,实现设备的远程监控和自动化管理。

6. 环境管理

对设备运行过程中产生的废弃物、噪声等污染进行有效的控制和管理,以减少对周边环境的影响。

7. 应急管理

制订设备故障应急预案,对突发故障进行及时有效的处理,同时对故障原因进行分析和总结,以提高应对突发事件的能力。

(1) 识别潜在故障。在制订应急预案之前,需要识别出设施设备可能出现的潜在故障。这些故障可能包括机械故障、电气故障、液压故障等。通过对设施设备的运行状况进行了解和分析,可以确定潜在的故障类型和位置。

(2) 制订应急预案。针对不同的故障类型,制订相应的应急预案。预案应该包括应急处理流程、故障排除步骤、备件和工具清单等相关信息。同时,应急预案还应该考虑到人员安全和环境保护等方面的问题。

(3) 培训和演练。应急预案制定后,需要对相关人员进行培训和演练。培训内容包括故障识别、应急处理流程、操作规程等。通过培训和演练,可以提高员工对应急预案的熟悉程度和应对突发事件的能力。

(4) 实施应急处理。在突发故障发生时,需要按照应急预案进行及时、有效的处理。应急处理应该遵循先保证人员安全,再保护设施设备、最后恢复生产的原则。在处理过程中,需要记录故障的具体情况、处理过程和结果等信息,以便后续总结和分析。

(5) 故障原因分析和总结。在应急处理完成后,需要对故障原因进行深入的分析和总结。分析内容包括故障发生的原因、影响范围、处理过程中存在的问题等。通过对故障进行分析和总结,可以发现设施设备存在的问题和不足,进而采取相应的改进措施,提高应对突发事件的能力。

实践卡

分析下面两个案例,讨论主题公园事故造成的原因,以及怎样加强设施设备的管理可以有效降低事故发生的概率?

案例1:2023年6月25日,瑞典首都斯德哥尔摩一家游乐园发生过山车事故,事故导致1人死亡、9人受伤。这次事故发生在格勒纳伦德游乐园,园中的"喷气机"过山车在一次运行过程中部分脱轨。

（资料来源：光明网.瑞典一游乐园过山车事故致1人死亡9人受伤[EB/OL].(2023-06-26)[2024-01-04].https://m.gmw.cn/2023/06/26/content_1303418861.htm.）

案例2：据英国《镜报》2023年3月22日报道，印度一个主题公园的游乐设施意外坠落，导致11人受伤。警方说，事故发生在电缆断裂后，旋转平台从中心柱上脱落，撞向地面所致。

（资料来源：中国青年网.印度一主题公园游乐设施坠落 事故造成11人受伤[EB/OL].(2023-03-23)[2023-12-30].https://d.youth.cn/shrgch/202303/t20230323_14405410.htm.）

二、主题公园设施设备管理规章制度

任务卡

主题公园设施设备管理规章制度涉及检查规范、操作规程使用、注意事项、人员培训和游乐设施定期保养等多个方面。如某主题公园对园内的过山车设备进行管理，首先园方对过山车的运行状态进行了全面检查，并制订了针对性强的操作规程和保养维护计划。同时，园方对操作过山车的工作人员进行了专业培训，确保他们能够按照正确的操作规程使用和维护设备。

请调查你所在城市的主题公园设施设备管理制度，分析归纳这些主题公园设施设备管理制度包含了哪些方面？

知识卡

（一）主题公园设施设备管理规章制度的含义

主题公园设施设备管理规章制度是指在公园内对设施设备进行管理和维护的制度化规定，以确保设施设备的正常运行、安全使用和维护保养，提高设备的安全性和使用寿命，同时也有利于公园的可持续发展。

设施设备管理规章制度通常包括但不限于技术档案管理制度；使用登记、定期报检制度；安全操作规程；日常检查与定期自行检查制度；维护保养制度；作业人员及相关服务人员安全培训、考核制度；应急救援演练制度；突发故障、意外事件和事故报告和处理制度；风险分级管控和隐患排查治理制度；设备改造、修理、报废及零配件采购管理制度等。此外，还会对相关工作人员的职责和操作规范作出规定，以确保设施设备的管理和维护工作得到有效执行，具体可概括为以下几方面。

（1）设施设备的安全使用与管理：主题公园应对设施设备进行定期检查和维护，确保其安全运行。使用设备前，使用者必须接受相关安全操作培训，并严格遵守设备操作规程。

（2）设施设备的保养维护：主题公园应建立设施设备档案，记录设备的购买时间、使用年限、维修记录等信息。设备维修保养应按照维护方案进行，确保设备正常运行，延长设备使用寿命。

（3）设备更换与报废：当设备出现无法修复的故障或达到预期使用年限时，应进行更换或报废。报废设备应由主题公园管理部门统一处理。

（4）环境保护与节能减排：主题公园应采取环保措施，减少设备运行产生的噪声污染等影响。同时，鼓励使用节能环保的设备，降低主题公园的能源消耗。

（5）违规使用与处罚：主题公园应制定违规使用设施设备的处罚措施，对于违反规定的行为进行相应的处罚。

（6）人员培训：运营使用单位应根据大型游乐设施的数量、特性、使用情况等配备适当数量的专职安全管理员、特种设备作业人员和现场服务人员，并按规定取得相应的特种设备作业人员资格证。运营使用单位应按照安全技术规范和使用维护说明书要求，配备的在岗持证操作人员数量应满足实际运营需求，每台（套）大型游乐设施至少配备1名持证操作人员；涉及水上游乐设施的，还应配备救护设施及经过专业培训的救护人员，需持证的还应取得相应的资格证。运营使用单位应根据岗位职责和业务需求制定培训方案，定期对工作人员进行培训，经考核合格后方可上岗。主要负责人和安全生产管理人员初次安全培训时间不应少于32学时，每年再培训时间不应少于12学时。采用包括但不限于笔试、实操等方式进行考核并保存记录，适时对培训效果进行评估并不断改进。

（二）主题公园设施设备管理的要求

（1）大型游乐设施整机达到设计使用年限，仍有修理、改造价值的，应按照安全技术规范、相关产品标准及使用维护说明书的要求，经检验或安全评估合格，且办理使用登记信息变更后，方可继续使用。

（2）对于延长使用寿命的大型游乐设施，其整机使用寿命至多可延长1次，且延长期限不应超出原设计使用寿命的一半。主要受力部件超出设计使用期限要求，且经检验或安全评估不符合安全使用条件的，应及时更换。

（3）室外大型游乐设施遇雨、雪、风、雹等极端天气时，应按照使用维护说明书要求，采取必要措施，确保人员和设备安全。

（4）室内或夜间运行的大型游乐设施在操作和使用时，设备运行安全区域、安全通道和出入口处照明照度应符合要求，通道和出入口应保持通畅无阻碍。

(5)运营使用单位应在大型游乐设施的入口处等显著位置张贴在有效期内的特种设备使用标志产品铭牌、安全注意事项和警示标识等,依据使用维护说明书要求注明大型游乐设施运动特点、偏载、禁忌事宜等,并对年龄、身高、体重、生理指标限定等提出明确要求。

(6)大型游乐设施的运行区域应用护栏或其他防护措施加以隔离,防止造成公众伤害和设备损坏。

(7)根据大型游乐设施日常维护保养、故障急修、安全管理、责任判定等需要,配备适宜数量的监控设备,监视范围宜覆盖大型游乐设施全域运行轨迹包络范围,采集视频图像信息的保存期限不少于30天。

(8)运营使用单位应加强日常巡检,确保沿运行轨迹沿线、运行可触及附近区域的树木、涵洞等障碍物、装饰物与大型游乐设施运行轨迹可触及空间范围保持足够的安全距离。运营使用单位宜为大型游乐设施及其使用人员投保安全责任保险,建立并完善赔偿机制。

(9)为应对重大突发卫生事件等突发事件的需要,运营使用单位应按照相关规定积极采取限制客流量、人员接触设备部位消毒等防控措施。

(10)运营使用单位应依据国家和本省风险分级管控和隐患排查治理相关要求,组织开展风险级管控和隐患排查治理工作。

(11)在国家法定节假日或者开展大型活动等大型游乐设施乘坐人员高峰期前,运营使用单位应对大型游乐设施进行全面检查维护,并加强日常检查和安全值班。

(12)发生自然灾害危及大型游乐设施安全时,以及发生大型游乐设施安全事故后,运营使用单位应对大型游乐设施进行全面检查维护,并加强日常检查和安全值班。

(13)涉及大型游乐设施修理、重大修理、改造等施工的,应按照特种设备有关法律、法规和安全技术规范及相关标准的规定执行。

(三)应急管理要求

(1)主题公园运营使用单位应设置应急救援指挥机构,配备相应的救援人员、营救设备设施和急救物品,并确保营救设备设施和急救物品完好、有效。

(2)运营使用单位应根据使用维护保养说明书有关要求,结合大型游乐设施的特性、使用情况对每台(套)大型游乐设施可能发生的故障或事故制订有效的应急预案,应急预案风险识别内容包括但不限于以下几种情形:动力电源断电或设备发生故障危及人员安全;突遇大风、暴雨、雪灾、地震等自然灾害;火灾、触电、溺亡、高空滞留(困人)等突发事件或事故;大型游乐设施运行过程中人员突发疾病。

(3)运营使用单位应定期对救援人员进行安全教育和技能培训,内容至少包括应急故障排查、事件或事故处理、救援专业技能和安全操作方法等。

(4)运营使用单位每年应针对每台(套)大型游乐设施可能出现的任意运行工况下的意外故障事件或事故至少组织开展1次应急救援演练,做好记录并存档。

(5)应急救援演练结束后,运营使用单位应适时对救援预案的适宜性、有效性和可行性进行评估,填写大型游乐设施应急救援演练自查表,分析问题原因,总结提炼经验,并及时对应急救援制度和预案进行修订。

（6）运营使用单位发现大型游乐设施存在故障或其他异常情况时，不得投入运行，组织相关人员排查并消除安全隐患。

（7）运营中的大型游乐设施发生故障或事故时，运营使用单位应立即启动应急救援程序，防止事故扩大，尽量减少人员伤亡和财产损失。

（8）运营使用单位在救援过程中应通过广播等媒介安抚乘客，简要说明救援步骤、救援安全须知等内容，防止救援过程中发生不必要的伤害事故。

实践卡

任选一种主题公园内的设施设备，分小组制定设施设备规章管理制度。

_____
_____
_____
_____

思政园地

景区设备多，智慧景区应该如何做

现如今景区数字化、智能化越来越普及，景区中各处的智能设备也越来越多，管理起来也让景区管理者非常头疼，设备坏了很容易出现不能及时知道的情况，在使用的时候才发现设备坏了，需要维修，但这时已经耽误了许多事情。

那么，景区要如何解决设备管理难的问题？

景区综合管理平台可以进行景区智能设备管控，提高景区运营效率，保障游客安全，并提供更好的游览体验。

一、设备管理

景区智能设备管控可以对各类设备进行集中管理，包括安全监控设备、智能灯杆、公共广播、景区显示屏等。通过统一管理，可以更好地维护设备的正常运行，及时发现和修复故障，减少设备维护成本和时间。

二、安全管理

智能设备管控系统可以实时监控景区内的安全设备，如监控摄像头、火灾报警系统等。通过对设备的监控，可以及时发现异常情况，如人员滞留、火灾等，以便采取相应的应急处理措施，确保游客的安全。景区也可以使用公共广播，让游客及时疏散。

三、数据监测

景区可以实时查看景区的环境监测数据、客流监测数据、舆情监测数据等，实时掌握景区的真实情况，可以根据数据作出科学的决策。

（资料来源：景区综合管控平台.景区设备多，智慧景区应该如何做？[EB/OL].（2023-07-28）[2023-12-30].https://www.xiaohongshu.com/explore/64c33323000000000103cd3a.）

三、主题公园设施设备操作管理流程

任务卡

规范游乐园设施设备的运行操作,能较大程度地确保游客的安全和游乐园设施的正常运行,游乐园设施设备涉及各种游乐设备、游戏设施和景观设施等,其操作流程也涉及多个方面。请在下列设施设备运行操作流程前的"□"中画"√"。

□设备日常检查　　　□游客安全指引
□应急预案培训　　　□设备维护
□设施保养　　　　　□违规操作与处罚
□设备日常监督　　　□设备日常检查

知识卡

（一）设施日常检查

（1）每天清晨,运行人员应对所有设施进行日常检查,包括检查设施的外观、结构、连接件等,并确保设施无任何安全隐患。

（2）检查设施的动力系统,包括电力、气体或液体供应等,确保正常供应和使用。

（3）检查设施的控制系统,包括按钮、开关、遥控器等,确保正常操作和控制。

（4）检查设施的安全设备,包括安全带、扶手、防护栏等,确保完好无损。

（二）游客安全指引

（1）游客进入游乐园前必须经过检票处进行购票并接受安全提示。

（2）游客必须遵守游乐园规定的安全行为准则,包括不穿拖鞋、不穿裸露衣物、不携带危险物品等。

（3）游客必须按照指引、规定的乘坐方式、站立位置和安全设施来使用设施。

（三）应急预案与培训

（1）游乐园应制订相关的应急预案,包括设施故障、天气恶劣、游客伤病等情况的应对措施。

（2）游乐园需要定期组织运行人员进行应急演练,以确保他们熟悉应急预案并掌握相应的救援技能。

（四）设备维护计划

（1）游乐园应制订设施的定期维护计划,包括设施的保养周期、保养内容和保养责任人等。

（2）维护计划应根据设施的运行情况和制造商的建议进行调整。

（五）设备维护流程

（1）维护人员应按照维护计划进行设施的日常保养和定期保养，包括清洁设施、润滑部件、替换磨损零件等。

（2）维护人员应记录每次维护的内容、时间和负责人，并及时报告设施异常情况或需要更换的部件。

（六）违规操作和处罚

（1）对于违反安全规程的工作人员，游乐园有权根据情况进行相应处罚，包括警告、停职、辞退等。

（2）对于违反游乐园规定的游客，游乐园有权采取相应措施，包括劝阻、驱逐等，并保留追究法律责任的权利。

（七）监督与检查

（1）游乐园应设立专门的监督部门，负责对游乐园设施的运行操作进行监督和检查。

（2）监督部门应定期对游乐园设施进行巡检和随机抽查，并提出改进建议以提高设施的安全性和运行效率。

实践卡

任选一主题公园调查该公园设施设备操作管理流程是怎样的，并绘制流程示意图。

思政园地

深圳欢乐谷独特的游乐设施和娱乐项目

高空大摆锤：这是一种非常受欢迎的游乐设施，游客们在一个巨大的摆锤上高速摆动，给游客带来刺激和兴奋。

激光漂移：这是一个新兴的游乐项目，结合了卡丁车和激光灯，让游客在光影中感受刺激和乐趣。

> **欢乐山丘**：这个项目非常适合家庭游玩，它是由一条轨道构成的山丘滑车，游客可以在这里享受滑行和漂移的乐趣。
> **狂飙飞车**：这个项目让游客坐在一个特制的车里，在高速行驶中感受到风的呼啸和肾上腺素的爆发，速度感十足。
> **过山车**：过山车是另一个受欢迎的游乐项目，欢乐谷的过山车设计独特，有许多惊险的转弯和坡道，可以让游客感受到速度和重力的变化。
> **玛雅水公园**：这是深圳欢乐谷新推出的戏水项目，包括多媒体互动水战等，集趣味与惊险于一体。
> **库库尔坎营地**：这是全新的亲子戏水区，消暑带娃两不误，趣味性十足。
> 深圳欢乐谷拥有多种创新的游乐设施和娱乐项目，这些新奇的设施吸引了大量游客，设施的更新和创新不仅满足了游客的需求，增加游客的兴趣和参与度，也增加了公园的趣味性和吸引力。
> （资料来源：深圳欢乐谷官方网站.深圳欢乐谷独特的游乐设施和娱乐项目[EB/OL].(2023-04-22)[2023-12-30]. https://sz.happyvalley.cn/frmpark.aspx.）

任务三　了解主题公园设施设备的维护与保养

一、主题公园设施设备的维护

任务卡

查找各主题公园设施设备的维护管理办法，判断下列哪些属于设施设备维护内容？请在下列设施设维护内容前的"□"中画"√"。

□ 制定维护管理制度　　　　□ 定期检修　　　　□ 建立维修档案
□ 更新改造　　　　　　　　□ 员工培训　　　　□ 游客管理
□ 绿化维护

知识卡

（一）主题公园设施设备维护方法

（1）日常维护：对设施设备进行日常检查，包括外观、运行状态、声音、温度等，以及时发现并解决潜在问题。

（2）定期检修：根据设备的使用情况和维修记录，制订定期检修计划，对设备进行全面的检查和维修，及时发现并解决潜在问题。

（3）更新改造：对于老旧或不能满足需求的设备，进行更新改造，以提高设备的性能和效率。

(4) 安全防护：对于有安全风险的设备，需要加装安全防护装置，以减少安全事故的发生。

(5) 环保措施：在维护设备的同时，需要考虑环保因素，减少能源消耗和环境污染。

(6) 档案管理：建立设备维护档案，记录设备的维护历史信息，方便管理和查询。

(7) 员工培训：对负责设备维护的员工进行培训，提高他们的技术水平和操作能力。同时，对其他员工进行设备使用和安全方面的培训，提高员工的安全意识和应对紧急情况的能力。

(8) 应急处理：制定设备故障应急处理预案，以便在设备出现紧急情况时及时处理问题，避免造成安全事故。同时，对员工进行应急演练，提高员工的应急处理能力。

（二）主题公园设施设备维护的细节

(1) 表面清洁：定期使用稀释后的消毒液清洁设施设备的表面，保持其清洁卫生。特别是对于儿童经常接触的设备，要经常清洁以免细菌滋生。

(2) 定期检查：定期检查设施设备的部件是否松动或损坏，如螺丝和连接件是否松动，以确保设施设备的正常运行和使用寿命。

(3) 禁止不规范的游乐行为：在主题公园游玩时，要遵守公园的规定和指导，避免不规范的游乐行为导致设施设备的损坏或安全事故的发生。

(4) 保持安全距离：在游玩过程中，要保持与设施设备的安全距离，避免因距离过近或操作不当导致的安全事故。

(5) 注意个人卫生：在使用设施设备前，要注意个人卫生，如洗手或使用消毒液消毒等，以避免细菌传播和感染。

(6) 遵守规定：在使用设施设备时，要遵守主题公园的规定和指导，不要随意拆卸、修理或改变设施设备的部件和结构。

(7) 注意观察周围环境：在使用设施设备时，要注意观察周围环境的变化，如天气、人流等，避免因环境变化导致的安全事故。

(8) 合理使用设施设备：在使用设施设备时，要根据设备的用途和使用方法进行合理的使用，不要超载或违规使用设备以免导致其损坏或安全事故的发生。

(9) 发现异常及时报告：在使用设施设备的过程中，如发现异常情况或安全隐患时，要及时向主题公园管理人员报告，以便及时采取措施解决问题。

实践卡

任选主题公园某一设备，设计该设备的维护方案。

二、主题公园设施设备保养方法

任务卡

查找各主题公园设施设备的保养方案,选择一个你认为比较完善的保养方案,归纳说明设施设备的保养方法有哪些?

_____
_____
_____
_____
_____

知识卡

(一)日常保养

每天对设施设备进行清洁和整理,保持设备外观整洁。检查设备各部件是否有松动、损坏或异常情况,及时进行紧固和修复。对设备进行润滑保养,确保机械部件运行顺畅。

(二)定时检查

主题公园游乐设备安装完毕后,要定时对设备的零部件进行检查,如紧固件是否松动,各机件或焊缝是否有松动异常,运行时是否有异常声响。如有异常,立即停机,并查找原因。

(三)定时清洁

游乐设备应保持清洁,清洁时最好选择擦洗,避免设备进水损坏电路,影响设备正常运转。设备清洗完毕后,一定要等到干燥后再打开电源。

(四)定时保养

游乐设备整机保养一般半年一次,要对主要转动部件进行清洗、加润滑油、更换易损件等。检查关键机件磨损情况是否严重、是否有裂纹、开焊等异常,如有异常应立即处理。设备应避免长时间不用,每个月至少运行5小时,使电路系统维持正常运转。

(五)预防性维护

通过定期检查和监测设施设备的运行状态,及时发现潜在的故障和问题。采取预防性维护措施,如更换磨损部件、调整参数等,防止设备突然出现故障,确保设备的稳定运行。

(六)防腐措施

对于暴露在室外环境中的设施设备,要采取防腐措施防止锈蚀和损坏。对金属表面进行涂层保护,定期检查和维护防水层,确保设备不受水汽和紫外线的侵蚀。

（七）试机检验

在游乐场所开园前,需要对各个游乐项目进行试机检查、常规维护,确认是否安全,有无隐患。

实践卡

任选主题公园某一设备,设计该设备的保养方案。

三、制订相关设施设备的检查、保养与维修计划

任务卡

案例： 华侨城奇幻谷项目位于襄阳市东津新区,占地面积达45万平方米,以时空探索为主题,共包含"星球集市""异星海""异星港""疯狂机械城""鲲之方舟""藏地幻境"六重沉浸式奇幻场景主题区,为游客打造集奇幻娱乐体验和文化休闲度假相结合的欢乐谷"2.0"新标杆。

在首批调试的游乐设备中,峡谷漂流游乐项目漂流水道全长620米,水道端尾高差达13米,在运行方向呈空间异形"U形槽"结构。为保证游乐设备安全平稳运行及带给游客最佳的游玩体验,水道结构精度要求高,任意断面结构尺寸均须控制在5毫米内,标高误差控制在3毫米内。针对空间异形结构测量定位及施工难题,项目团队采用BIM技术进行精准放样,辅助指导现场施工,确保设备的正确安装和运行。

这个案例中,华侨城奇幻谷项目设备的检查、保养与维修计划以安全平稳运行为首要目标,通过精准的测量定位和施工方法,确保设备安装的精度和稳定性。同时,在设备运行后,对设备进行定期的检查、保养和维修,保证设备的正常运行和使用寿命,提高游客的游玩体验。

除此之外,华侨城奇幻谷项目在设备选型和安装过程中,还注重设备的性能和质量,选择符合要求的设备进行安装和使用。在设备运行过程中,对设备进行实时监控和数据采集,及时发现和解决问题,确保设备的安全和稳定运行。

（资料来源：襄阳市人民政府.襄阳华侨城奇幻谷主题乐园29日正式开放[EB/OL].（2022-01-13）[2023-12-30].http://www.xiangyang.gov.cn/zxzx/jrgz/202204/t20220429_2789473.shtml.）

从华侨城奇幻谷项目的检查、保养与维修计划案例中,归纳概括该项目的检查、保养与维修计划是从哪些方面来进行制订的?

知识卡

近年来,主题公园规模不断发展,供游客选择娱乐的方式与种类也变得多种多样,规范设施设备的检查、保养与维护,能在一定程度上促进大型游乐设施运营使用管理和维护保养工作的有效开展,预防或减少大型游乐设施的故障、事件或安全事故,保障公众生命和财产安全。设施设备的检查、保养与维修计划大致可以从以下几个方面来进行。

（一）制订设施设备每日检查计划

每日设施设备运营开始前,设备操作人员应对所有设施设备进行例行检查,包括机械、电力和电子设备检查。检查应包括设备外观、线路、接头、部件协作等,以确保设备运行安全、正常。

（二）制订设施设备每周保养计划

每周安排专业的设备维护人员进行设备保养,包括对设备进行润滑、除尘、清理,以及对易损件进行常规更换。这个过程能保证设备运行顺畅,防止设备损坏。

（三）制订设施设备每月维修计划

每月进行一次全面的设备检查和维修,包括对设备进行深度清理,检查设备的结构稳定性和安全性,更换磨损严重的零件,以确保设备的稳定运行。

（四）制订设施设备年度大修计划

（1）每年进行一次全面的设备大修。大修包括对设备的全面检查、清洗、润滑、更换损坏和磨损的零件,有时还需要对设备进行重新校准和测试。

（2）所有设备应根据其使用频率和强度进行定期保养和维修。对于使用频繁或强度较高的设备,应适当增加保养和维修的频率,还应建立设备维护的记录和报告系统,记录设备的维护历史,预测设备可能出现的故障,并提前进行维修。

（3）所有的检查、保养和维修过程都应在有专业知识和安全保护措施的情况下进行,避免因操作不当导致的设备损坏或人员伤害。

实践卡

任选一主题公园,制订设施设备的检查、保养与维修计划。

_____
_____
_____
_____
_____

四、相关设施设备的检查、保养与维修要求

任务卡

案例：在迪士尼乐园中，有一个大型游乐设施叫作"飞跃太空山"（Space Mountain）。这个游乐设施是一种过山车，由于其独特的主题和设计，深受游客的喜爱。然而，这个游乐设施的一些特殊设计也给维护人员带来了一些挑战。

首先，由于"飞跃太空山"是在一个完全黑暗的环境中运行，因此维护人员需要使用特殊的夜视设备进行检查和维修。这需要维护人员接受专门的培训，以适应在黑暗环境中工作。

其次，这个游乐设施的轨道和车辆设计独特，需要定期进行细致的检查和保养。维护人员需要定期检查轨道的平整度和车辆的安全性，以确保游客的安全。

在维修方面，一次，一辆游乐车的车轮出现了故障，维护人员立即进行了更换。在更换车轮的过程中，他们发现车轮的轴承也磨损严重，于是他们立即进行了更换。这不仅保证了游乐车的安全运行，也延长了游乐车的使用寿命。

除了日常的检查和维修外，迪士尼乐园还会定期对"飞跃太空山"进行全面的检查和保养。这些保养工作包括对轨道和车辆的全面检查、对机械系统的润滑和调整、对电气系统的检查和测试等。

同时，迪士尼乐园还为"飞跃太空山"制订了一系列的应急预案，以确保在出现紧急情况时能够及时采取有效的措施。这些应急预案包括在车辆出现故障时的应急疏散、在轨道出现断裂时的紧急修复等。

（资料来源：迪士尼. Space Mountain[EB/OL].（2022-01-13）[2023-12-30]. https://disneyparks. disney. go. com/cn/disneyland/attractions/space-mountain/.）

从上述案例中，可以发现迪士尼主题公园对"飞跃太空山"设施设备检查、保养与维修涉及哪些方面？请进行简要概括。

_____
_____
_____
_____

知识卡

（一）设施设备维护单位保养工作要求

根据河北省市场监管局发布的大型游乐设施运营使用管理和维护保养规范，一般运营使用单位应在建立大型游乐设施维护保养制度的基础上，按照相关安全技术规范、技术标准和使用维护说明书要求，定期对大型游乐设施进行维护保养。若运营使用单位委托第三方机构进行维护保养的，应委托具有相应能力的单位开展维护保养工作，双方应签订

维护保养服务合同。设施设备的维护保养单位一般按照以下要求来开展保养工作。

1. 维修计划制订

根据巡检结果和设备维修需要,按照维护保养制度、作业规程,制订维修保养计划,包括维修时间、维修内容和维修人员安排等,执行实施方案和计划。

2. 安全检查与防护措施

对设施设备进行安全检查,包括电气系统、机械系统等,确保设备的安全性和稳定性,实施维护保养作业期间落实现场安全防护措施,保证施工作业安全。

3. 配备必要的设施设备工具

配备满足实际维护保养作业需要的检测仪器、设备设施及工具,并保证有效。

4. 建立完善设施设备救援步骤

(1) 设立维护保养值班电话。为了确保及时响应游乐设施的故障、事件或事故报告,维护保养单位应设立一个 24 小时不间断的值班电话。这个值班电话应安排专业技术人员接听,并能够迅速作出判断和给出解决方案。

(2) 制订值班计划。维护保养单位应根据游乐设施的运营时间,制订相应的值班计划。值班计划应考虑到人员的休息和替换,以确保在需要时能够及时到岗。

(3) 接到报告后的响应。一旦接到故障、事件或事故报告,维护保养人员应立即出发,尽快抵达涉事大型游乐设施现场。在到达现场之前,维护保养人员可以通过电话与报告人进行沟通,了解情况并给予初步的指导。

(4) 现场救援配合。维护保养人员到达现场后,应与运营使用单位紧密合作,开展救援工作。根据具体情况,维护保养人员可能需要进行设备的检查和修复、提供操作指导、协助游客撤离等。

(5) 记录和报告。维护保养人员在处理完事件后,应对整个过程进行详细的记录,并将相关情况向上级报告。这些记录和报告可以帮助总结经验教训,提高维护保养工作的质量和效率。

(6) 持续改进。维护保养单位应不断关注游乐设施的运行状况和游客的反馈,针对发现的问题及时采取措施进行改进。同时,加强与运营使用单位的沟通与协作,共同提升游乐设施的运行水平和服务质量。

5. 建立大型游乐设施设备保养记录

建立每台(套)大型游乐设施维护保养记录,及时归入安全技术档案,且至少保存三个检验周期。

6. 定期开展安全教育与培训

定期对维护保养作业人员开展安全教育与业务培训,并将培训和考核记录存入人员技术档案。

7. 开展年度检查

每年至少安排一次年度自行检查,年度自行检查应在实施定期检验前开展,年度自行检查项目及其内容根据有关安全技术规范、标准和使用维护保养说明书等确定。

8. 潜在隐患排查

按照相关要求,为风险分级管控和隐患排查治理提供必要的技术支持,维护保养作业过程中发现潜在风险和严重隐患应及时告知运营使用单位。

9. 整改意见落实

配合运营使用单位对检验机构提出的整改意见在规定时限内落实整改要求,并提供整改见证资料。

(二) 现场维护保养工作要求

现场维护保养作业时,宜至少两名有资质的作业人员配合作业,落实包含但不限于如下现场作业安全防护措施。

(1) 确认检修作业区域安全条件,安全作业区域应设置防护栅栏、安全警示标志。

(2) 涉及特种作业的,安全防护装备应配备、穿戴齐全。

(3) 检查电气部位的,应采取防触电措施,在主开关位置处悬挂禁止合闸标志并指定专业人员监护。

(4) 配备必要的消防设施,隐蔽作业空间应保证足够强度的照明。

(5) 严禁在大风、雷雨等极端天气条件下进行室外作业。

(6) 维护保养作业完成后,及时拆除临时设备设施,清理现场。

(三) 其他保养要求

(1) 大型游乐设施生产(含制造、安装、改造、修理)单位的质量保证期服务不应代替运营使用单位的试运行、例行安全检查和日常维护保养。

(2) 维护保养作业过程涉及重要的轴、销轴和重要焊缝时,按照安全技术规范、技术标准和使用维护说明书要求进行无损检测。

(3) 运营使用单位或原制造单位自行开展无损检测的,应具备无损检测资质或人员具有无损检测资质,出具的无损检测记录和报告应长期保存。

(4) 运营使用单位或维护保养单位委托其他单位开展无损检测的,被委托单位应具备无损检测资质,由被委托单位出具的无损检测记录和报告应长期保存。

(5) 大型游乐设施维护保养记录可采用纸质或电子形式,维护保养记录格式、内容和要求应当符合法律法规、安全技术规范、标准和使用维护说明书的要求。

(6) 采用信息化技术实现无纸化大型游乐设施维护保养记录系统的,其数据在保存过程中不得有任何程度和形式的更改,确保储存数据的公正、客观和安全,具有可追溯性,并可实时进行查询。

(7) 大型游乐设施维护保养单位通过物联网等信息化技术手段实时在线监测大型游乐设施的运行参数、健康状况,分析诊断大型游乐设施的故障情况、劣化趋势、性能状态等,适时实施预测性维护保养,弥补计划性维护保养的不足。

(8) 维护保养作业过程发现故障或异常情况时,应立即停止使用,及时报告使用单位安全管理人员,组织相关人员分析查找原因,隐患未消除前不得投入使用。

(9) 大型游乐设施维护保养项目(内容)和要求应根据安全技术规范、标准及使用维护保养说明书要求,结合本单位大型游乐设施使用情况、安全状况和运动特点,制订符合本单位实际的维护保养计划和实施方案。

（10）维护保养单位应借鉴国内外已发生的大型游乐设施故障或事故产生原因，结合大型游乐设施先进技术的发展、应用趋势，适时评估维护保养制度、操作规程、计划和实施方案的适宜性和有效性。

实践卡

任选一主题公园，分小组制定设施设备的检查、保养与维修要求。

_____
_____
_____
_____

思政园地

2022年8月，湖北日报全媒记者来到武汉欢乐谷，实地采访这里用汗水守护欢乐的高温工作者。

一、游乐设施维修技师——徒手攀登30米高的检修爬梯

进入中伏的武汉，户外温度直逼40℃。正值暑期，即使天气炎热，也没能阻拦住前来欢乐谷追求刺激的游客。

为保障大型游乐设施在高温环境下的安全运行，欢乐谷加强巡检工作，为暑期旅游系紧"安全带"。

暑期，园区热门游乐项目太阳神车运转不停，设施的各电器元件的工作环境温度也持续升高。太阳神车由四根大钢立柱机械组合吊着一个巨大的摆锤摆动，动力驱动系统和相关电气控制系统位于设备顶部，离地高度约30米。顶部检修，需顺着其中一根立柱的检修爬梯爬上去。

午后是一天中最热的时候。这时，设施金属支架的温度已升至近70℃，但武汉欢乐谷游乐设备检修师钟师傅，似乎早已习惯了这份"烫手"的工作。到了例行顶部巡检，钟师傅戴上厚厚的劳保手套，腰间系上安全带，就开始爬梯。

"数十米的高度，爬梯并不是那么的宽敞，再烫的栏杆也得抓紧啊。"钟师傅从事游乐设备维修工作已有10多年，长年累月的检修作业，使得手中早已布满老茧，胳膊、腿上晒出明显的"黑白分界线"。"最难受的环节就是夏季检修，因为维修大部分时间在室外，有的需要爬高。尤其是高温下，太阳直晒到身上，还需要穿戴完整的劳保用品，爬几步就满身汗。"钟师傅说。

像太阳神车这样的游乐设施，运行期间是每2小时巡检一次，高温季节也不例外，甚至更多。每次巡检至少持续十余分钟，需要检查顶部驱动电机和减速机、机械结构、电气元件、座椅安全束缚装置以及相关附属设施等是否工作正常。游乐设备分为日检、周检、月检和年检。根据不同的检修工单检修的任务不一样，确保设备的安全稳定运行，夏季对设备的检修频次及预防检修会更多。

完成一台设备巡检工作后,钟师傅并未结束工作,而是喝下一整瓶水后继续巡检下一台设备。园区60多名维修技师,分片区负责,轮流值班监护设备的安全巡检运行,每日最长工作时间达10小时,时刻观察辖区设备运行状态。"选择这份工作,就得担起保障游客安全的责任。"钟师傅说。

二、泳池救生员——烈日下一坐数小时

酷热天气,很多武汉市民选择来到玛雅水公园游泳消暑。

在玛雅海滩造浪池深水区中央,9个救生椅救生员分别坐在既定的高台上,负责10米半径内的水域安全。

"暑期,来玩水的小孩子多。造浪池最深区水深有1.7米,若是10岁以下的孩子,身高不够,可能发生溺水。"造浪池救生员吴琼说,前两天,一位8岁的孩子,在寻找家长时误入深水区,扑腾着呛了水。"当时发现后,我立马将救生棒抛入水中,并跳下水将孩子抱了起来。"

扛着这份泳池的"安全守护者"的责任,救生员们即使在高温下,也必须时刻保持警醒。"工作时不能玩手机,也不能发呆,更不能打瞌睡,眼睛必须紧盯水面,碰到游客靠得离深水区近时,得提醒他们往外走。"吴琼坦言,"每到下午时,太阳光强烈,不仅晒得身上发红发烫,盯着水面久了,反射的光也会刺痛眼睛。"

救生椅虽设置有遮阳篷,但能遮阳的范围却也有限,若是太阳斜射而来,身上大半都暴露在阳光直射下。短短半个多月,吴琼全身晒黑,加上长时间的暴晒,身上的皮肤甚至会发痒起皮。"救生椅上是不能空人的,但如果身上晒太干,我会下水泡1分钟,解解暑再上来。"吴琼说。

"玛雅水公园目前设有70余位救生员,主要分布在造浪池和漂流区。有的人需要坐在固定点位,其他人则是在岸边巡逻。大部分都是年轻的小伙,一般人吃不了这个高温苦。"水公园相关负责人介绍,"救生员们需长时间处于户外高温下,即使是身强力壮的小伙子,每隔两小时,也得轮换一次,去荫凉处避暑休息。"

除了得会游泳,救生员上岗前还需要培训学会使用救生设备及专业救助方法,当发现危险时,能第一时间迅速反应、科学处理。

即使辛苦,吴琼还是能找到快乐。"有的小孩子看到我晒得全身发红,会游过来给我泼水,还会跑去岸边给我拿冰水喝,每遇到这样的时候,我都心想,再黑再累,也值。"

(资料来源:湖北日报.泳池救生员——烈日下一坐数小时[EB/OL].(2022-08-01)[2023-12-30]. https://mp.weixin.qq.com/s?__biz=MzA3NzUxNzYzNA==&mid=2696942022&idx=2&sn=a49fc7f5e7f4533ae01ff0e8c4fdb150&chksm=ba6477eb8d13fefcda0c9fa1118918f9f414c249997dea2fbd80bd96b7254a6c8e45fb7c1f7a8&scene=27.)

案例分析

案例1:迪士尼乐园对于游乐设施的管理非常严格,每一个游乐设施都是经过精心设计和测试的,以确保游客的安全和游玩的舒适度。

(1)严格的设计和测试:迪士尼乐园的游乐设施都是经过严格的设计和测试的,包括

设备的安全性、稳定性和性能等。在测试阶段,迪士尼乐园会进行多次的测试和改进,确保设备的正常运行和使用寿命。

(2) 专业的维护团队:迪士尼乐园拥有一支专业的维护团队,负责游乐设施的日常检查、保养和维修工作。维护团队会定期对游乐设施进行检查,包括机械、电气和控制系统等方面,确保设备的正常运行和使用寿命。

(3) 安全保障:迪士尼乐园对于游乐设施的安全性非常重视,所有的游乐设施都是经过严格的安全检测和认证的。在游客游玩之前,迪士尼乐园会进行安全讲解和宣传,确保游客了解设备的安全操作规程和应急处理措施。

(4) 持续改进:迪士尼乐园对于游乐设施的管理并不是一成不变的,而是会根据实际情况进行持续的改进和优化。例如,迪士尼乐园会定期对游乐设施进行升级和改造,提高设备的性能和效率,为游客提供更好的游玩体验。

(5) 多重保护机制:迪士尼乐园的游乐设施都配备了多重保护机制,包括安全带、安全栏杆、限速装置等。这些保护机制可以有效地保护游客的安全,避免意外事故的发生。

案例 2:华侨城主题公园的设施设备管理采用了多种方法,包括设备选型和安装、维护和保养、维修和改造等,为游客提供了安全、舒适的游玩环境。

首先,华侨城主题公园选择了适合自己需求的设施设备,并确保设备的质量和性能符合要求。在安装过程中,他们还采用了专业的安装队伍进行设备的安装和调试,确保设备的安装质量和安全性。

其次,华侨城主题公园制定了设备的安全操作规程,并对员工进行培训,确保设备的安全、稳定运行。他们还定期对设备进行检查、润滑、调整等保养工作,确保设备的正常运行和使用寿命。

此外,他们还针对不同的设施设备制订了不同的维护保养计划,建立设备维修保养档案,记录设备的维修保养情况,提高他们对设施设备维护保养的认识和技能水平,为设备管理提供参考。

讨论:
(1) 从上述两个案例可以发现,主题公园设施设备的管理主要涵盖哪些内容?
(2) 从两个案例中,你学到了什么?请具体说明。

_____
_____
_____
_____

项目实训

请同学们以小组合作的方式,分组完成项目实训。参考迪士尼主题公园,任选一家我国主题公园集团,查阅资料,分析该主题公园设施设备的管理方法、流程与内容,并讨论分析该主题公园集团设施设备管理的亮点是什么?哪些设施设备管理的方式可以推广应用?将收集到的成果以PPT的形式呈现,并在班级中分小组进行汇报与讨论。

主题公园集团：_____

集团设施设备管理方法：_____
_____
_____

集团设施设备管理流程：_____
_____
_____

集团设施设备管理内容：_____
_____
_____
_____

集团设施设备管理亮点：_____
_____
_____

可推广的设施设备管理方式：_____
_____
_____

自我评价与思考

班级：_____ 组名：_____ 姓名：_____

评分项目	比重/%	分数	评分人	评 分 标 准
自我评价	20		自己	根据自己在实训过程中的表现和收获进行评分
参与度	30		组长	根据出勤、提问、回答问题、讨论等对实训项目的参与情况进行评分
配合度	20		组员	根据实训调研过程中组员之间的相互配合程度进行评分
报告成绩	30		老师	根据班级公开汇报的情况进行评分
总分				100

总结反思：_____
_____
_____

主题公园财务管理

任务清单

主题公园财务管理项目清单如表6-1所示。

表6-1 项目清单

任 务	知识目标	职业核心能力
了解主题公园财务记录	（1）了解主题公园财务概念与原则； （2）掌握主题公园记账方法； （3）明确主题公园记账原则； （4）理解主题公园财务报表	（1）具备准确记录主题公园资金业务的能力； （2）具备阅读主题公园财务报表的能力
了解主题公园成本管理	（1）理解主题公园成本及分类； （2）掌握主题公园成本控制方法； （3）掌握主题公园成本—效益分析方法	（1）具备分析和监测成本的能力； （2）具备制定和执行成本控制策略能力
了解主题公园投资管理（盈亏平衡投资法）	掌握主题公园投资评估方法	具备评估资本投资计划的能力，以确保投资能够为主题公园带来实际的盈利和业务增长

项目情境

暑期旅游高峰来临，上海迪士尼上调一日票价

暑期来临，主题乐园迎来客流高峰。近日，上海迪士尼度假区（以下简称上海迪士尼）一日票价上调至719元，引发网友热议。

其实，针对此次涨价，2022年12月23日，上海迪士尼曾发布公告，宣布自2023年6月23日起调价："常规日""特别常规日"门票价格为475元、599元；"高峰日"门票价格为719元，涵盖夏季大部分日期、部分中国法定节假日放假和调休期间及其前后部分日期、国际性节日庆祝期间、乐园特别活动日以及其他客流高峰日；"特别高峰日"门票价格为799元，涵盖部分中国法定节假日放假和调休期间、乐园特别活动日以及夏季部分日期。许多人对此发表看法。

"迪士尼作为全球知名的主题乐园品牌，此次涨价也是其维护品牌形象、提升服务质量以及保证游客体验感的一部分。"专栏作家黄涛认为，上海迪士尼乐园门票涨价符合当

前主题乐园市场的整体趋势。在当前暑期市场,尤其是假期高峰期,通过门票价格上涨等手段来提供更优质、独特的服务体验是非常普遍的。

在业内人士看来,此次涨价行为可能会限制一部分消费者的选择,尤其是那些预算有限的游客。然而,上海迪士尼的吸引力不仅仅在于价格,更在于其独特的文化氛围、丰富的娱乐项目和一流的服务质量。"因此,只要迪士尼能够保持其独特的品牌价值和优质的服务,其市场竞争力应该不会受到太大影响。"

(资料来源:上海证券报.上海迪士尼否认刻意涨价,主题乐园如何在游客与营收之间做好平衡?[EB/OL].(2024-07-11)[2024-07-11]. https://author.baidu.com/home?from=bjh_article&app_id=1584759871583794.)

请查阅资料并思考:在游客体验与利润增长之间,作为主题乐园应如何平衡?

任务一　了解主题公园财务记录

一、主题公园财务概念

任务卡

小王同学毕业以后想要开设一个微型的室内主题公园,以实现她为社区提供娱乐和娱乐设施的愿望。为了启动这个计划,她筹集了一笔资金,总计20万元。这笔钱主要用于场地租金、购买设备和提前运营所需的支出,比如广告宣传、人员培训等。现在,小王需要了解如何正确记录这笔启动资金。

请就下列问题展开讨论。

(1) 在会计上,这20万元会以什么方式被记录?

(2) 这笔钱代表了她的个人投资还是公司资产?

(3) 她应该如何记录这笔投入?

_____

_____

_____

知识卡

在主题公园财务管理中,财务概念和定义扮演着关键角色。这包括以下核心概念。

(一) 资产

资产是指企业所拥有的资源或权利,其价值可以在未来产生经济利益。在主题公园中,资产的范围是非常广泛的,包括土地、建筑物、游乐设备、景点、室内外装饰、文化艺术品、库存存货等。这些资产形成了主题公园的核心基础和吸引力,直接关系到游客体验和主题公园运营。

(1) 土地和建筑物：主题公园通常建在大片土地上，并包括各种建筑物、场馆和设施。这些资产不仅包括主题公园的核心设施，还可能涉及停车场、行人道、花园、餐饮设施等。

(2) 游乐设备和景点：主题公园最核心的资产，包括各种刺激项目、娱乐设备和游乐场景。例如，过山车、旋转木马、水上乐园、表演舞台等。

(3) 文化艺术品和装饰：可能包括主题公园的特色装饰、雕塑、文化艺术品，这些作品能够增添主题公园的魅力和独特性。

(4) 库存存货：包括主题公园出售的各种商品，如纪念品、食品、饮料等。

这些资产不仅是主题公园的核心，也代表了主题公园的价值和吸引力。有效管理和维护这些资产是确保主题公园长期运营的关键。主题公园管理层需要定期评估和监控公司资产，包括游乐设备、建筑结构、土地和其他设施。了解资产的价值和折旧情况有助于预算规划、维护和更新设施，确保提供给游客的设施和服务持续具有吸引力。

（二）负债

负债代表了主题公园所欠的债务和义务，其种类多种多样，通常被分为两种：流动负债和长期负债。

(1) 流动负债：是指主题公园在一年内需要偿还的债务，如应付账款、短期贷款、工资、租金等。在主题公园运营中，这可能涉及临时性的开支，比如运营成本和季节性人员雇佣。

(2) 长期负债：包括一年以上需要偿还的债务，如长期贷款、债券、租赁合同、退休金责任等。在主题公园方面，还可能包括投资设施和设备的长期贷款。

主题公园可能有各种贷款形式，用于资金的筹集和设施的更新，例如，建筑贷款用于新景点或建筑物的修建；设备贷款用于购买或更新游乐设备；营运贷款用于主题公园的日常经营开支，如维护和人力成本。

负债是主题公园的一种融资方式，有效的负债管理是确保主题公园稳健经营的关键。有组织、合理的负债结构有助于主题公园长期可持续经营。管理团队需要谨慎规划债务，确保承担的负债是可承担的，并且能够通过经营活动偿还，避免财务风险。

（三）所有者权益

所有者权益代表了主题公园的净资产或净值。这包括公司资产减去负债后，剩下属于业主的部分。在财务报表中，所有者权益通常表示为资产减去负债的余额。对于主题公园来说，所有者权益可能包括以下几个方面。

(1) 股东权益：主题公园可能会通过发行股票来筹集资金，股东投入的资本就是一种所有者权益。这代表了股东对主题公园的投资。

(2) 留存收益：是主题公园自业务活动中所获得的盈利，未作为红利分配给股东。这些收益会积累成为公司内部的资金，为未来的运营和扩张提供资金支持。

(3) 资本留存：是指公司自身积累的盈利，用于再投资或者未来项目的开发。

所有者权益在财务报表中扮演着重要的角色，它代表了公司资产减去负债后的净资产，对于评估主题公园的财务健康状况和业务价值至关重要。主题公园需要不断考虑如何增加所有者权益。公司可以通过内部盈利留存、股东投资或再融资等方式来增加所有者权益,以支持和发展未来项目。

这些概念帮助主题公园的财务管理团队评估公司的财务状况,做出决策以确保公司的财务健康。对于投资者、股东和监管机构来说,这些概念也提供了衡量主题公园业务和潜在价值的标准。

实践卡

假设你正在分析一家主题公园的财务报表。给定以下项目,要求将其划分为资产、负债或所有者权益。

(1) 投资者的股权:主题公园的部分所有权属于投资者,他们投资了资金用于购买景点、设备和维护。

(2) 银行贷款:主题公园借贷了一定金额的资金,用于新景点的建设和现有设施的更新和改进。

(3) 现金储备:主题公园保持一定金额的现金用于日常运营、支付员工工资以及其他费用。

(4) 土地和建筑物:主题公园所占据的土地和建筑物是其主要基础,用于建设游乐设施和提供游客服务。

(5) 已预订的季票收入:游客购买的季票,尽管服务还未提供,但已支付了费用。

问题:将上述情境中的每项内容归类为资产、负债或所有者权益,并对每项归类进行解释,说明为何属于该类别。

_____
_____
_____

二、主题公园记账方法

任务卡

某个主题公园在运营过程中,需要记录大量的财务交易,包括门票销售、商品销售、餐饮服务、购买娱乐设备、发放员工工资等方面的收入和支出。该主题公园的会计部门应该如何来记录这些交易?

(1) 该主题公园当年取得门票销售、商品销售、餐饮服务等收入分别是500万元、300万元、100万元,该主题公园应该怎么记录这些收入?

(2) 该主题公园当年新建一项娱乐设备,支付给建设方1000万元;每月给员工发放工资80万元,该主题公园应该怎么记录这些支出?

(3) 由于该主题公园资金不足,当年新建娱乐设备的资金是从某商业银行借入的,该主题公园应该怎么记录这笔借款?

知识卡

会计基础知识是财务管理中不可或缺的组成部分,会计基础知识在主题公园中的应用主要表现在以下几个方面。

(一)借贷记账法则

借贷记账法则是会计学中的一项基本原则,用于记录财务交易对账户的影响。这一原则强调对财务交易进行正确的记账方式,以保证资产、负债和所有者权益的准确表达。

根据借贷记账法则,资产增加应记为借方,减少应记为贷方。相反,负债和所有者权益的增加应记为贷方,减少应记为借方。在主题公园中,如购买新设备或进行维护等开支通常被记录为资产的增加,而支出则被记为负债或所有者权益的减少。

(1)购买新设备:当主题公园购买新设备,如新的游乐设施或技术设备时,这笔支出会被记录为资产的增加。这是因为这些设备将为主题公园创造未来收益,因此按照会计规定,这类支出会增加主题公园的资产。根据借贷记账法则,这笔交易将以借方记录(增加资产)。

(2)设施维护支出:若主题公园进行设施的维护、修缮或保养,这笔支出通常被视为维持资产价值而发生的费用,同样会被记录为资产的增加。这些支出也以借方记账,因为这些支出维护了主题公园的基础设施。

假设一家主题公园决定购买一台新的过山车,花费800万元。根据借贷记账法则,这笔交易将记录如下。

资产增加(借方):主题公园的现金账户减少了800万元,因此需要在现金账户中借记800万元。因为购买过山车是一项资产投资,增加了主题公园的总资产。

负债和所有者权益的变化(贷方):购买过山车后,主题公园可能需要支付一笔贷款或使用所有者权益来支付这笔费用。如果主题公园选择使用所有者权益,那么需要在所有者权益账户中贷记800万元。

这个案例说明了借贷记账法则如何确保会计方程式(资产=负债+所有者权益)的平衡。在这个交易中,资产增加了800万元,而负债和所有者权益也增加了800万元,保持了平衡。

借贷记账法则确保了会计记录的准确性和一致性,使公司能够明确了解其资产增减的情况,以及债务和所有者权益的变化。这些原则的遵循有助于主题公园管理层正确把握公司的财务状况,并对未来的决策做出准确的评估。

（二）会计等式在主题公园中的反映

在主题公园的会计实践中，会计等式资产＝负债＋所有者权益反映了资金来源的基本构成。这个等式是会计中的核心原则，它对主题公园的资金来源和运作方式提供了清晰的视角。

主题公园的资产是公司拥有的各种资源，包括土地、建筑物、设施、设备和投资。这些资源是主题公园的财务基础，而资产的总值构成了主题公园的财务实力和核心价值。这些资产的支持来源于两个主要部分，即负债和所有者权益。

（1）负债：主题公园可能通过贷款或其他债务工具获取资金，用以支持扩建、设备购买或其他资产增值计划。这些负债是主题公园筹集运营资金的方式之一。负债反映了公司应付的债务，这些债务可能是长期的也可能是短期的，但都是为了支持公司的运营和发展。

（2）所有者权益：这部分资金则来源于投资者对主题公园的投资。投资者对公司的投资构成了公司的所有者权益，也称为股东权益。主题公园的所有者权益反映了投资者对公司未来收益的期望。

假设主题公园通过发行股票（所有者权益）融资 5000 万元来扩建一个新主题区。这笔交易对会计等式的影响如下。

资产方面（增加）：主题公园获得了 5000 万元的现金，这是一项资产增加。因此，现金账户会增加 5000 万元，作为资产方面的变化。

负债和所有者权益方面（增加）：主题公园的所有者权益账户会增加 5000 万元，代表了由于股票发行而产生的新的所有者权益。

这个例子说明了主题公园通过发行股票筹集资金用于扩建，这种财务交易如何对会计等式产生影响。资产增加了 5000 万元，而负债和所有者权益总额也增加了同样的数额，保持了会计等式的平衡。

会计等式的平衡反映了主题公园的资金来源。当主题公园引入新资产（如新游乐设施）时，这将反映在资产项目上，同时在负债（如贷款）和所有者权益（如投资）项目上体现其资金来源。这种平衡确保了公司的资金来源和资产间的一致性，展示了主题公园的经营和发展资金支持的构成。

通过资产＝负债＋所有者权益等式，可以清晰地了解主题公园运作的资金来源和运营状况。这一概念是财务报告的基础，同时也为管理层和投资者提供了对公司财务健康状况进行洞察的重要途径。

实践卡

某主题公园决定引进一项全新的游乐设施，该项目总成本为 100 万元。公司决定通过如下方式进行资金筹集。

50% 的成本来自现有的资金储备（现金和现有设备出售）。

剩余的 50% 需要通过贷款来筹措。

问题：根据该项目，分析会计等式在此情景下的具体应用。资产、负债和所有者权益是如何表现的?

(1) 在公司债务增加的情况下,会计等式是如何保持平衡的?

(2) 这一决策对公司资产、负债和所有者权益的影响是什么?

_____

_____

_____

三、主题公园记账原则

任务卡

假设你是一家主题公园的财务经理。你发现一些支出和收入记录存在错误,并可能会对财务报告的准确性产生影响。你将如何处理这种情况?

参考思路如下。

(1) 你可以讨论如何确保财务信息的真实性和准确性。

(2) 你可以提出解决方法,并讨论可能出现的财务管理原则问题,以及遵守这些原则对公司意味着什么。

_____

_____

_____

知识卡

主题公园的会计记录原则主要是根据国家会计制度和会计准则等有关制度的要求进行的,其中包括以下几点。

(1) 真实性原则:会计记录必须真实反映主题公园的经济活动,确保数据的准确性和可靠性。

(2) 完整性原则:会计记录必须涵盖主题公园的所有经济活动,包括收入、支出、资产和负债等方面,不得漏记或少记。

(3) 及时性原则:会计记录必须及时记录和反映主题公园的经济活动,不得拖延或提前记录。

(4) 规范性原则:会计记录必须符合国家会计制度和会计准则等有关制度的要求,确保记录的规范性和可比性。

(5) 合法性原则:会计记录必须符合国家法律法规和主题公园内部规章制度的要求,确保记录的合法性和合规性。

此外,对于主题公园这种特殊类型的机构,可能还需要遵循一些特定的会计记录原则。

（一）谨慎性

谨慎性在主题公园的财务管理中非常重要。这一原则要求确保财务报表和信息的真实性，以便在决策制定和外部披露中提供准确和可靠的数据。主题公园经常会遇到的与谨慎性相关的情形如下。

(1) 收入确认：主题公园通常会提前销售门票或季票。在财务上，谨慎性要求公司在服务提供之前不要过度确认这些收入，以免在未来无法提供服务时出现问题。

(2) 准备金的设立：主题公园需要为潜在的风险和未来可能出现的费用做准备，如设立维护设施的基金，以确保设施的长期可持续运行。这种财务预见性保证了主题公园未来的财务稳定。

(3) 资产价值的准确反映：主题公园通常拥有大量的资产，如设备、土地和建筑物。这些资产的价值需要谨慎评估，以反映其真实价值，并及时更新。这有助于确保资产价值的准确性和可靠性。

例如，如果一家主题公园在财务报告中过度确认门票预售收入，这可能导致虚高的收入表现。然而，如果该公司出现无法提供服务的情况，就需要退还部分预付款，可能会导致损失或负面影响。因此，谨慎性原则要求主题公园合理确认收入，并预留适当的准备金以应对潜在风险。

（二）连续性原则

连续性原则要求主题公园的财务报告应该能够持续地、连贯地反映公司的运营状况和前景。例如，一家主题公园可能报告显示连续几年的营收增长、游客数量变化、投资扩张等情况。这种连续性提供了对主题公园长期运营状况的洞察，而非只关注一段时间内的单一数据。

如果一家主题公园报告显示其游客数量在过去五年中稳步增长，这反映了公司的连续性。这种连续增长可能归因于不断改进的游乐设施、吸引人的活动或持续的市场营销活动。而且，这种连贯的数据展示了主题公园的稳定性和发展趋势，使投资者和利益相关者能更好地了解其长期发展情况。

（三）一致性原则

一致性原则要求主题公园在财务报告中使用一致的会计准则和方法。这意味着在一个会计期间内，公司需要持续使用相同的会计政策和计量方法，以保持财务报告的连续性和可比性。如果在不同年度采用不同的会计政策或方法，可能导致财务报告的不一致，使得不同期间的数据难以比较或理解。

举例来说，如果一家主题公园在一个财政年度内采用不同的折旧计算方法，如在一年内使用直线折旧法，而在下一年使用加速折旧法，这将导致资产价值的不一致。这种不一致性可能影响利润和财务状况的准确度，并使不同年度的数据不可比。因此，遵循一致的会计政策和方法，以确保财务报告的一致性和可比性非常重要。

实践卡

某主题公园6月发生以下业务,根据记账原则,下列哪些业务可以在当前确认收入。

(1) 销售商品2000件,每件售价为100元,取得现金收入200000元。

(2) 接待游客5000人,每人门票150元,取得现金收入750000元。

(3) 办理主题公园年卡500张,每张年卡698元,取得现金收入349000元。

_____
_____
_____

四、主题公园财务报表

任务卡

请在证券交易所,查找一些涉及主题公园业务的上市公司财务报告,并分析近几年这些公司的财务状况和收益情况。

_____
_____
_____
_____
_____

知识卡

财务报表是公司用于展示其财务状况和业务表现的关键文件。主题公园的财务报表通常包括以下内容。

（一）资产负债表

资产负债表(或资产和负债表)是企业财务报表的一部分,提供了关于企业财务状况的重要信息。资产负债表一般包括以下内容。

1. 资产部分

资产是公司拥有的资源,按其可用性和将来可能带来的经济利益进行分类。

(1) 流动资产：可以迅速转化为现金或在一年内变现的资产,如现金、应收账款、库存等。主题公园流动资产包括现金、门票销售未清的应收账款和当季的库存(如周边商品、食品库存)。

(2) 固定资产：公司用于长期生产的资产,如土地、建筑、设备等。主题公园的固定资产涵盖主题公园土地、设施、游乐设备、建筑物等。

(3) 无形资产：无形的但具有经济价值的资产,如专利、版权和品牌价值。主题公园的无形资产可以是品牌、版权、特许经营权或专利。

（4）其他资产：不属于以上特定类别的资产。主题公园的其他资产可能是长期投资或待售资产，比如可转让的许可证。

2. 负债和所有者权益部分

负债和所有者权益反映了公司的融资来源，包括以下几方面。

（1）流动负债：预计在一年内需要偿还的负债，如应付账款、短期债务等。主题公园负债包括短期应付款、欠供应商的款项和当前一年内到期的贷款。

（2）长期负债：在一年以上需要偿还的负债，如长期贷款、债券等。主题公园的长期负债可能是长期债务、按揭贷款等。

（3）所有者权益：表示公司归属于所有者的剩余部分，即总资产减去总负债。这是公司的净值。主题公园所有者权益包括代表投资者投入的资本，再加上公司的盈利（或亏损）部分。

资产负债表是企业财务状况的总结。它显示了公司的资产总额、负债总额和所有者权益，并确保了会计平衡，即总资产等于总负债加上所有者权益。这有助于评估公司的偿债能力和资产价值。表6-2为宋城演艺发展股份有限公司资产负债表。

表6-2　宋城演艺发展股份有限公司资产负债表　　　　　　　　　单位：万元

项　　目	2022年	2021年	2020年
流动资产：			
货币资金	232741.71	185874.79	133777.63
交易性金融资产	22522.39	267.09	33521.76
应收账款	96.76	219.76	588.70
预付款项	393.24	950.62	2193.42
其他应收款	1224.17	1019.52	5052.50
存货	1104.43	1252.17	1342.41
其他流动资产	3178.83	11195.06	14864.14
流动资产合计	261261.52	200779.01	191340.56
非流动资产：			
长期股权投资	175721.50	167755.33	153453.96
其他权益工具投资	7715.40	8648.58	22426.66
固定资产	245707.22	269704.60	250875.49
在建工程	38711.10	40473.98	77187.16
使用权资产	45843.65	49381.56	0.00
无形资产	100596.52	171282.42	188003.19
商誉	157.32	157.32	1165.58
长期待摊费用	62649.25	69502.15	32374.12
递延所得税资产	3480.27	2554.34	1848.58
其他非流动资产	189.26	2411.50	858.98
非流动资产合计	680771.48	781871.80	728193.72
资产总计	942033.00	982650.80	919534.28
流动负债：			

续表

项　　目	2022 年	2021 年	2020 年
应付账款	32742.21	48195.13	37247.65
预收款项	1400.11	814.30	1288.87
合同负债	12333.09	8775.43	18855.02
应付职工薪酬	1746.88	1989.15	1881.78
应交税费	1722.07	3699.72	1986.98
其他应付款	4872.52	7286.97	6515.00
一年内到期的非流动负债	29654.42	3685.07	1242.67
其他流动负债	629.97	341.91	351.39
流动负债合计	85101.26	74787.67	69369.36
非流动负债：			
长期借款	0.00	27000.00	28200.00
租赁负债	34708.60	37177.22	0.00
递延收益	38949.57	38793.09	38761.99
递延所得税负债	7.19	9371.81	9676.92
非流动负债合计	73665.36	112342.11	76638.91
负债合计	158766.62	187129.78	146008.27
所有者权益：			
股本	261469.40	261469.40	261469.40
资本公积	121680.95	125003.61	121136.42
其他综合收益	-8283.72	-15129.76	-6332.51
盈余公积	56861.18	53372.38	51767.33
未分配利润	323189.75	339761.44	313188.10
少数股东权益	28348.81	31043.94	32297.27
所有者权益合计	783266.39	795521.02	773526.02
负债和所有者权益总计	942033.00	982650.80	919534.28

（二）利润表

利润表呈现了主题公园的收入和支出情况。它包括营业收入（如门票销售、商品销售等）以及相关成本和费用（如工资、运营成本、维护支出等），如表 6-3 所示。最终，净利润（或净亏损）是总收入减去总成本后的余额。

表 6-3　宋城演艺发展股份有限公司利润表　　　　　　单位：元

项　　目	2022 年	2021 年	2020 年
营业总收入	4.578 亿	11.85 亿	9.026 亿
营业收入	4.578 亿	11.85 亿	9.026 亿
营业总成本	6.614 亿	9.646 亿	7.410 亿
营业成本	2.283 亿	5.796 亿	3.527 亿
税金及附加	2751 万	2237 万	1193 万
销售费用	2231 万	6618 万	6365 万
管理费用	3.919 亿	2.562 亿	2.881 亿

续表

项　　目	2022年	2021年	2020年
研发费用	1857万	4118万	3749万
财务费用	−2720万	−95.46万	−1284万
其中：利息费用	3162万	3279万	782.3万
利息收入	5086万	2729万	3257万
资产减值损失	—	—	—
加：公允价值变动收益	−249.1万	−1210万	24.77万
投资收益	1.874亿	1.818亿	1401万
其中：对联营企业和合营企业的投资收益	1.382亿	1.039亿	−535.7万
资产处置收益	213.0万	451.3万	67.64万
资产减值损失	—	−1008万	−18.78亿
信用减值损失	−73.66万	−1658万	−3274万
其他收益	947.5万	456.1万	3457万
营业利润	−779.4万	3.725亿	−16.99亿
加：营业外收入	286.5万	609.1万	324.2万
减：营业外支出	891.1万	3471万	4101万
利润总额	−1384万	3.438亿	−17.37亿
减：所得税	348.2万	4125万	2984万
净利润	−1732万	3.026亿	−17.67亿

1．收入

(1) 门票销售收入是主题公园的核心收入来源。

(2) 食品和商品销售也是一个重要的收入来源。

(3) 特许权使用费：如果主题公园有授权其他实体使用其知识产权(如角色形象、游戏内容等)可能会有收入。

(4) 其他收入，比如特殊活动门票收入、季节性活动收入等。

2．成本和费用

(1) 经营成本：包括人工成本、设备维护、材料采购和各类开支。

(2) 管理和行政费用：包括管理人员工资、办公用品支出、推广费用等。

(3) 折旧和摊销费用：固定资产价值的年度减少。

(4) 利息支出：如果有贷款,可能会涉及利息支出。

(5) 税收：需要缴纳的税金。

(三) 现金流量表

现金流量表是记录了特定时间内企业的现金流动情况(表6-4)。它细致地分析了公司的现金来源以及现金支出,将这些现金流动分为经营、投资和筹资三个活动类别。这种报表有助于管理者了解企业的现金状况,包括现金的产生、运用和流向,以便更好地进行财务规划和决策。

表 6-4　宋城演艺发展股份有限公司现金流量表　　　　　　　单位：元

项　　目	2022 年	2021 年	2020 年
经营活动产生的现金流量	—	—	—
销售商品、提供劳务收到的现金	5.201 亿	11.33 亿	8.078 亿
收到的税收返还	9335 万	3442 万	3218 万
收到其他与经营活动有关的现金	8555 万	2.279 亿	1.038 亿
经营活动现金流入小计	6.990 亿	13.95 亿	9.438 亿
购买商品、接受劳务支付的现金	5719 万	1.851 亿	1.449 亿
支付给职工以及为职工支付的现金	1.451 亿	2.251 亿	1.831 亿
支付的各项税费	7606 万	9237 万	6469 万
支付其他与经营活动有关的现金	8875 万	1.421 亿	1.571 亿
经营活动现金流出小计	3.671 亿	6.447 亿	5.498 亿
经营活动产生的现金流量净额	3.320 亿	7.505 亿	3.939 亿
投资活动产生的现金流量	—	—	—
收回投资收到的现金	9.423 亿	14.49 亿	13.50 亿
取得投资收益收到的现金	1400 万		
处置固定资产、无形资产和其他长期资产收回的现金净额	161.3 万	883.2 万	213.6 万
处置子公司及其他营业单位收到的现金	7.219 亿	1.091 亿	—
投资活动现金流入小计	16.80 亿	15.67 亿	13.52 亿
购置固定资产、无形资产和其他长期资产支付的现金	2.457 亿	6.938 亿	10.18 亿
投资支付的现金	11.25 亿	9.100 亿	8.973 亿
取得子公司及其他营业单位支付的现金净额	—	—	3.778 亿
支付其他与投资活动有关的现金	—	—	—
投资活动现金流出小计	13.71 亿	16.04 亿	22.93 亿
投资活动产生的现金流量净额	3.092 亿	−3656 万	−9.41 亿
筹资活动产生的现金流量	—	—	—
吸收投资收到的现金	2882	—	1.2 亿
其中：子公司吸收少数股东投资收到的现金	2882	—	1.2 亿
取得借款收到的现金			3 亿
筹资活动现金流入小计	2882	—	4.2 亿
偿还债务所支付的现金	1200 万	1200 万	600 万
分配股利、利润或偿付利息支付的现金	1.439 亿	1.447 亿	3.009 亿
其中：子公司支付给少数股东的股利、利润	—	—	300 万
支付的其他与筹资活动有关的现金	3974 万	3953 万	—
筹资活动现金流出小计	1.956 亿	1.962 亿	3.069 亿
筹资活动产生的现金流量净额	−1.956 亿	−1.962 亿	1.131 亿
汇率变动对现金及现金等价物的影响	1612 万	326.0 万	−995.6 万
现金及现金等价物净增加额	4.616 亿	5.210 亿	−4.439 亿
加：期初现金及现金等价物余额	18.59 亿	13.38 亿	17.82 亿
期末现金及现金等价物余额	23.20 亿	18.59 亿	13.38 亿

1. 经营活动现金流

经营活动现金流包括与主题公园日常运营相关的现金交易,如门票销售、商品销售所带来的现金收入,以及支付供应商、员工薪资等的现金支出。具体包括以下两方面。

(1) 现金收入来源:门票销售、商品销售(如纪念品、食品、饮料等)、服务收入(如特殊活动、租赁服务等)。

(2) 现金支出:供应商付款(购买商品和服务)、工资和薪金支出、营运成本(如设备维护、清洁、保安等)。

2. 投资活动现金流

投资活动现金流记录了主题公园投资活动所涉及的现金流动,如购置新游乐设备、建设新景点等的现金支出,以及出售资产或投资所带来的现金收入。具体包括以下两方面。

(1) 现金支出:购置资产和设备,如购买新的游乐设备、建筑或其他设施,以提升或更新主题公园的景点和设备。投资新项目,用于主题公园新项目或景点的资金投入,如新增加的特色游乐项目或景观。

(2) 现金收入:出售资产或投资,如出售旧设备、部分资产或取消先前的投资。

3. 筹资活动现金流

筹资活动现金流包括主题公园通过融资活动所产生的现金流动,比如贷款、发行股票等带来的现金收入,以及偿还债务或支付股利等的现金支出。具体包括以下两方面。

(1) 现金收入:融资是主题公园从发行股票、债券或其他证券融资中获得的现金收入。借款包括主题公园从银行或其他贷款方处获得的借款。

(2) 现金支出:偿还债务,主题公园偿还贷款或偿还发行的债券所支付的现金。支付股息,如果主题公园分红,支付给股东的现金。

实践卡

(1) 假设某主题公园的资产负债表显示其流动资产包括1000万元现金、100万元应收款和300万元库存。固定资产部分包括5000万元的土地、8000万元的设施和2000万元的设备。其无形资产为1500万元的品牌价值。负债方面,它有200万元的应付款和1000万元的长期债务。所有者权益为18000万元。

请说明该主题公园资产负债表是否正确?

(2) 某主题公园的利润表显示其营业收入为20000万元,其中门票销售收入为15000万元,食品和商品销售收入为4000万元,特许权使用费为1000万元。总成本和费用为16000万元,其中经营成本是10000万元,管理费用为2000万元,折旧费用为1500万元,利息支出为500万元,税收为1000万元。

请计算主题公园当年的利润。

(3) 一家主题公园在一季度的经营活动中收到来自门票销售的现金为500万元,支付给供应商和员工的现金支出为200万元。在同一季度,该公园进行了新游乐设备的投资,支出了300万元。同时,他们通过发行股票筹资了200万元。

请计算主题公园当年的现金流量。

任务二　了解主题公园成本管理

一、主题公园成本及分类

任务卡

假设你是一家主题公园的管理实习生,你的任务是帮助公园改进运营效率。
(1) 请你说明主题公园在建设、运营过程中会发生哪些成本。
(2) 请你分析上述成本与游客数量和消费行为的关系,哪些成本是固定的,哪些是可变的。

知识卡

主题公园的成本包括多个方面,如建设成本、运营成本、人工成本、维护成本等。
(1) 建设成本是指在主题公园建设过程中产生的费用,包括土地购置费、建筑安装工程费、设备购置费、绿化工程费等。
(2) 运营成本是指在主题公园运营过程中产生的费用,包括能源费用、维护费用、保险费用、管理费用等。
(3) 人工成本是指在主题公园工作的人员的费用,包括工资、福利、社保等。
(4) 维护成本是指为了保持主题公园设施的正常运转和更新改造所需的费用。

主题公园的成本分类可以根据不同的标准进行划分。一种常见的分类方式是将其分为直接成本和间接成本。
(1) 直接原材料成本:这是用于生产或提供服务的原材料的成本。例如,在主题公园,直接原材料可能包括用于建造游乐设备的钢铁和塑料,用于食品制作的食材等。成本会计通过准确记录这些成本,有助于计算每个项目或产品的直接成本。
(2) 直接人工成本:这是直接参与生产或服务的人员的成本。在主题公园,包括游乐设备的组装工人、园区维护人员或表演者的工资。成本会计追踪这些成本有助于确定特定项目或服务的人工成本。

(3)间接成本：这是间接于特定项目或服务的成本,但对整体运营至关重要。

在主题公园中,间接费用可能包括园区管理人员的工资、公用事业费用、设备折旧、广告费用、保险费用、维护费用等。

另一种常见的分类方式是将其分为固定成本和变动成本。固定成本是与生产量无关的成本,如租金、折旧等;变动成本则与生产量成比例,如原材料成本、直接劳动成本等。

(1)固定成本：成本在短期内通常保持恒定,不随生产量的变化而变化。在主题公园管理中,租金、折旧费用、管理固定工资、固定设备维护成本等通常被视为固定成本。无论主题公园每天接待多少游客,这些成本保持基本稳定。

(2)变动成本：成本是直接与产品或服务的产出数量成比例的。在主题公园中,直接原材料成本、直接劳动成本和一些运营费用(如水电费、食品原料费用)通常被视为变动成本。随着游客数量和服务提供的增加,这些成本也相应增加。

例如,某主题公园新推出一个游乐设备,每月固定的租金、薪资支出、折旧和维护费用是 800000 元。每 1000 张门票包含的门票印刷费用等和食品供应成本是 150000 元。

当主题公园售出 1000 张门票：固定成本依然是 800000 元;变动成本是 150000 元。

假设主题公园增加售出门票至 2000 张：固定成本仍然是 800000 元。

变动成本也会增加,假设它是线性关系,所以成本也会翻倍至 300000 元。

此外,根据主题公园的运营特点,还可以将其分为运营成本和投资成本。运营成本是指在日常运营中产生的各种费用,包括人工成本、物资消耗、设备维护等。投资成本则是指为了取得主题公园的长期发展而投入的资金,包括主题公园的建设成本、设备购置费用等。

二、主题公园成本控制

任务卡

某主题公园新开发了一个游乐项目,销售经理、财务经理正在研究如何确定新游乐项目的销售价格。如果你是财务经理,你会考虑哪些因素,确定销售价格?
_____
_____
_____

知识卡

(一)成本控制

成本控制在主题公园管理中至关重要。管理层可以实施有效的成本控制措施,以确保成本的合理管理和降低浪费,同时提高效率和盈利。成本控制的主要方法如下。

(1) 精细预算和成本核算。主题公园可以通过详细预算和实际成本核算的比较来管理成本。例如,预算中设定各项支出的标准,包括人工成本、材料费用等,然后对实际支出进行定期核对。若发现实际支出偏离预算,管理层可对支出进行分析,找出原因并采取控制措施。

(2) 寻找效率提升的机会。成本分析可以帮助主题公园识别哪些环节存在浪费或低效率。例如,发现某项设备的维护成本相对较高,而实际使用率并不高,管理层可以决定是否进行更频繁的维护还是替换更节能和效率更高的设备。

(3) 成本效益分析。针对新投资或推出新项目,成本会计有助于进行成本效益分析。管理层可以评估新项目或活动的成本、预期的收益和风险,以决定是否值得进行。

假设一个主题公园正在实施成本控制策略以降低运营成本。根据他们的财务报告,去年主题公园的总运营成本为500万元。管理层针对减少人工成本和节省材料支出设立了以下目标:降低10%的人工成本和15%的材料支出。

主题公园可以采用以下措施实施成本控制。

(1) 优化人力资源利用:通过排班管理软件优化员工排班,以避免过度加班和资源浪费。此外,对于一些高消耗的设备,进行保养以减少故障次数,从而节省维修人工和材料成本。

(2) 采购与材料使用的优化:主题公园重新谈判某些供应商的价格,降低了材料的采购成本。另外也采取了环保措施,降低了能源和材料的使用量。

在年度评估中,主题公园成功地降低了人工成本11%和材料支出16%。这些节约带来了大约70万元的运营成本节省。

(二) 产品定价

成本数据对定价策略制定起到关键作用。通过了解每个项目或服务的成本,主题公园可以制定合理的价格,以平衡盈利和游客吸引。

某主题公园推出了一项新的水上游乐项目。成本数据显示如下。

(1) 直接成本:为了建立这个新项目,主题公园支出了50万元的设备成本和40万元的工作人员费用。

(2) 间接费用:除了直接成本,该项目还需要运营成本、维护费用和推广支出,合计30万元。

(3) 总成本为直接成本与间接费用之和,即50万元+40万元+30万元=120万元。

基于成本数据,主题公园需要设定合适的价格以平衡投入成本和盈利。假设他们预计该项目会吸引15000名游客。此时,他们希望覆盖成本并获得一定利润,因此通过分摊成本到游客数量上得出,每位游客需要支付80元(120万元÷15000人)。

这一定价策略基于成本会计数据,有助于主题公园制定一个合理的价格,既能吸引游客参与项目,又能保障盈利。

(三)成本—效益分析

成本—效益分析用于比较投资成本与预期效益,以确定投资方案的实际价值和可行性。

一家主题公园正在考虑投资一个新的游乐项目,预计总成本为3000万元。新游乐项目预计每年将吸引10000名游客,每位游客花费200元。新游乐项目预计每年增运营成本和维护成本为400万元。

成本—效益分析计算如下。

预期年收入:50000名游客×200元=1000万元

净收益:年收入-运营和维护成本=1000万元-400万元=600万元

投资回收期:3000万元的投资成本÷600元万净收益 =5年

该主题公园项目的成本—效益分析显示,投资在新项目上,可以在大约5年内收回投资成本,并且在之后的运营中带来净正收益。

任务三 了解主题公园投资管理（盈亏平衡投资法）

任务卡

某地拟开发一个主题公园项目,如果你是财务总监,你将从哪些方面分析该项目是否可行? 有没有合适的判定方法? 请举例说明。

_____
_____
_____
_____

知识卡

一、盈亏平衡分析法

主题公园的投资估算通常以盈亏平衡法为基础,通过关键指标的控制测算主题公园的合理投资区间。尽管主题公园有不同的类型,但都具有相对稳定的回报期,每个主题公园投资又预设了相应的投资期,这决定了在具体案例中,主题公园合理的投资区间并不是很宽泛。每个投资企业对主题公园的投资动机可能不同,预期也可能不同。但是对每个企业来说,达到财务盈亏平衡点是最基本的经营业绩要求。综合而言,主题公园的合理投资应该限定在能够维持自身盈亏平衡这一基础上,可用函数表示为

$$P = F[EB(V), C(V)] \geq 0$$

其中，P 代表企业利润，是经营绩效的核心指标，是主题公园的营业收入 R 和成本 C 的函数，是游客量 V 的隐函数。游客量 V 是收入函数 R 和成本函数 C 的变量。主题公园的营业收入 R 要依靠门票收入，与游客流正相关。主题公园一次性投入大，经营成本中固定成本占了绝大部分，这部分成本并不会随着游客量的增加而变化。游客量 V 受到主题公园内部和外部因素的干扰而波动，可用函数表示为

$$V = G(D)$$

其中，D 是影响游客量的各种干扰因素。所以 V 和 D 都是经营绩效函数 P 的变量。

主题公园经营中固定成本占的比例很高，只要开门营业，不论游客量的多少，人工、能源消耗、日常费用、市场营销及折旧等各项成本都得发生。除了能源、人工等费用会随游客量变化外，其他成本基本不变。

在主题公园经营过程中的成本可分为付现成本（运营成本）和非付现成本（折旧、摊销）两部分，对应地存在两个关乎企业运转对游客量要求的阈值，一个阈值使企业的净现金流为正，成为下阈值，用 V_1 表示；一个阈值使企业的盈利为正，成为上阈值，用 V_2 表示。游客量必须保持在 V_2 以上主题公园才能达到盈利水平。

主题公园在经营过程中有门票、商品、餐饮、服务、租赁等收入。因此可以把主题公园营业收入分解为门票收入 R_1 和其他收入 R_2 两部分。

$$R = R_1 + R_2$$

主题公园在经营过程中有人工、营销、能源、日常费用、商品采购、财务费用、折旧的成本。按照现金流支付来划分，人工、营销、能源、日常费用、商品采购、财务费用等为付现成本，也成为运营成本（C_1），企业必须当期支付来维持正常运转，而这些成本一般会随着游客量的增加而增加。而折旧、摊销等为非付现成本（C_2），一般不会随着游客量变化。因此经营成本可以表示为

$$C = C_1 + C_2$$

假设 P 代表主题公园企业经营利润，M 代表净现金流，则有

$$P = R(V) - C(V)$$
$$M = R(V) - C_1(V)$$

图 6-1 所示是主题公园游客量与收益关系的模型，横坐标表示游客量，纵坐标表示收入和成本。R 是总收入线，与游客量程正比。C 是总成本线，C_1 是运营成本线。

从图 6-1 可以看出：当游客量处于 V_2 时，此时收入线与成本线相交于 D 点，此时 $P=0$，收支平衡，企业处于盈亏平衡点。当 $V > V_2$ 的时候，$P > 0$，主题公园生产经营产生利润。在这个状态下，企业有能力安排资金对主题公园再投入，进行更新改造和产品提升，实现企业可持续发展。

当游客量处于 V_1 时，此时收入线与成本线 C_1 相交于 A 点，此时 $M=0$，所以 A 点为现金流平衡点。当 $V < V_1$ 时，$M < 0$，净现金流为负数，主题公园不能正常运行。

当游客量处 V_1 与 V_2 之间时，此时 $P < 0$，主题公园经营处在亏损状态（$\triangle ABD$ 为亏损区）。不过由于主题公园此时的现金流为正（$\triangle ADE$ 为净现金流），企业仍然能维持运行。但是这种状态下主题公园难以安排足够的资金进行产品改造，或者开展大规模营销活动。

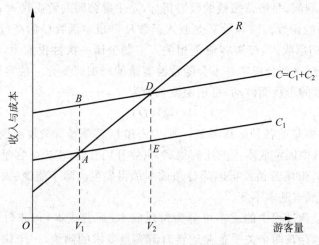

图 6-1 主题公园游客量与收益模型

由此可以得出：V_1 是维持主题公园开门营业的最基本游客量阈值。V_2 是维持主题公园可持续发展的游客量阈值。

二、盈亏平衡投资模拟

假设某主题公园项目总投资 30 亿元，用于主题公园固定资产投资，假设固定资产折旧期为 10 年，年折旧摊销为 3 亿元。同时该主题公园每年的项目改造费用为 0.1 亿元，财务费用为 0.05 亿元。其他经营收入包括餐饮、商品和租赁，占标准门票收入的 20%；考虑营销费用，实际门票收入占标准门票收入的 80%；运营成本占营业收入的 50%。

该主题公园固定资产投资 30 亿元。

$$总成本(C) = 运营成本(C_1) + 固定成本(C_2)$$

其中，运营成本(C_1)占营业收入的 50%，固定成本(C_2)为每年 3.15 亿元。根据前文的盈亏平衡模型，可以得到投资可行性的估算结果(表 6-5)。

表 6-5 主题公园项目投资运营的可行性分析

项目	估 计 值								
游客量/万人	200	200	200	300	300	300	400	400	400
标准门票/元	200	250	300	200	250	300	200	250	300
实际门票/元	160	200	240	160	200	240	160	200	240
其他经营收入/元	40	50	60	40	50	60	40	50	60
人均消费/元	200	250	300	200	250	300	200	250	300
合计/万元	40000	50000	60000	60000	75000	90000	80000	100000	120000
运营成本/万元	20000	25000	30000	30000	37500	45000	40000	50000	60000
现金流/万元	20000	25000	30000	30000	37500	45000	40000	50000	60000
固定成本/万元	31500	31500	31500	31500	31500	31500	31500	31500	31500
税前净收益/万元	-11500	-6500	-1500	-1500	6000	13500	8500	18500	28500

根据表 6-5 的估计值，可以进一步推算各种门票价格水平下的阈值。假设主题公园的潜在游客对主题公园门票价格不敏感。估计各种门票价格水平下该主题公园正常运营所需要的游客量，如表 6-6 所示。

表 6-6 基于门票价格的游客阈值计算值

项目	估计值									
标准门票/元	60	90	120	150	180	210	240	270	300	330
实际门票/元	48	72	96	120	144	168	192	216	240	264
其他经营收入/元	12	18	24	30	36	42	48	54	60	66
人均消费/元	60	90	120	150	180	210	240	270	300	330
固定成本/万元	31500	31500	31500	31500	31500	31500	31500	31500	31500	31500
游客量阈值/万人	1050	700	525	420	350	300	263	233	210	191

根据阈值的公式：

$$V = \frac{总成本}{人均消费}$$

按照上述条件，标准门票为 150 元时，需要 420 万游客该主题公园才能达到盈亏平衡。如果标准门票为 300 元时，需要 210 万游客该主题公园才能达到盈亏平衡。

实践卡

假设某主题公园项目总投资 10 亿元，用于主题公园固定资产投资，假设固定资产折旧期为 10 年，年折旧摊销为 1 亿元。同时该主题公园每年的固定成本为 1000 万元。其他经营收入包括餐饮、商品和租赁收入，占标准门票收入的 20%；考虑营销费用，实际门票收入占标准门票收入的 80%；运营成本占营业收入的 50%。

请分析该主题公园的盈亏平衡点。

思政园地

威海华夏城"两山"转化实践

威海市华夏城景区位于里口山脉南端的龙山区域，曾绿树成荫，风光秀丽，生态环境良好。在 20 世纪 50 年代，生态环保的理念尚未建立，为了发展集体经济，龙山上建起了养蚕场，植被遭到不同程度破坏。随着城市建设步伐的加快，20 世纪 70 年代末，因龙山区域距离市区相对偏远，成了建筑石材集中开采区，30 多年间先后入驻了 26 家采石企业导致方圆 16.28 平方千米的龙山区域采石矿坑多达 44 个，被毁山体 3767 亩，森林植被损毁、粉尘和噪声污染、水土流失、地质灾害等问题突出，导致周边村民无法进行正常的生产生活，区域自然生态系统退化和受损严重。

2003年开始,威海市采取"政府引导、企业参与、多资本融合"的模式,对龙山区域开展生态修复治理,克服了山体破损严重、修复难度大,社会对封矿修山不理解,采矿主的阻挠和恐吓,以及企业效益远不能满足修山巨额投资等种种困难。华夏集团先后投资51.6亿元,坚持走生态修复治理与文化旅游产业相结合的路子,依托修复后的自然生态系统和地形地势,打造不同形态的文化旅游产品,促进绿水青山向金山银山的转化。有在矿坑里打造长172米、宽93米的国家人民防空教育基地,矿坑上面生态绿化;有依据山势建造的集中展示胶东民俗特色的夏园;尤其是为了推动文化事业和文化产业发展,在长210米、宽171米的矿坑,创新打造360度旋转行走式的室外演艺《神游传奇》秀,集中展现华夏五千年文明和民族精神,开创了自然景观与人文景观相结合的实景演艺先河;以及在矿坑上建设了1.6万平方米的生态文明展馆,采用"新奇特"技术手段,将观展与体验相结合,集中展现华夏城的生态修复过程和成效,让游客身临其境、亲身感受"绿水青山就是金山银山"的理念。

经过十几年忠于初心、攻坚克难的接续努力,将龙山区域的矿坑废墟转变为生态良好、风光旖旎的5A级景区,带动了周边村庄和社区的繁荣发展,实现了生态效益、经济效益和社会效益的良性循环。2018年6月12日,习近平总书记考察华夏城景区,对华夏集团利用生态修复变矿坑废墟为绿水青山,又发展文旅产业将绿水青山变金山银山,带动周边村民就业致富的做法,给予充分的肯定。

(资料来源:澎湃政务."两山"实践创新基地:威海华夏城"两山"转化实践[EB/OL].(2020-12-03)[2023-12-30].https://m.thepaper.cn/baijiahao_10247628.)

项目实训

分组完成实训任务。请查阅资料,了解华侨城、宋城演艺、华强方特等公司的财务报告资料,分析上述公司的资产状况、盈利能力、现金流以及未来盈利情况。

主题公园:_____

资产状况:_____
_____
_____

盈利状况:_____
_____
_____

现金流状况:_____
_____
_____

未来盈利状况:_____
_____
_____

自我评价与思考

班级：_____ 组名：_____ 姓名：_____

评分项目	比重/%	分数	评分人	评 分 标 准
自我评价	20		自己	根据自己在实训过程中的表现和收获进行评分
参与度	30		组长	根据出勤、提问、回答问题、讨论等对实训项目的参与情况进行评分
配合度	20		组员	根据实训调研过程中组员之间的相互配合程度进行评分
报告成绩	30		老师	根据班级公开汇报的情况进行评分
总分				100

总结反思：
_____
_____

项目七

主题公园市场营销管理

项目清单

主题公园市场营销管理项目清单如表 7-1 所示。

表 7-1 项目清单

任 务	知 识 目 标	职业核心能力
了解主题公园市场营销	(1) 了解市场营销概念； (2) 了解市场营销观念的变迁； (3) 学会评价主题公园市场规模和价值	(1) 具备对市场营销观念演变的了解，能够分析当前市场营销趋势并适应不断变化的市场环境； (2) 能够应对市场营销理念的变迁，灵活应用新技术和策略，适时进行调整和创新
认识主题公园市场分析与目标市场	(1) 了解主题公园市场调查方法； (2) 掌握主题公园目标市场的确定与细分	(1) 能够理解并运用多种市场调查方法，以收集关于主题公园行业和受众需求的数据； (2) 具备确定主题公园目标市场并对其进行细分的能力
学会主题公园产品和服务管理	(1) 掌握主题公园产品与体验设计； (2) 学会主题公园门票定价与产品包装策略	(1) 掌握主题公园产品设计的专业知识，了解游客体验和情感参与在产品设计中的重要性； (2) 能够制定合理的门票价格策略，理解定价的影响因素
掌握主题公园促销与广告	(1) 了解主题公园品牌建设与定位策略； (2) 掌握主题公园传媒广告与促销活动； (3) 学会主题公园数字市场营销与社交媒体策略	(1) 具备建立和塑造主题公园品牌形象的能力； (2) 掌握传媒广告的策略和技巧，能够设计和执行有效的促销活动； (3) 了解数字市场营销的策略和工具，具备在社交媒体平台上推广主题公园的能力

项目情境

2023年7月1日，重庆欢乐谷HVE电音节正式开幕(图7-1)，今年的电音节带着泼水元素回归，激情的音乐、实力的歌手、炫彩的舞美、刺激的泼水大战，邀请游客前来打卡。

7月1日晚，电音节正式拉开帷幕，酷炫科技感舞台、专业3D环绕音响、高阶光影设

图 7-1　重庆欢乐谷 HVE 电音节开幕

备,为游客带来专业的视听效果。电音派对将持续 58 天,期间,人气实力歌手与音乐组合将相继登台献唱。

据悉,从 7 月起,欢乐谷和玛雅海滩水公园每天都将开放夜场,水陆双园大喇叭、双龙过山车、大摆锤、跳楼机等超 50 个明星游乐项目可在夜场体验。

2023 年,重庆欢乐谷玛雅海滩进行了多项新升级。亲子戏水区带来更大的戏水面积,同时还优化了游客游玩动线、美化设备外观,让爸爸妈妈们带小朋友也能放心游玩,体验亲子欢乐戏水时光。同时为迎接即将到来的高温天气,玛雅海滩新增了覆盖全园的雾森降温系统,冰爽十足。

在重庆欢乐谷,不仅特别打造了夏日清凉夜集市。知名动画 IP 超级飞侠首部大电影《超级飞侠：乐迪加速》,于 7 月 2 日在重庆欢乐谷超级飞侠训练营内举办全球首映,小朋友们喜爱的乐迪、小爱、酷飞、多多等动漫人物都将和大家见面。超级飞侠训练营作为全球首个超级飞侠实景主题区,自开放以来,深受小朋友的喜爱。园内 1∶1 逼真还原了动画片真实场景,是一座集"游、娱、演、购"等多元游乐于一体的童趣世界。在这里,三大王牌项目:全国首台 IP 主题六自由度动感平台影院《乐迪山城追击》、超大室外儿童攀爬项目《多多攀爬营地》、西南超长空中单轨列车《超级飞侠巡航》一定不能错过。

(资料来源:重庆欢乐谷.白天晚上都好玩 重庆欢乐谷 HVE 电音节启幕[EB/OL].(2023-07-03)[2023-12-28].http://www.cq.xinhuanet.com/20230702/52ce8943e85049bc8244b000f27aa84b/c.html.)

请查阅资料,深入探讨主题公园如何利用电音节及超级 IP 来推广和市场营销,以及探讨电音节及超级 IP 对主题公园的影响。

任务一　了解主题公园市场营销

一、市场营销概念

任务卡

在市场营销的领域里，有一句非常著名的话："探索成功品牌的市场营销之路是从顾客需求到市场领导者。"为什么要先关注顾客需求然后才关注市场的领导者？谈谈你的看法。

_____
_____
_____

知识卡

受社会经济发展水平等因素的影响，不同时期的不同学者，甚至同一学者在不同时期对市场营销的认识都有所差异。"现代营销学之父"菲利普·科特勒指出，市场营销是企业"识别目前尚未满足的需要和欲望，估量和确定需求量的大小，选择本企业能最好地为其服务的目标市场，并决定适当的产品、服务和计划，以便为目标市场服务"的活动，1997年他将市场营销重新定义为"通过创造与交换产品及价值，从而使个人或群体满足欲望和需要的社会过程和管理过程"，不难发现，后者更强调市场营销的价值及过程属性。

美国市场营销协会（American Marketing Association，AMA）对市场营销的理解也经历了数次演变，如表7-2所示，可以发现，随着经济社会的发展，市场营销的过程性及价值传递性日益凸显。

表7-2　AMA在不同时期给市场营销下的定义

年份	定义内容	关键点
1935	市场营销是一种引导产品和服务从制造商流向消费者的商业行为	生产与消费之间的衔接
1960	市场营销是引导货物和劳务从生产者流向消费者或用户所进行的一切企业活动	流通过程属性
1985	市场营销是计划和执行关于商品、服务和创意的观念、定价、促销和分销，以创造符合个人和组织目标的交换的一种过程	4Ps过程
2004	市场营销是一项组织功能，是一系列创造、交流和传递价值给顾客并通过满足组织和其他利益相关者的利益来建立良好的客户关系的过程	价值传递过程
2007	市场营销是一种组织范围内的活动，是一组制度的集合，同时也是为了顾客、客户、合作伙伴以及社会的整体利益而创造、传播、传递、交换价值的一系列过程	组织范围内价值传递

中国学者们的研究也从不同角度反映了市场营销过程所具有的系统性,如表 7-3 所示。

表 7-3 中国学者关于市场营销的定义

研究者及年份	定 义 内 容	关 键 点
白露等,2004	从经济学角度对营销进行了解释,指出营销就是企业通过差别化的经营手段创造和扩大企业无弹性需求的领域,即企业通过创造小的生存环境,改善大的生存环境,促进企业与环境形成良好的互动	强调了营销系统中企业与内外环境的互动
左仁淑、王键,2004	新的市场营销观——"竞争中心论",指出市场营销已从产品供不应求的产品时代和产品供求相对平衡的需求时代,过渡到了产品供过于求的竞争时代,表明社会主义市场经济不断健全的今天,营销所面临的竞争日益激烈,企业应积极适应外界环境变化,不断更新营销观念,创新营销策略	在重视顾客需求时更应强调企业的竞争因素
梅建军,2007	通过深入剖析马克思的市场营销思想,指出市场营销就是人们以交换的方式提供他人所需的东西而取得自己所要的东西的有关活动	强调了营销的交换性

综上所述,市场营销定义的着眼点在逐渐扩大,从衔接生产与消费的"点"扩展到全组织范围内价值传递的"面"。市场营销过程中,企业与其所面临的内外部环境在不断进行着人力、财务、资源、信息等要素的交换,实现产品价值从研发、生产到消费。

实践卡

请画一画市场营销定义的知识图谱。

二、市场营销观念的变迁

任务卡

在市场营销的领域里,我们常常会听到不同的营销概念,例如网络营销、内容营销、体验营销、IP 营销、新媒体营销等。请任选一种营销方式,进行举例说明。

_____

_____

_____

知识卡

(一) 传统营销观念的演进

传统营销观念的变迁是随着社会、科技、经济和文化的变化而不断发展和演变的。主要的变迁与趋势主要表现在以下几个阶段。

1. 生产导向观念

生产导向观念是指企业在制定经营策略和实施市场营销时,以生产为中心,以生产的效率、规模和技术为主要考量因素的一种营销理念。这种观念主要强调内部的生产能力和生产效率,企图通过提高生产效率来降低成本、增加产量,并以此满足市场需求。

生产导向的企业将生产效率视为最重要的因素。它们致力于通过提高生产线的效率、节省成本、降低生产时间等手段来实现更多产出,以期获得更多的利润。这种观念更加关注企业内部的运作,包括生产流程和生产线的优化、原材料的有效利用等。市场需求在一定程度上被认为是固定的,企业通过提高生产效率来满足这一固定需求。生产导向企业通常将产品设计和品质作为主要考虑因素。他们相信如果产品质量足够好,市场上总会有需求,而且他们通过大规模生产来降低成本,从而使产品更具竞争力。这种观念存在较高的市场风险,因为它假定市场上总会有需求,而忽视了市场变化和消费者需求多样化的现实。如果市场对产品不感兴趣或者需求变化快速,企业可能面临库存积压和销售不畅的风险。

生产导向观念在工业化初期非常盛行,那时企业主要面临的问题是如何大规模生产以满足不断增长的市场需求。然而,随着市场的逐渐饱和与消费者需求的多样化,企业逐渐意识到单纯依赖生产效率和产品质量无法保证市场竞争力。这导致了市场导向和顾客导向等观念的兴起,企业开始更加关注市场需求、顾客体验和持续创新。

2. 产品导向观念

产品导向观念是指企业将产品作为核心,将产品的品质、创新、功能等特征放在营销策略的首位,以产品为中心来制定经营战略和市场推广活动的一种营销理念。这种理念强调产品的独特性和优越性,相信优质的产品可以吸引消费者,实现市场份额的增长和企业盈利。

产品导向企业追求高品质和创新,致力于不断改进产品的设计、功能、性能等方面,以满足消费者对新颖、有用、高质量产品的需求。产品导向企业相信优秀的产品本身就具有市场竞争力。通过不断提升产品的特性,企图在激烈的市场竞争中脱颖而出,占领市场份额。企业致力于开发多样化的产品,以满足不同群体、不同需求的消费者。也可能尝试定制化的产品,根据客户的特定要求设计和制造产品。销售和营销策略侧重于强调产品的特性和优点,以产品本身的品质、功能、性能等作为销售的重要依据。广告和宣传往往以产品的特色为主要内容。

尽管产品导向观念强调产品的重要性,但在当今市场环境中,企业逐渐意识到单纯依赖产品的特性和品质可能不足以保持市场竞争力。因此,现代企业往往结合市场导向观念,注重产品品质、创新的同时也关注市场需求和客户反馈,以更全面的方式制定营销战略。

3. 推销导向观念

推销导向观念是指企业将销售活动置于最重要位置,以推销和销售为核心,强调通过积极的销售努力来推动产品和服务的销售,实现业绩增长和市场占有率的提高。这种观念突出了销售技巧、销售人员的培训以及广告宣传等手段的重要性,企图通过这些方式促进产品的销售。

推销导向企业将销售活动置于战略的核心地位。企业的运营和发展主要通过积极的销售努力来实现,以实现销售业绩的增长。强调销售人员的技能培养和销售技巧的提高。企业会投资大量资源在销售人员的培训和发展上,以确保销售人员具备高效的销售技巧和能力。企业注重在市场中占有一定比例的市场份额,追求通过销售增长来扩大市场占有率。这种观念将市场份额视为企业成功的重要指标。推销导向企业会根据销售目标制定产品定价和促销策略。通过价格优惠、促销活动等手段刺激销售,鼓励客户快速购买产品或服务。

推销导向观念在早期营销时代非常流行,特别是在20世纪的前几十年。然而,随着市场的变化和消费者的需求趋向复杂和多样化,市场导向和顾客导向观念逐渐取代了纯粹的推销导向,更加强调顾客的需求、市场调研和客户关系的建立。现代营销理念更倾向于将销售与满足客户需求和建立长期客户关系相结合。

4. 市场导向观念

市场导向观念是一种将市场需求和客户需求作为核心,以满足市场需求为目标的营销理念。企业在制定战略、开发产品、制定价格和推广方案时,以市场信息和顾客反馈为基础,以确保产品和服务能够符合目标市场的需求和期望。

市场导向企业将市场视为核心,不仅关注产品的生产和销售,更关注市场需求、市场规模、市场增长和市场细分等方面的信息。企业的战略制定和业务发展主要基于市场的动态和趋势。这种观念强调深入了解顾客的需求、市场的变化、竞争对手的情况等。通过市场研究和调查,企业可以更准确地了解市场需求,调整产品设计、定价和销售策略。

企业将顾客满意度置于重要位置,致力于提供优质的产品和服务以满足顾客的需求,并通过建立良好的顾客关系来保持长期的合作关系。市场导向企业强调不断创新,灵活地调整产品和服务以适应市场的变化。他们将持续改进视为一个重要目标,以满足不断变化的市场需求。企业注重建立品牌价值和良好的品牌形象,通过提供高质量、受欢迎的产品和积极的品牌宣传来增强品牌的影响力和认可度。企业鼓励客户参与产品开发过程,接受客户的反馈和建议,并将这些信息用于改进产品和服务。

5. 社会营销导向观念

社会营销导向观念是一种重点关注社会和环境责任,以满足社会和环境问题的需求,而不仅仅是满足市场需求的营销观念。这种营销导向的目标是通过促进社会利益来实现商业成功,而不仅仅是追求经济利润。

企业将社会使命或责任作为其核心价值之一,追求社会变革或解决社会问题,而不仅仅是通过销售产品和服务来盈利。企业积极与各种利益相关者(如政府、非营利组织、社会大众)合作,共同推动社会责任项目。关注环境可持续性和社会可持续性,采取措施减少环境影响,同时提高社会福祉。注重长期价值而不是短期利润,认识到通过满足社会需求,可以建立品牌声誉和客户忠诚度。

社会营销导向通常与可持续发展目标和企业社会责任相关。它强调公司在社会和环境问题上的积极作用,同时努力创造商业价值。这种市场导向有助于企业建立积极的声誉,满足消费者越来越强烈的社会责任期望,同时也有助于解决一些全球性问题,如气候变化、贫困和不平等。

实践卡

假设你是某新兴主题公园的市场营销总监,现在,公司面临着以下营销战略的选择。
（1）引入大量设备以满足不断增长的市场需求。
（2）专注于改进现有产品的质量,以吸引对质量要求高的顾客。
（3）加大对销售人员的培训,以促进产品的销售。
（4）开展市场调查,并针对市场需求灵活调整产品和服务。
（5）在迎合市场需求的同时积极创造社会价值。
以上五种营销战略可能代表着五种不同的营销导向观念,请对以上五种营销导向观念进行分析,包括各自的优势、劣势、适用场景和可能面临的挑战。并根据你的分析,提出你认为适合主题乐园的营销导向观念,并解释理由。

_____
_____
_____
_____

（二）新型营销观念

新型营销观念是指随着市场、技术和消费者需求不断演变,营销领域出现的新思维和策略。这些新型营销观念通常反映了数字化、社交化和个性化等趋势,以满足现代消费者的需求。以下是一些新型营销观念。

1. 内容营销

内容营销是一种广泛采用的营销策略,强调通过创建和分享有价值的内容来吸引、教育和娱乐受众,从而建立品牌忠诚度、增加品牌知名度,并最终促使受众采取行动,如购买产品或服务。内容营销的核心是提供有用、有趣或有启发性的内容,以满足受众的需求和兴趣。这可以包括微博、视频、社交媒体帖子、电子书、研究报告等形式的内容。内容应根据目标受众的需求和特点进行定制,了解受众的喜好、问题和挑战是成功的内容营销的关键。

案例：旅游搭台，文化唱戏，用戏剧讲好黄河故事——只有河南·戏剧幻城

作为中国规模最大、演出时长最长的戏剧聚落群之一，自2021年开城以来，只有河南·戏剧幻城凭借着"戏剧"这一独特主体，吸引了来自五湖四海的游客。截至2024年5月底，只有河南·戏剧幻城接待来自全国各地游客总观剧人次已超2100万，其中85后游客占比85%，省外游客占比超七成，以及超50国的外国游客前来游玩。

图7-2 只有河南·戏剧幻城

328米的夯土墙，气势磅礴的百亩麦田，56个迷宫般的院落空间……具有浓郁文化特色的"只有河南"，用极具艺术价值的建筑美学打造出独一无二的沉浸式"开盲盒"体验——每个观众选择的路径不同，得到的体验也是迥异的。

如果说蔚为壮观的场景已足够令游客叹为观止，那么作为幻城主体的"戏剧"带给游客的更是直击心灵的震撼。在近700分钟不重复的剧目演出中，21个戏剧以"土地、粮食、传承"为主线，把中原大地的时空碎片拼合在一起。剧场内，跨越5000年的先人古景在声光电画的加持下重现；中原人民的大义与舍我精神讲述着粮食与传承的可贵；麦浪之中，古人留下的吉光片羽在夯土墙上徐徐展开……黄河沿岸从古至今的种种片段不断上演，来自五湖四海的观众透过戏剧找到共鸣。

除了戏剧演出，位于地坑院的三所非遗体验馆布老虎和泥泥狗、纸上河南、非遗里的河南，用现代时尚思维创新非遗文化，实现了对中原乃至中华文化的又一次深度挖掘、创造性转化和年轻化表达。

（资料来源：正观新闻."探寻河南文旅发展新路径"系列报道[EB/OL].（2023-12-28）[2023-07-03]. https://baijiahao.baidu.com/s?id=1802998558445421504.）

2. IP营销

IP（知识产权）营销是一种利用已有的知名度、声誉和影响力来推广产品、服务或品牌的营销策略。这种策略可以涉及与名人、专家、虚构或真实的角色、品牌或媒体合作。主题公园经常使用知名的IP（知识产权）来吸引游客和提升游乐园的吸引力。这些IP可以是来自电影、电视、漫画书、动画、游戏或其他媒体的角色、品牌或主题。

案例：Disney 的 IP 整合：迪士尼是主题公园中最知名的 IP 整合实例之一。迪士尼旗下拥有各种受欢迎的角色和品牌，如米老鼠、灰姑娘、星球大战和漫威超级英雄（图 7-3）。迪士尼的主题公园中有专门的区域和景点，专门用于展示和互动这些 IP，从而增加游客的互动和吸引力。

（资料来源：迪士尼（中国）官方网站. 迪士尼 IP[EB/OL]. (2023-07-03)[2023-12-28]. https://www.disney.cn/.）

图 7-3 迪士尼著名 IP

环球影城的电影 IP：环球影城（Universal Studios）合作并整合了多个知名电影和媒体 IP，如哈利·波特、侏罗纪公园和辛普森一家（图 7-4）。他们创建了基于这些 IP 的主题景点和娱乐体验，吸引了电影迷和粉丝。

（资料来源：IP 授权说. 去环球影城前,你必须要知道的这些爆火 IP[EB/OL]. (2022-09-02)[2023-12-28]. https://zhuanlan.zhihu.com/p/560517238?utm_id=0.）

图 7-4 环球影城知名 IP

IP营销可以增加品牌知名度、建立信任、吸引新客户并与现有客户建立更深层次的联系。然而,成功的IP营销需要精心策划和执行,以确保品牌与所选择的IP之间存在自然的联系,以最大化营销效果。

3. 虚拟现实和增强现实营销

虚拟现实(virtual reality,VR)和增强现实(augmented reality,AR)是两种新兴的技术,它们正在改变数字营销的方式。虚拟现实创建了完全虚拟的体验,而增强现实则将虚拟元素叠加在现实世界中。这两种技术可以用于创造引人入胜的广告、促销和用户体验。主题公园可以运用虚拟现实和增强现实技术来提供令人兴奋的互动体验,吸引游客并增强他们的游园体验。

主题公园的虚拟现实营销主要体现在以下几个方面。

(1) 虚拟游乐设施体验:主题公园可以使用VR头盔为游客提供虚拟游乐设施体验。这可以让游客在排队等待时享受虚拟骑乘体验,提前感受刺激的乐趣。

(2) 虚拟主题景点:创建虚拟主题景点,允许游客使用VR技术来探索和互动,这些景点可以是主题公园的图标性景点,如城堡、山洞或神秘的森林。

(3) 虚拟互动娱乐:虚拟现实游戏和娱乐体验可以与主题公园的主题相关联,如与恐龙一起探险或在幻想王国中进行冒险。

(4) 虚拟导览:提供虚拟现实导览,以引导游客穿越主题公园,解释历史、故事和有趣的细节,使他们更深入地了解主题。

案例1:鹰潭方特东方神画有"熊出没"

江西鹰潭方特东方神画推出大型室内漂流项目《森林时光》,取材自《熊出没》系列大电影,伴随着轻快舒缓的音乐,游客乘坐漂流船出发,在水流的推动下,驶入奇幻的森林,体验动画角色熊大与熊二生活的经典场景和趣事,把动画片的记忆带进现实。同时还推出动感射击类游戏《熊熊历险》,真实还原《熊出没》的萌趣场景(图7-5),让游客手持"超级武器",化身正义勇士,跟随熊大、熊二联手打坏蛋,解救森林中的小动物,经历一段欢乐刺激、妙趣横生的射击之旅。

(资料来源:江西风景独好.鹰潭方特东方神画室内主题项目大揭秘之熊熊历险[EB/OL].(2023-08-12)[2023-12-28].https://weibo.com/2001717811/Nee6l5WWg.)

主题公园的增强现实(AR)营销主要体现在以下几个方面。

(1) 互动标牌:在主题公园内放置AR标牌,当游客扫描标牌时,可以看到增强现实的信息、动画和互动元素,这些元素可以增强游客的知识和体验。

(2) AR导览:提供AR导览应用,允许游客在探索主题公园时查看虚拟地图、标志和方向,以更好地了解他们的位置和所见景点。

(3) 虚拟互动角色:创建AR角色或虚拟导游,可以在游园期间与游客互动,回答问题、提供提示,或者讲述故事。

(4) AR游戏和挑战:设计AR游戏和挑战,游客可以在游园内寻找物品、解决谜题或完成任务,从而增加互动性。

(5) 互动广告:通过AR技术,将广告和促销活动与游客互动,如扫描广告海报以获取特殊优惠或入场券。

主题公园运营与管理

图 7-5　鹰潭方特东方神话"熊出没"

案例 2：横店圆明园用 AR 还原"英法联军火烧圆明园"的场景

为重现圆明园昔日盛景，横店创始人徐文荣先生耗资 300 亿元，耗时七年，按照圆明园 1∶1 的比例，建成横店圆明园。横店圆明园利用 5G＋AR 沉浸式体验观水法、黄花阵、十二生肖等热门场景的历史、人文典故，实现游客"行中学，游中乐"的旅游体验(图 7-6)。

图 7-6　横店圆明园 AR 体验

游客戴上 AR 眼镜，看到的景点建筑物上将叠加圆明园历史人物故事场景，可以"亲眼"看到圆明园陷入一片火海，滚滚浓烟升腾而起，AR 用最真实、最震撼的视听组合，还原"英法联军火烧圆明园"的情节让游客切身体验到近代中国的百年耻辱,进而提升游客的爱国主义情怀。借助 AR 技术,游客还可以看到雍正皇帝走向龙椅,一旁站着仆从,一同观水法(也就是现在的喷泉)。结合历史场景和故事,游客可以一边参观圆明新园,一边听着 AR 眼镜生动的讲解,不同的年龄层、文化层都能愉快游览,提升旅游幸福感。

(资料来源:亮台风 HiAR.横店圆明园 X 亮风台,用 AR 还原"火烧圆明园"震撼场景![EB/OL].(2021-10-21)[2023-12-28].https://www.163.com/dy/article/GMSABJSU0511AUQF.html.)

虚拟现实和增强现实营销在主题公园中可以提供更加引人入胜的游园体验,吸引不同年龄和兴趣的游客,增加游园的吸引力和创意亮点。这些技术可以提高游客的互动感,使他们更深入地了解主题公园的故事和文化,从而提升游园的知名度和回头率。

实践卡

"玲娜贝儿"如何成为流量密码?

2021 年 9 月 29 日,上海迪士尼推出了一款全新 IP 角色——玲娜贝儿,它是一只外表可爱,热衷于冒险和解谜的粉色小狐狸,用"一出道即顶流"来形容这位网络新晋宠儿一点都不夸张。在整个 10 月中,她的内容话题多次霸屏微博、抖音、小红书、b 站等各大主流社交媒体平台,其正版周边商品也在仅仅几天内售光,二手平台出现天价周边,一大堆粉丝争先恐后地去迪士尼排队和她拍照,这只可爱的小狐狸也因此被广大网友称为"迪士尼女明星"和"川沙妲己",玲娜贝儿在短时间内成为流量密码的秘诀离不开迪士尼对其 IP 营销的新玩法。上海迪士尼对玲娜贝儿的营销主要有以下几个方面。

官方营销:在 9 月 17 日,上海迪士尼在各大社交平台官方发布玲娜贝儿出道预告片,并宣传将在 29 日在乐园区内进行玲娜贝儿一系列的迎新活动,在之后的宣发活动中也一直带有玲娜贝儿的相关内容话题,出道至今,她已多次霸屏了微博热搜,截至 11 月 10 日,微博话题"玲娜贝儿"阅读量已超过 3.8 亿,其中至少有 17 个相关话题登上过热搜榜。除此之外,各大媒体新闻和微信公众号都纷纷为她报道增加曝光,一时间许多媒体都拿着玲娜贝儿的话题热度做文章,玲娜贝儿也因此越来越火。

明星与达人宣传:迪士尼在明星营销上可谓做得十分出色,第一,官方将玲娜贝儿限量版玩偶寄送到明星和达人手里,在明星达人与玩偶的互动中,利用明星和达人本有的社交媒体流量进行二次传播,打造出"迪士尼女明星"与娱乐圈女明星的话题热度。第二,许多明星与玲娜贝儿在园区内互动的视频也在各大短视频平台上被多次转发,包括有官方邀请的娱乐明星和体育明星。

在官方媒体号和明星达人铺天盖地的宣传当中,玲娜贝儿的人设形象也逐渐变得生动有趣,让这个没有故事、没有作品的玩偶活了起来。

(资料来源:沈三万老沈."川沙狐狸精、浦东新顶流"有多吸金?[EB/OL].(2021-10-25)[2023-12-30].https://baijiahao.baidu.com/s?id=1714541418025381738&wfr=spider&for=pc.)

根据以上案例讨论:

(1)迪士尼针对玲娜贝尔的营销采用了当下新型营销观念中的哪些营销模式?请说明理由。

(2)"玲娜贝儿"的营销模式是否能被其他行业或企业所借鉴?为什么?

_____

_____

_____

_____

_____

(三)市场营销管理在主题公园运营与管理中的角色

市场营销在主题公园领域扮演着关键角色,与主题公园的成功紧密相连。市场营销管理在主题公园运营与管理中的重要性表现在以下方面。

(1)吸引游客:市场营销的主要目标之一是吸引游客到主题公园。通过广告、宣传、促销和数字营销等手段,主题公园可以将其独特的吸引力传达给潜在游客,鼓励他们光顾。比如每年的10—11月,欢乐谷集团举办"万圣节奇妙夜",吸引了游客前来体验特殊的节日性乐趣。

(2)品牌建设:市场营销有助于建立和推广主题公园的品牌形象。一个强大的品牌可以增加游客的信任,使他们更愿意选择该主题公园,而不是竞争对手。比如迪士尼的市场营销策略强调了家庭友好、魔法和令人难忘的经历,这一品牌形象吸引了全球各地的游客。

(3)门票销售:市场营销涉及门票定价、销售策略和包装,以确保吸引游客并实现收入最大化。优秀的市场营销策略可以推动门票销售的增长。各大主题公园使用不同的门票定价策略,如单日门票、多日通行证、季节通行证等,以满足各种游客需求。市场营销团队还通过在线销售、合作伙伴和旅行社销售门票。

(4)客户体验:市场营销不仅包括吸引游客到主题公园,还包括确保他们在公园内有出色的体验。市场营销助力主题公园提供高质量的服务、活动和设施,以满足游客的需求。如横店影视城营销团队引入了数字化互动体验,如虚拟现实体验、增强现实游戏和互动演出。这些活动提供了更丰富的娱乐选择,让游客更深入地融入影视城的世界。

(5)竞争分析:市场营销团队需要关注竞争对手,了解他们的策略和优势,并作出相应的反应。这有助于主题公园在竞争激烈的市场中保持竞争力。如迪士尼集团营销团队不断拓展迪士尼商业版图,是因为它不仅要应对其他主题公园的竞争,还要面对度假胜地、娱乐业和数字娱乐的竞争。所以不断调整市场营销策略可以保持竞争力。

(6)数据分析:市场营销还涉及数据分析,以了解游客的行为、兴趣和需求。这些数据可以用来制定更有效的市场营销策略,定制个性化的宣传活动。如各大主题公园利用门票销售数据、在线预订数据、游客调查、社交媒体分析和移动应用程序数据来收集大量信息。这些数据包括游客的年龄、性别、地理位置、游园时间、游乐设备的使用频率、消费习惯和满意度反馈。通过分析游客的特征,如年龄和兴趣,将客户分为不同的细分市场,以更好地了解各种群体的需求。使用数据来了解游客在不同时间段和地点的流量,帮助他们在高峰时段和地点提供更好的服务,减少等待时间。通过游客满意度调查,并分析反馈,以了解游客的满意度水平,并改进服务和体验。

(7) 公关与社交媒体:主题公园的市场营销也包括公关工作和社交媒体管理。通过与媒体、博客、社交媒体平台和游客互动,主题公园可以增强知名度,吸引更多游客。比如三亚亚特兰蒂斯主办了水上运动比赛和特别活动,吸引了专业选手和游客,增加了度假村的活力,与一些知名的明星和潜水员建立合作关系,邀请他们参与水上乐园的推广活动。这引起了媒体和粉丝的广泛关注。

(8) 反馈和改进:市场营销团队也可以收集游客反馈,并利用这些反馈来改进服务和体验。这有助于维护客户满意度和忠诚度。

综合来说,市场营销在主题公园中扮演了多重角色,从吸引游客到建立品牌,再到提供卓越的客户体验,都是至关重要的。通过有效的市场营销策略,主题公园可以实现增长、成功和可持续性。

实践卡

选择一家主题公园,分析其市场营销管理策略,了解它们如何成功推广、营销和管理其品牌,并促进游客体验和增加游客数量,并整理以下相关数据。

(1) 有哪些吸引游客的方式?
(2) 在品牌建设方面做了哪些努力?
(3) 门票类型及门票销售方式有哪些?
(4) 增强游客体验的方式有哪些?
(5) 直接的竞争对手有哪些?
(6) 调查相关的游客数据。
(7) 是否开展社交媒体营销?表现形式有哪些?

三、主题公园市场规模和价值

任务卡

主题公园现状及未来趋势

好IP和好故事带来圆梦体验,常玩常新的游乐体验,是主题公园吸引游客、保持长久生命力的两大要素。今年年底，各大主题公园纷纷上新IP、更新主题，以新的游玩体验激发游客前往。

近期各地根据自身特点，正在大力推广特色游。比如元旦期间，我国香港维多利亚港跨年狂欢、上海迪士尼烟花秀、长沙世界之窗烟火秀、广州塔跨年灯光秀等主题公园都开启盛大烟花灯光表演。数据显示，2024年元旦主题公园门票预订量同比增长4.5倍。

2023年12月19日，上海迪士尼方面宣布，全球首个"疯狂动物城"主题园区于12月20日正式面向游客开放。在新园区热度的带动下，近期上海迪士尼门票预订量已显著上涨。元旦假期部分公园门票和酒店房间已售罄。新园开放后，上海迪士尼方面还将聚焦第三座主题酒店的建设，通过不断提升产品内容吸引力，淘金中国市场。据悉，上海迪士尼二期、三期仍在规划扩建中，尚未有最新消息，不过《上海国际旅游度假区发展"十四五"规划》在对2035年远景目标展望时提到，二期迪士尼乐园正式投入运营，一、二期项目形成合力，迪士尼乐园战略地位进一步提升。

携程数据显示，2023年12月，国内主题公园门票预订量同比去年增长超8倍，而2024年1月预订量环比2023年12月增长26%，2024年元旦热门景区Top 10中，上海迪士尼度假区高居榜首。

另据同程旅行平台数据，近一周以来，上海迪士尼度假区的门票预订量环比上周呈三倍增长，其中"疯狂动物城"园区的拉动效应明显。截至2023年12月18日，平台上12月21日至23日的上海迪士尼度假区各类套餐均已售罄。

目前，中国主题公园市场规模已居全球第二，并仍将保持增长态势。主题公园的布局一方面和当地文化有关（文化输出能力、旅游消费偏好），另一方面也受经济发展水平、人口数量、交通网络发达程度等影响，经济基础、人口规模系主题公园的重要基础。

中国的主题公园产业上游由游乐设备供应商、设计方案提供商、文化IP供给方和其他的服务商共同组成，中游是各个类型的主题公园，下游则是去主题公园游玩的游客。

随着国内儿童消费市场的不断扩大，越来越多的亲子乐园、儿童乐园的进入市场，虽然市场容量依旧大，正处于井喷期，由于缺乏足够的市场引导和资金投入，目前儿童主题公园企业规模小、抗风险能力弱、缺乏长期规划、文化创意方面较弱，品牌化和理念化的乐园经营模式缺位严重，行业未出现龙头企业，单店型艰难生存，品牌存活期短，同质化导致营收亏损等，造成儿童乐园产业集中度较低，未来几年经过洗牌，中国儿童乐园行业集中度有望进一步提升。

一般来说，常玩常新的游乐体验，是主题公园吸引游客、保持长久生命力的主力要素。今年年底，各大主题公园纷纷上新IP、更新主题，以新的游玩体验激发游客前往。

据了解，上海乐高乐园、深圳乐高乐园均预计2024年开园，三亚全球首家Hello Kitty主题公园度假村、十堰方特中华优秀传统文化园等新乐园也将在2024年开园。

扎堆上新，看中的是中国主题公园旅游的潜力。数据显示，中国已是世界第二大主题公园市场，但仍只有27%的中国人去过主题公园，不及发达市场的一半（68%），预计到2025年，中国主题公园市场规模将超过900亿元。

新园区的密集上线，无疑会加剧市场竞争，也会加快主题公园游在2024年的复苏。来自携程的数据显示，2023年12月，国内主题公园门票预订量同比去年增长超8倍，预计2024年1月预订量环比增长26%。

主题乐园还能有效拉动交通业、酒店业、零售业等产业发展。中国市场的增量潜力来自庞大的人口基数和家庭收入的不断增长。知名管理咨询公司麦肯锡于2022年年末发布的研报显示,中国当前的主题乐园市场规模已居全球第二,但仅有27%的中国人曾经去过主题乐园,与发达国家市场68%的平均水平相比仍有较大增长空间。国际评级机构惠誉表示,国内生产总值、家庭收入增长以及地区庞大的人口规模是中国主题乐园需求持续增长的动因。

因此,业界分析认为,中国主题公园市场仍具有广阔的发展空间和前景,中远期发展潜力巨大。

(资料来源:中研网.主题乐园现状及未来趋势[EB/OL].(2023-12-20)[2023-12-30]. https://www.chinairn.com/news/20231220/101043930.shtml.)

基于上述材料,请你查阅相关资料并讨论当前中国主题公园行业的发展现状以及未来可能的发展趋势。

_____
_____
_____
_____

知识卡

（一）主题公园市场规模评价指标

主题公园行业的市场规模指的是全球或特定地区内主题公园的数量和规模。这包括不同类型的主题公园,如游乐园、水上乐园、动物园、度假胜地等。市场规模通常可以通过主题公园的数量、游客流量、总收入和总投资来衡量。

(1) 主题公园的数量:这是一个衡量市场规模的关键指标。可以统计一个地区或国家内存在多少个主题公园。

(2) 游客流量:游客流量是一个主题公园的重要指标,通常以每年的游客数量来衡量。这是市场规模的关键组成部分,因为它反映了多少人选择参观主题公园。

(3) 总收入:主题公园的总收入是另一个关键指标,反映了整个市场的货币价值。这包括门票销售、食品和饮料销售、商品销售以及其他相关服务的收入。

(4) 总投资:总投资是指在建设、改进和扩大主题公园方面的资金投入。这可以包括新设施的建设、现有设施的维护和升级,以及市场营销和运营成本。

这些指标可以用来评估主题公园行业的市场规模,以便了解其经济重要性和发展趋势。此外,它们还可以用于比较不同地区、国家和主题公园之间的市场规模,以制定战略和决策投资。

（二）主题公园市场价值评价指标

主题公园市场的价值是指这个行业在全球或特定地区内的货币价值。这包括主题公园的总收入、相关产业的价值以及创造的经济效益、品牌价值和文化与社交价值。

（1）主题公园的总收入：这是主题公园行业的核心价值之一。

（2）相关产业的价值：主题公园行业通常伴随着相关产业的发展，如酒店业、餐饮业、零售业、旅行社、运输业等。这些相关产业的总价值也被纳入市场价值的计算中。

（3）创造的经济效益：主题公园不仅仅是一个独立的产业，还对当地社区和经济产生积极影响。这包括创造就业机会、吸引游客支出、提高当地旅游业的发展，以及增加税收收入等。

（4）品牌价值：一些主题公园拥有强大的品牌价值，这也被计入市场价值。品牌价值可以通过市场地位、知名度和品牌影响力来衡量。

（5）文化和社交价值：主题公园还可以为社会和文化提供价值，如推广地方文化、提供娱乐活动，以及促进文化交流。

这些评价指标综合在一起，有助于衡量主题公园行业在全球或特定地区内的经济价值，以及其对就业、旅游业、地方经济和社会文化的影响。这些数据对于政府、投资者、行业研究人员和主题公园运营商都是有用的，可以帮助他们了解行业的重要性和发展趋势。

（三）影响主题公园市场规模和价值的因素

（1）旅游业增长：随着全球旅游业的增长，主题公园成为吸引游客的热门目的地之一。人们渴望寻找娱乐和休闲选择，主题公园为他们提供了多种多样的活动和体验。这种需求的增加直接促进了主题公园市场的规模扩大。

（2）新兴市场的崛起：新兴市场地区，如中国、印度和中东地区，正经历着迅速的经济增长和中产阶级的崛起。这些地区的人口庞大，对娱乐和旅游有着强烈的需求。主题公园行业看到了在这些市场中的机会，并积极扩展业务，以满足不断增长的游客需求。

（3）投资和创新：主题公园运营商不断投资于新设施、科技创新和改进游乐设备，以提供更具吸引力的体验。这些投资不仅吸引了新的游客，还使现有游客回头率更高。科技创新，如虚拟现实和增强现实，为主题公园带来了新的可能性，提高了游客的互动和参与度。

总的来说，主题公园市场的规模和价值受到旅游需求的驱动，新兴市场的增长机会以及运营商的不断创新和投资的影响。这个行业将继续发展，以适应不断变化的旅游市场，提供更丰富和令人兴奋的体验。

（四）主题公园未来发展趋势

（1）新兴市场的增长：新兴市场，特别是亚太地区，将继续成为主题公园行业的增长引擎。快速发展的经济、不断增长的中产阶级和对休闲娱乐的高需求，使这些市场成为主题公园运营商的重要目标。为满足不断增长的游客需求，主题公园将继续在这些地区扩展。

（2）数字技术和虚拟现实的应用：主题公园行业将越来越多地采用数字技术、虚拟现实和增强现实技术，以提高游客体验。这包括使用智能手机应用程序、沉浸式虚拟现实游戏、实时互动体验等。这些技术将使游客更深入地融入主题公园的世界，创造更具吸引力的体验。

（3）可持续发展和环保意识：主题公园运营商越来越注重可持续发展和环保。他们将采取绿色建筑方法、使用可再生能源、减少废物产生，并推广可持续旅游实践。这不仅有助于保护环境，还符合现代旅游者对可持续性的关切，提高了品牌形象。

（4）整合多元化娱乐和旅游产业：主题公园将更多地与其他娱乐和旅游产业整合，以提供更全面的娱乐体验。这可能包括与电影、电视、音乐产业的合作，举办文化节庆、展览和特别活动。这种整合有助于吸引更广泛的受众，并创造更多的交叉营销机会。

总之，主题公园行业在未来将继续适应不断变化的市场需求，并积极采用创新技术和可持续实践。这将为游客提供更多样化、引人入胜和环保的体验，同时扩大了主题公园行业的市场份额。

思政园地

做有社会责任感的企业——济南方特东方神画

济南方特东方神画是与山东省政府联手打造的国内首座以非物质文化遗产为核心的高科技综合主题乐园，是济南市增强文化整体实力和竞争力、加快文化强市建设的一项重要举措，对于提高文化产业规范化、集约化、产业化水平具有重要意义，对打造济南文化强市将起到积极推动作用、典型示范作用和方向性引导作用，尤其对优化济南旅游市场格局和促进济南西部的经济发展将起到巨大推动作用。

济南方特东方神画始终致力于发扬和传承中华民族传统文化，坚定文化自信，借助自身的技术优势，综合运用文化＋科技＋演艺＋旅游的方式，将中国传统文化演绎得淋漓尽致，通过寓教于乐的新颖项目形式，充分发挥文化产业基地的引导和示范作用，积极承担更多的社会责任，提供更多的机会让广大青少年了解民族传统文化，树立正确的文化价值观和坚定的民族自信心，推动了文化之路创新发展。园区先后被评为"国家4A级旅游景区""国家级夜间文化和旅游消费集聚区""第一批全国非遗与旅游融合优选项目""山东省文化产业示范基地""山东省重点服务业企业""济南市级青年文明号"等殊荣。

在强化企业使命责任，为更好地弘扬雷锋精神，传播志愿者服务理念，推动志愿者服务的深入开展，引导企业青年投身志愿服务活动，成立五个志愿服务队，即文艺志愿服务队、绿茵志愿服务队、爱家志愿服务队、平安志愿服务队、综合志愿服务队。培养了志愿服务意识，弘扬了奉献、友爱、互助、进步的志愿者精神，营造了文明新风尚。济南方特东方神画持续致力于志愿公益建设，结合园区文化特点，通过"初夏方特·情系环卫""关爱环卫工人子女""关爱特殊人群""关爱留守儿童""方特体验·学习国学"等活动，充分发挥景区优势，组织留守儿童、外来务工人员子女不定期到方特体验，学习国学等文化，大力做好社会志愿服务。

（资料来源：好客山东.弘扬雷锋精神 青春有你人人志愿——济南方特东方神画在行动[EB/OL].（2023-03-05）[2023-12-30]. https://author.baidu.com/home?from=bjh_article&app_id=1586837029384310.）

任务二　认识主题公园市场分析与目标市场

一、主题公园市场调查方法

任务卡

假如你是一个主题公园管理者，你的主题公园一直在吸引大量游客，但最近你注意到游客数量开始下降，而竞争对手的主题公园正在不断扩张。你担心市场份额的减少和游客流失。你需要采取措施来了解市场情况，以制定适当的战略来吸引更多游客和保持竞争力。

思考：
(1) 你将如何开展市场调查来了解你的目标受众？你将采用哪些研究方法和工具？
(2) 如何识别竞争对手并分析他们的优势和劣势？
(3) 你将如何研究游客行为以改进他们的体验？
(4) 基于你的市场调查结果，你将制定什么样的市场战略来吸引更多游客？

_____
_____
_____
_____
_____
_____

知识卡

主题公园市场调查方法旨在帮助主题公园管理者深入了解市场状况、竞争情况和目标受众。当前主题公园市场调查方法主要有以下几种。

（一）定性研究方法

定性研究方法涉及深入的访谈、焦点小组讨论和观察，以获得关于市场趋势、目标受众需求和竞争情况的定性数据。这种方法可提供深刻的见解，帮助理解消费者心理和态度。例如：一家主题公园正在考虑升级其游乐设施和增加新的娱乐项目，以吸引更多的家庭游客。他们决定进行定性研究来了解家庭游客的需求和期望，以便更好地满足他们的期望。这家主题公园选择了深度访谈和焦点小组讨论这两种定性研究方法。

(1) 深度访谈：研究团队会安排与一些常规游客进行面对面深度访谈。他们会提出开放性问题，以了解游客的体验、需求和意见。例如，他们可能问："你和家人来主题公园的主要原因是什么？"或者"你觉得哪些方面需要改进，以使你的游园体验更好？"

（2）焦点小组讨论：研究团队会组织几个家庭游客参加焦点小组讨论，以深入探讨特定话题。例如，他们可以就家庭友好性、游乐设施的设计和娱乐节目提出问题，以了解家庭游客的意见。在这个过程中，参与者可以相互交流和分享他们的观点。

通过深度访谈和焦点小组讨论，研究团队获得了有关家庭游客需求和期望的深刻见解。他们了解了家庭游客更注重安全性、儿童友好性和多样化的娱乐选项。这些见解可以帮助主题公园制定决策，如增加家庭友好的设施、改进儿童活动和提供更多的家庭套餐。

（二）定量研究方法

定量研究方法使用统计数据和量化调查，以测量市场规模、消费者行为和趋势。这包括使用问卷调查、在线调查、电话调查和面对面访谈等方式，以获得大量的数量化数据。

例如：一家主题公园正在计划降低门票价格，以吸引更多的游客。他们想要了解潜在游客是否会对价格敏感，以及降价是否会提高游客数量。这家主题公园选择了在线问卷调查作为定量研究方法。

（1）设计问卷：营销团队设计了一份在线问卷，包括多个封闭性问题。这些问题包括了解受访者的年龄、收入水平、是否有孩子等一般信息。此外，他们还设计了其他问题以了解受访者对不同门票价格的反应。例如：

一般信息：

① 您的年龄是（　　）。
　　A. 18岁以下　　　　B. 18～25岁　　　C. 26～35岁
　　D. 36～45岁　　　　E. 46～55岁　　　F. 56岁及以上

② 您的月均家庭收入是（　　）。
　　A. 低于1000元　　　B. 1000～2500元　C. 2501～4000元
　　D. 4001～5500元　　E. 5501～7000元　F. 7000元以上

③ 您是否有孩子？（　　）
　　A. 是　　　　　　　B. 否

门票价格反应：

④ 假设主题公园的标准门票价格为50元，主题公园提供家庭套餐（2名成人和2名儿童），标价为150元，您是否愿意选择这个家庭套餐？（　　）
　　A. 是　　　　　　　B. 否　　　　　　C. 不适用（没有孩子）

⑤ 如果主题公园提供特别VIP体验套餐，标价为200元，包括跳过排队、免费用餐和独家活动，您是否愿意选择这个VIP套餐？（　　）
　　A. 是　　　　　　　B. 否

⑥ 对于一位学生（需提供学生证明）来说，主题公园是否应提供折扣门票，如50%折扣？（　　）
　　A. 是　　　　　　　B. 否

⑦ 如果主题公园提供季度或年度通行证，您是否会考虑购买？（　　）
　　A. 是　　　　　　　B. 否　　　　　　C. 取决于价格

(2)调查受众：研究团队通过在线平台或社交媒体广泛传播问卷链接，以获取足够的受众反馈。这些受众可以包括潜在游客、现有游客和其他相关人群。

(3)数据分析：收集到的问卷数据被分析，以确定受众的价格敏感度和对门票价格的反应。通过分析数据，营销团队可以计算出在不同价格水平下的游客数量估算。

（三）现场观察和实地调查

现场观察和实地调查可以提供有关主题公园运营情况的直接见解。这包括观察游客行为、排队时间、设施维护状况和员工表现。

（四）竞争情报

收集竞争情报是一项关键任务，以了解竞争对手的战略、市场份额和优势。这包括研究竞争对手的广告、市场份额报告和客户反馈。

（五）趋势分析

跟踪市场趋势和预测未来发展也是一种重要的调查方法，包括关注行业新闻、市场研究报告和消费者趋势。

这些市场调查方法可以单独或组合使用，以帮助主题公园管理者更好地了解市场、目标受众和竞争情况。这些信息可以用于制定战略、改进运营和提高游客体验。

实践卡

作为市场研究团队的一员，你的任务是设计并执行一项市场调查，以了解主题公园游客的需求、满意度和反馈。这个任务将帮助主题公园管理团队更好地满足游客的期望，并改进他们的游园体验。

任务：设计一个包括至少10个问题的问卷，涵盖游客需求、满意度和建议。确保问题清晰明了，能够获取有用的信息。

_____

_____

_____

_____

二、主题公园目标市场的确定与细分

任务卡

轻量化文旅融合新业态：泡泡玛特主题公园

随着文旅市场快速复苏，主题公园作为"文旅+"重要业态再次备受关注。游客对主题公园有着众多期待：更多寄托情怀IP、更具沉浸式体验感的新项目、更智能化人性化的公园服务、更独特个性化的游玩攻略，承载着大小朋友无尽的向往与期盼。2023年以来，多地正加紧推动主题公园项目的布局和落地。

2023年10月，国内首个潮玩行业沉浸式IP主题公园——泡泡玛特城市乐园（POP LAND）正式在北京朝阳公园开园（图7-7）。开园首日，泡泡玛特城市乐园吸引了大量游客前来体验，四大核心区域人气火爆，游客热情满满、欢乐指数飙升，泡泡玛特城市乐园也一跃成为北京人气最热的品牌朝圣地，甚至还吸引了不少外地游客专程前来打卡拍照和游玩互动。

图7-7 北京泡泡玛特城市乐园

据介绍，坐落于北京朝阳公园的泡泡玛特城市乐园，占地面积约4万平方米，能够一站式满足吃、喝、玩、乐、购的潮玩全体验需求。城市乐园入口处是奇幻多彩的泡泡街，有诸多特色IP店铺互动装置，能看到Molly、Labubu、Dimoo、Skullpanda和Pucky等经典IP身影。泡泡街的尽头是森林区主入口，Labubu奇遇森林定位一个充满奇幻的神秘世界，里面生活着The Monsters家族，森林区继承了朝阳公园原本的自然景观地貌，并以IP形象的故事背景为切入点，打造了神秘渔村、精灵树屋、勇士部落等诸多极具特色的场景。森林区还拥有沙地、蹦蹦云、滑梯组合、林下游乐及小小迷宫等无动力装置，让游客可以尽享欢乐时光。此外，乐园专属IP Mokoko和Royal Molly更是吸引了潮玩爱好者的目光，让城市乐园更具潮流特色。

2023年，我国文旅业复苏明显，带动了乐园经济的上行，各个主题乐园的客流人数持续攀升。和大型乐园重投入相比，泡泡玛特拥有自己独特风格且投资相对较小、形态丰富的模式，或将成为中小型乐园的最优解。据了解，泡泡玛特城市乐园并非对标大型乐园，核心在于以内容IP为核心打造"轻"型主题乐园，参考白色恋人巧克力工厂、吉卜力的三鹰森美术馆，重在结合IP为游客提供一些轻内容体验。这种"小而精"的轻型乐园，主要体现在其IP的丰富性及业态的综合性上，除乐园主体硬件外，沉浸式体验、互动参与、游戏、餐饮、零售、亲子活动等特色，使得泡泡玛特城市乐园成为一个着重于线下体验的特色综合体，为人们提供短暂精神休憩的空间。

（资料来源：京报网.泡泡玛特城市乐园开园,本土潮玩IP如何玩转主题乐园？[EB/OL].(2023-09-27)[2023-12-30]. https://author.baidu.com/home?from=bjh_article&app_id=1601769692556620.）

基于以上材料，思考泡泡玛特主题公园营销的目标对象是哪个群体？这个群体具有什么共同特征？

知识卡

（一）确定主题公园的市场定位

确定主题公园的定位是关键的目标市场策略步骤，它帮助主题公园明确和定义自己在市场中的角色和独特卖点。主要从以下几个方面来开展。

1. 了解主题公园的价值观

主题公园的定位应该反映其价值观和使命，包括主题公园存在的原因、愿景和对游客的承诺。例如，迪士尼乐园的"使命"之一是为人们创造幻想和魔法的体验。他们相信幻想和创造力的力量，可以将游客带入一个独特的世界，并享受其中的乐趣。迪士尼乐园的核心价值之一是为家庭提供友好的环境，让家庭成员可以一起度过宝贵的时光。他们鼓励亲子互动，并提供各种活动和娱乐设施，以满足不同年龄的游客。迪士尼以卓越的客户服务而闻名，他们的员工被称为"卡斯特成员"。这些员工接受了专门的培训，以确保游客获得友好、周到和个性化的服务。这些价值观贯穿了迪士尼乐园的经营，帮助他们为游客创造独特的体验，满足家庭的需求，并建立了卓越的品牌声誉。

2. 竞争分析

通过研究竞争对手，了解竞争对手的定位和提供的体验。这将帮助主题公园确定如何在市场中与竞争者区分开来。例如，主题公园A位于城市中心，以其现代化的游乐设施和技术创新而著名，市场定位侧重于吸引年轻一代游客，强调数字技术和虚拟现实体验，提供各种刺激的游乐设施和全息投影演出。而另一主题公园B位于度假胜地，环境自然美丽，强调户外探险和生态友好，市场定位主要针对家庭和自然爱好者，提供远足、野营、生态教育等户外活动。基于竞争分析，主题公园A可以进一步加强数字技术和虚拟现实方面的投资，以吸引年轻受众。主题公园B可以强化生态友好和户外活动的市场策略，以吸引家庭和自然爱好者。

3. 定义目标市场

确定主题公园要吸引的目标市场将在很大程度上影响定位策略。例如，重庆酉阳松鼠丛林乐园是一个开在森林里的游乐场,是一个集生态旅游、亲子互动、休闲度假、科普教育为主要功能的原生态亲子互动乐园。这里有憨态可掬、亲近可爱的萌宠动物,有欢声笑语、乐而忘返的儿童天地,更有寓教于乐、妙趣无穷的趣味科普。面对目标市场儿童设计了充满童趣的体验项目。而重庆万盛梦幻奥陶纪主题乐园主要的服务对象是青少年,因此设置多项悬崖刺激类挑战项目,如天空悬廊、悬崖蹦极、悬崖秋千等。

4. 独特卖点

确定主题公园的独特卖点,也就是与竞争者不同的特点。这可以是主题、设施、服务、地理位置或其他特色。如三亚亚特兰蒂斯水世界的使命是为游客提供水上娱乐、冒险和放松的独特体验。它拥有世界上顶尖的滑道,提供惊险刺激的滑行体验。这一独特设施吸引了极限运动爱好者和寻求冒险的游客。

5. 品牌故事

讲述一个引人入胜的品牌故事,突出主题公园的历史、愿景和独特之处。品牌故事可以吸引游客情感共鸣。如中国知名的主题公园品牌——梦幻方特,其品牌故事强调了中华文化、创新和梦幻体验。在一个魔幻的国度,有一个被称为梦幻方特的地方。这个神奇的地方汲取了中华文化的灵感,将传统与现代相融合,创造了一个充满创意和冒险的世界。梦幻方特是一个与众不同的地方,它诞生于一位愿意将梦想变为现实的梦想家。梦幻方特的品牌故事强调了文化传承、创新和冒险精神,让游客能够在这个魔幻的世界中体验中华文化的独特之处。这有助于建立品牌认知度,并与游客建立情感共鸣,使他们能够更深入地沉浸在公园的梦幻氛围中。

(二) 了解潜在受众

研究主题公园所在地区的潜在受众。这可能包括当地居民、国内游客和国际游客。了解他们的年龄、性别、收入水平、家庭状况和兴趣。

1. 人口统计数据

收集主题公园所在地区的人口统计数据。这包括年龄分布、性别比例、家庭状况(如家庭规模和结构)和收入水平等。年龄分布有助于确定哪个年龄段的人群在市场定位中可能是主要受众;性别比例对于了解潜在受众的性别特点很重要;了解家庭规模和结构,包括家庭中的成年人和孩子的数量,这将有助于确定主题公园是否应重点吸引家庭游客;收入水平有助于确定主题公园的价格定位和优惠政策。例如:

假设你是一家主题公园的市场营销经理,位于一个地区,该地区的人口统计数据显示以下情况。

年龄分布:大部分人口集中在25至45岁,其中有许多家庭。

家庭状况:较高比例的家庭,平均家庭规模为3至4人。

收入水平:大多数家庭的收入水平中等,但也有一部分高收入家庭。

根据这些数据,可以推断主题公园的主要潜在受众可能是家庭,特别是年轻的家庭。市场策略可以侧重于提供家庭友好的活动和服务,如儿童游乐区、亲子活动和家庭套票。

2. 市场调查

进行市场调查可以了解当地居民和潜在游客的兴趣和消费习惯。这可以包括在线问卷调查、面对面采访或电话调查。目的在于了解有关他们的休闲活动、旅游偏好和娱乐喜好。例如：

假设你是一家主题公园的市场营销团队成员，想要了解潜在受众的兴趣和消费习惯。你决定进行一项在线问卷调查来获取这些信息。你可以按照以下步骤。

（1）制定调查问题：首先，你需要制定一系列问题，以了解潜在受众的兴趣。这些问题可以包括：你最喜欢的休闲活动是什么？你最喜欢的度假方式是什么？你上次去主题公园是什么时候？你认为主题公园应该提供哪些娱乐设施或活动？

（2）创建在线问卷：使用在线调查工具，如问卷星或腾讯问卷，创建一个包含这些问题的问卷。

（3）选择样本：确定你想要调查的受众群体，包括当地居民和潜在游客。你可以选择随机样本或特定受众群体。

（4）分发问卷：将问卷链接分享给被调查者，可以通过社交媒体、电子邮件、网站或应用程序进行分发。同时，你还可以选择面对面采访或电话调查来获取更多反馈。

（5）分析结果：收集并分析问卷数据，以了解受众的兴趣和意见。你可以使用统计分析工具来总结结果。

（6）制定市场策略：根据调查结果，你可以制定更具针对性的市场策略，以满足潜在受众的需求和兴趣。例如，如果调查显示大多数受众喜欢户外冒险活动，你可以考虑增加类似的娱乐设施。

3. 地区特点

研究主题公园所在地区的特点，包括地理位置、气候、文化、历史和当地的旅游景点。了解这些特点如何影响人们的旅游和休闲需求。

1）地理位置

研究地区的地理位置，包括接近海岸线、山脉、湖泊或城市，地理位置可能会影响季节性旅游和受众的类型；了解该地区的气候情况，包括季节变化和气温，气候将直接影响游客在不同时间访问主题公园的意愿；考虑地区的文化和历史特点，了解当地的文化节庆、传统和历史遗迹，这些可以成为吸引游客的亮点；研究该地区的其他旅游景点，如海滩、博物馆、自然公园等，了解主题公园如何与其他景点互补或竞争；根据气候和地理位置，考虑季节性需求，如夏季可能会吸引海滩爱好者，而在冬季可能会吸引滑雪爱好者。通过了解地区特点将帮助制定更具针对性的市场策略，以满足游客的期望，并更好地与地区的特点相互融合。

2）国内游客和国际游客

如果主题公园吸引国内和国际游客，在研究他们的特点。国内游客可能有不同的旅游偏好，而国际游客可能具有不同的文化需求。了解他们的需求有助于更好地服务他们。例如：

假设你是一家国际知名主题公园的市场营销研究员，该主题公园吸引了国内和国际游客。你想了解这两类游客的特点和需求。你可以采取如下步骤。

（1）调查国内游客：通过在线问卷、面对面采访或电话调查，了解国内游客的特点和需求。问题可能包括：你来自哪个城市或地区？你最喜欢的休闲活动是什么？你是否曾经访问过主题公园？如果有，你最喜欢的部分是什么？

(2) 调查国际游客：同样，通过在线问卷或面对面采访，了解国际游客的特点和需求。问题可能包括：你来自哪个国家？你是第一次访问这个国家吗？如果不是，你之前访问过哪些景点？你对这个主题公园有什么期望？

(3) 分析结果：分析国内和国际游客的调查结果，找出他们的共同点和差异。比较他们的兴趣、偏好和需求。

(4) 制定市场策略：根据研究结果，制定市场策略，以满足不同群体的需求。例如，你可以考虑提供多语言导览、不同文化的食物选择或特定于国际游客的推广活动。

分别了解国内游客和国际游客，以更好地适应他们的需求和提供个性化的体验。这将有助于主题公园更好地吸引不同地区和文化背景的游客。

4. 兴趣和需求

基于调查，总结潜在受众的主要兴趣和需求。确定他们在主题公园中可能寻求的体验，以及他们对娱乐和休闲活动的价值观。例如：

假设你已经完成了市场调研，包括调查当地居民、国内游客和国际游客的需求。现在，你要总结他们的主要兴趣和需求。可以按照如下步骤。

(1) 整合调查数据：汇总和整合从调查中获得的数据，包括他们的兴趣、喜好和需求。

(2) 确定主要兴趣：识别出潜在受众的主要兴趣，包括家庭娱乐、冒险活动、文化体验、美食等。

(3) 理解需求：了解他们在主题公园中可能寻求的体验，可以是放松、欢乐、冒险、学习或社交互动。

(4) 价值观：考虑他们对娱乐和休闲活动的价值观。一些人可能看重家庭团聚，而另一些人可能追求新奇和刺激。

(5) 区分因素：找出不同群体之间的区分因素。国内游客和国际游客可能有不同的需求，年轻人和老年人可能有不同的兴趣。理解这些区分因素对市场定位至关重要。

(6) 制定策略：根据总结的兴趣和需求，制定市场策略，以满足潜在受众的期望。这可以包括推出特定活动、增加特定设施或提供定制化的服务。

通过总结兴趣与需求，可以更好地理解潜在受众的需求和期望，从而能够更有针对性地满足他们的兴趣，提供更吸引人的主题公园体验。

(三) 制定个性化营销策略

基于目标市场的特点，制定个性化的市场营销策略，是确保主题公园成功吸引目标受众的关键一步。这包括定制广告、促销活动和宣传材料，以吸引特定目标受众。

(1) 定制广告：创建广告素材，以吸引特定目标受众。例如，如果主题公园主要面向家庭，可以制作家庭友好的广告，强调适合孩子的活动和娱乐。

(2) 促销活动：开展促销活动，针对目标受众的需求。例如，如果前期的调查显示潜在受众看重价格，营销策略就可以提供家庭套票或季节性折扣。

(3) 社交媒体策略：制定社交媒体策略，以在社交平台上针对不同目标受众发布内容。使用特定的标签和关键词，以吸引相关兴趣的人群。例如，在抖音平台上开展营销，营销团队可以分享精彩的照片和视频，展示主题公园的乐趣和刺激并使用相关的标签，如

"儿童欢乐""冒险之旅"和"家庭周末",以吸引年轻受众和家庭。

(4) 事件和活动:举办特定于目标市场的事件和活动。例如,如果主题公园的目标市场是年轻人,可以组织音乐节或主题派对。

(5) 客户关系管理:建立客户关系管理系统,以更好地了解个别客户的需求,并提供个性化的服务和建议。

(四) 监测与调整

监测和调整市场策略是市场营销管理中的关键步骤,以确保主题公园能够适应不断变化的市场和受众需求。监测和调整的方式分别有以下几种。

1. 监测方法

(1) 市场调查:定期进行市场调查,了解受众的满意度和需求变化。可以使用定性和定量研究方法,如问卷调查、焦点小组讨论和访谈。

(2) 社交媒体分析:使用社交媒体分析工具,监测社交媒体平台上的受众反应和趋势。分析关键指标,如互动率、分享次数和评论。

(3) 在线反馈:收集和分析在线访客和游客的反馈,包括网站上的评论、社交媒体留言和电子邮件反馈。

(4) 竞争分析:定期进行竞争分析,了解竞争对手的市场表现和策略。这有助于确定主题公园的竞争优势和改进点。

2. 调整策略

(1) 产品和服务改进:根据市场反馈,调整和改进主题公园的产品和服务,满足受众需求。这可能包括新增设施、改进游乐设备或提供更多的家庭友好活动。

(2) 定价策略:根据市场需求和竞争情况,调整门票价格或提供促销活动,吸引更多的游客。

(3) 市场营销策略:根据市场调查结果,重新制定市场营销策略,更好地吸引目标受众。这可以包括重新定位广告、更新社交媒体内容或推出新的广告活动。

(4) 客户体验改进:根据游客反馈,改进客户体验,包括提高服务质量、减少等候时间和增加互动体验。

(5) 战略调整:根据竞争分析,调整主题公园的战略定位,以与竞争对手区分开来。

以上的监测和调整策略有助于主题公园保持竞争力,满足不断变化的市场需求,提高游客体验,同时维护品牌形象。这些策略可以在市场营销管理中起到关键作用,确保主题公园的成功和可持续发展。

实践卡

任务名称:市场定位挑战

任务说明:假设你们是一个专业的市场营销团队,你们需要帮助重庆欢乐谷确定其市场定位,以吸引目标受众。在本任务中,你们将进行市场分析,定义目标市场,识别竞争对手,并最终提出一个市场定位策略。请按照如下步骤来完成市场定位报告。

(1) 通过研究相关行业报告、市场数据和竞争对手的情况,了解主题公园行业的现状和趋势。收集信息,包括市场规模、主要竞争对手、目标市场需求和消费者趋势。

(2) 根据市场分析的结果,确定主题公园的目标市场。考虑因素如年龄、兴趣、地理位置、家庭状况等,以确保目标市场明确。

(3) 识别主题公园行业中的主要竞争对手,分析他们的市场定位和独特卖点。确定竞争对手的优势和劣势。

(4) 基于市场分析、目标市场和竞争分析的结果,提出一个市场定位策略。考虑如何将主题公园与竞争对手区分开来,以满足目标市场的需求。

(5) 撰写一份市场定位报告,总结你的研究和提出的策略。报告应包括市场分析、目标市场定义、竞争分析和市场定位策略。

评估标准:学生以小组为单位完成任务。市场定位报告应该能够清晰地解释决策过程,以及为什么选择特定的市场定位策略。

___

思政园地

中新天津生态城文化主题公园

中新天津生态城文化主题公园(图 7-8)的建设对于城市的重要性不言而喻。作为城市中的公共空间,公园不仅为市民提供了休闲娱乐的场所,更是展示城市特色、文化底蕴和生态理念的重要窗口。

图 7-8 中新天津生态城文化主题公园

中新天津生态城文化主题公园在规划和建设过程中,充分考虑了地域特色和城市形象。它以生态、绿色、自然为主题,致力于为市民打造一个宁静、宜人的休闲场所。通过远离城市的喧嚣,人们可以在这里感受到大自然的清新和绿色,充分享受到生态城所带来的绿色生态福利。

文化主题公园的建立,不仅突显了生态城在环保、生态方面的特色,更展示了城市的文化底蕴和独特魅力。它将成为一个集生态、文化、艺术于一体的综合性主题公园,为市民提供一个接触自然、体验生态的绝佳去处。同时,这个主题公园也是生态城向外界展示自身城市形象的一个重要窗口,成为吸引游客和投资的重要载体。

(资料来源:站在云端的巨人.中新天津生态城文化主题公园[EB/OL].(2023-10-10)[2023-12-30]. https://author.baidu.com/home?from=bjh_article&app_id=1770910498789545.)

任务三　学会主题公园产品和服务管理

一、主题公园产品与体验设计

任务卡

任务名称:设计你的理想主题公园景点布局

任务说明:以欢乐谷(或其他主题公园)为参考,设计一个新的主题公园的景点布局。你需要考虑景点之间的关联性、游客流动、主题的统一性以及安全等方面。你可以画出主题公园的示意图,标出景点和设施的位置,包括游乐设备、景观、休息区和餐饮点。你需要考虑不同年龄层的游客需求,并描述每个景点的特色和可能的体验。

要点如下。

(1) 安排不同类型的景点,考虑不同年龄段游客的需求。

(2) 每个景点需符合整体主题,保持主题一致性。

(3) 标明景点之间的通道和游客流动路径。

(4) 考虑安全性和舒适度,如便利设施和遮阳设备。

(5) 描述每个景点的特色和可能的体验,以确保其吸引力和互动性。

知识卡

主题公园产品与体验设计是确保游客获得难忘体验的关键。主要包括以下几点设计。

（一）景点设计

主题公园内不同景点的设计原则，包括选择和构思各个景点，设计主题和故事性的元素，以及景点的布局与互动性。主题公园内不同景点的设计需要遵循一些设计原则，以确保游客获得引人入胜和难忘的体验。

（1）主题与景点一致性：每个景点都应与主题和故事情节相契合，确保景点设计与整体主题一致。从建筑外观到装饰细节，都应与整体主题相关联。例如，重庆欢乐谷引进超级超级飞侠IP，打造超级飞侠训练营（图7-9），超级飞侠实景主题区1∶1深度还原动画场景，给小朋友沉浸式体验。

图7-9　重庆欢乐谷超级飞侠训练营

（2）多样化和吸引力：景点应该呈现出多样化的特色，以满足不同年龄层和兴趣的游客。吸引力来源于其独特性、亮点和视觉效果。例如，厦门方特东方神画以中国传统的五千多年的文化精髓为主题，设置了适合不同年龄层和兴趣的特色吸引点，如想要追求高科技感受的游客可以前往《女娲补天》区，《女娲补天》是融合轨道和立体光学影像技术等一系列的技术能够让游客回到混沌初开的洪荒地界，真实地感受到气氛，踏上拯救苍生的充满魔幻的旅程。如果想要追求刺激和冒险，《穿越火焰山》是一个不错的选择（图7-10），在这里游客会和孙大圣一样，踏上筋斗云，在熊熊烈火的火焰山上，与各路妖魔进行搏斗，激动人心又非常的刺激。

（3）互动性和体验感：通过引入互动元素、动态装置和沉浸式体验，增加景点的趣味性和吸引力。游客参与度的提高有助于创造更深的印象。例如，在横店影视城，你可以在明清宫苑的御花园观赏惊鸿舞、在清明上河图景区感受北宋烟火气、在梦幻谷与"诗人大咖"吟诗作对、在秦王宫参加秦朝的"运动会"，这些文旅融合的新场景，为游客提供新颖的

图 7-10 厦门方特东方神画《穿越火焰山》

沉浸式文旅体验。

（4）视觉吸引力和标识性：景点的外观设计要吸引人，色彩鲜明、视觉效果突出。标识和标志应清晰明了，方便游客辨认和找到景点。国内的主题公园均拥有自己独特的标识，欢乐谷的 Logo 中七种颜色的绚丽搭配产生了奇妙的化学反应，通过卡通化的剪影形象表现出欢乐谷中的各种惊险刺激的游乐设施；迪士尼的 Logo 字母设计得像小动物，广泛受到大人和小朋友的喜爱。

（5）流畅性和通行性：景点布局要有条理，游客游览时不应有拥挤或不便之处。合理的场地规划和通道设计能提升游客体验。如设计合理的连接通道，使游客可以便捷地从一个景点转移到另一个景点。通道的宽度应充分考虑游客流量，以避免拥堵和行走不便；将不同主题的景点布局分成各自的区域；设计流线和导览路线，确保游客可以便捷地游览整个公园。这样的设计可使游客在尽可能短的时间内游览全园，而不感到困惑或走失。合理布置服务设施，如洗手间、休息区、饮水处等，避免游客长时间等待或走很远的距离才能找到这些设施。

（6）情感共鸣与情感联结：设计师应考虑如何引发游客的情感共鸣。情感联系可使游客更深地沉浸在景点体验中，留下难忘的印象。例如有句话说：全世界都在催着你长大，只有迪士尼在拼命守护你的童年，告诉你要相信童话。所以，迪士尼乐园的景点设置围绕童话梦展开，梦幻的城堡、美丽的公主、可爱的迪士尼朋友，为游客打造了一个梦幻空间。

（7）安全与可持续性：景点设计必须考虑游客安全。同时，采用可持续性设计和环保材料，符合可持续发展的趋势。例如，所有景点的建筑和设施应符合建筑安全标准，以确保结构稳固和游客安全。这包括定期维护和检查，确保设施和设备没有破损或安全隐患。在景点周围设置安全警示和指示牌，提示游客注意安全问题，如湿滑地面、台阶等。清晰的指示牌能帮助游客避免潜在危险。在公园内设置紧急设施，如急救站和灭火器，以备不时之需。设计时也应考虑景点的节能和资源再利用。例如，利用太阳能供电、收集雨水用于植物浇灌,以降低能源消耗和资源浪费。

(二)游乐设备和娱乐项目

在主题公园中,游乐设备和娱乐项目的设计、创新和安全性是至关重要的。探讨游乐设备和娱乐项目的设计、创新和安全性,包括创造新型娱乐项目、与时俱进地更新设备以及保障游客的安全。

(1)设计与创新:游乐设备应设计独特、刺激、趣味并考虑到不同年龄层的需求。创新性是关键,如结合虚拟现实技术,增强现实体验和互动性,让游客参与其中,创造更丰富的体验。

(2)安全性和维护:游乐设备的安全性是首要考虑因素。它们需要符合严格的安全标准,并进行定期维护和检查。对设备的使用和限制也需要清晰的标识和指示。

(3)环保考量:游乐设备应该考虑使用环保材料和技术,以减少能源消耗和环境影响。同时,设备的设计和运行应考虑节能和资源再利用。

(4)更新和改进:不断更新游乐设备和娱乐项目,以保持其吸引力和竞争力。采用最新技术和创新设计,使游客能够获得新鲜感。

(5)安全培训和指导:保障游客的安全需要专门培训员工,确保他们能够提供正确的安全指导和监督游客的安全操作。

(三)互动体验与科技应用

在主题公园中整合科技创新,创造互动体验,是吸引游客并增强他们的参与感的关键方面。例如,增强现实、虚拟现实和互动装置,可以增强游客的参与感。

(1)增强现实和虚拟现实体验:利用增强现实和虚拟现实技术,主题公园可以提供沉浸式的体验。例如,利用虚拟现实技术在游乐设备或景点上投影虚拟元素,让游客与虚拟世界互动。增强现实技术则提供头戴式设备,使游客仿佛置身于另一个世界。这种技术可以用于游戏、模拟体验或展示历史场景等。

(2)互动装置与游戏体验:通过互动装置,让游客参与各种活动和游戏。这可能包括触摸屏互动面板、交互式投影或基于运动感应的游戏。这些互动装置可以设置在景点周围,增加游客的互动体验。

(3)移动应用程序与导览服务:提供移动应用程序,让游客可以通过手机或平板电脑获取景点的信息和导览服务。这些应用程序可以提供导览地图、展示信息、特殊活动的通知,甚至提供互动式的游戏体验。

(4)数字化互动展示:利用数字化技术创建互动展示,让游客参与到展示内容中。这可以是多媒体展示、互动式表演或数字化的学习体验。

(5)互动体验:结合实时数据和互动技术,提供根据游客行为实时调整的体验。例如,根据游客参与度调整互动装置或景点的反馈。

(四)季节性和特别活动

季节性和特别活动在主题公园中是吸引游客、增加参与度、提升体验的重要方式。强调临时性或季节性活动的设计和安排,如节日庆典、特别展览或主题活动,以吸引更多游客并为他们带来不同的体验。

(1)节日庆典和主题活动:设计与不同节日或主题相关的特别庆典活动。例如,春节、元宵节、端午节等节日,主题公园可以举办特别的庆典活动,如特色表演、装饰、游戏和主题游园活动,增加节日氛围和吸引游客。

(2)特别展览和临时展示:安排特别展览或展示,可能包括艺术展览、文化展示、科技展览等,限时展示或展览可以增加游客的好奇心和探索欲。

(3)季节性装饰和主题景点:根据季节变化设计景点和装饰,创造不同的主题和体验。例如,在不同季节改变景点装饰或提供季节性的活动,让游客感受到主题公园在不同时间的变化。

(4)限时促销和特别优惠:提供限时的促销活动或特别优惠,吸引游客,可以是季节性门票优惠、套餐优惠等,激励游客在特定时间前来参观。

(5)音乐会和表演:安排特别的音乐会、戏剧表演或艺术节目,为游客带来独特的娱乐体验。

实践卡

1. 任务说明

作为一个主题公园的体验设计师,你的任务是设计一个独特和难忘的主题公园体验。以某种主题(如科幻、童话、冒险等)为基础,考虑并设计景点、游乐设备、娱乐项目和特别活动,以创造一个令游客难忘的体验。

2. 具体任务

主题选择:选择一个主题作为设计基础(如科幻、童话、冒险等)。

景点设计:设计并描述至少三个景点,每个景点应与所选主题相关联,包括特色、主题元素和互动性。

游乐设备与娱乐项目:设计一项新颖的游乐设备或娱乐项目,使其符合所选主题,并描述其功能和特色。

特别活动策划:提出一项季节性或特别活动计划,如节日庆典、特别展览、主题活动等,使其能够吸引更多游客并为他们带来不同的体验。

体验描述:描述游客在这个主题公园中可能的体验,包括他们可能的互动、感受和参与度。

3. 要点

每个设计都需要符合所选主题并保持一致性。

考虑游客的安全和体验,并描述互动和特色。

描述景点、设备和活动如何吸引游客并使他们留下深刻印象。

二、主题公园门票定价与产品包装策略

任务卡

重庆欢乐谷2014年落户重庆,2017年7月8日建成开园。作为全新打造的复合型、生态型和创新型主题公园,不仅是欢乐版图的第七站,更是全国第一座山地版欢乐谷。作为市场策划团队的一员,你需要重新制定门票价格和产品包装策略。该主题公园拥有多个景点和娱乐设施,适合不同年龄段的游客。在策划阶段,你需要思考以下情景。

(1) 你将如何确定不同类别门票的定价,如成人、儿童、老年人等?
(2) 考虑动态定价,你将如何根据不同时间段或季节性需求调整门票价格?
(3) 你会推出哪些产品包装,如日票、季票、年票或家庭套票?
(4) 如何设计特别活动套餐来吸引不同游客群体?
请查阅相关资料,并针对以上问题给出你的看法。

_____
_____
_____
_____

知识卡

(一) 门票定价策略

门票定价策略是指主题公园根据不同的市场需求、目标受众和特定时段,设定门票价格的策略和方法。这种策略包括制定价格结构、门票种类、定价范围和定价机制,旨在吸引不同类型的游客并优化收入,应对不同时间段的需求变化,并提供灵活的价格选择。

1. 差异定价

主题公园应该考虑不同游客类型的需求和支付能力,以制定不同门票类型和价格。例如,成人票、儿童票和老年人票可以根据目标群体的需求进行定价。成人票可能有更高的价格,因为通常他们有更高的支付能力,而儿童和老年人票可能相对便宜,以吸引更多该群体的游客。季节性定价也是一种考虑,主要包括差异定价、动态定价和套票及组合产品定价。例如,在旅游旺季和淡季,门票价格可以有所不同。

2. 动态定价

动态定价策略涉及根据不同时间段、需求和市场变化动态调整门票价格。举例来说,在假期、周末或特定节日时,主题公园可以增加门票价格,因为在这些时段通常会有更高的游客数量。提前预订和早鸟优惠也是动态定价的一种形式,给那些提前预订门票的游客提供折扣。

3. 套票和组合产品定价

提供不同种类的产品包装,使得游客可以选择更符合他们需求的门票。例如,一日通

行证适合游览者,季票适合经常访问的当地居民或游客,而家庭套票适合家庭出游的游客。跨主题公园的联合套票可以让游客在不同主题公园间享受更多优惠和多样性体验。

(二)产品包装策略

产品包装策略是指主题公园通过不同门票套餐和增值服务来满足游客多样化需求,并增加门票的吸引力。这些策略的设计可以使游客获得更多选择和更好的体验。

(1)一日通行证。主题公园提供一日通行证,允许游客在一天内畅游所有景点和设施,适合那些只有短时间游玩或旅行团的游客,如重庆欢乐谷一日游通行证(图7-11)。

(2)季票和年票。面向常常造访主题公园的游客,季票和年票是更长时间的门票选择。它们可能以折扣或特殊优惠的形式提供,鼓励游客多次光临,如湖北欢乐谷年卡(图7-12)。

图7-11 重庆欢乐谷一日游通行证

图7-12 湖北欢乐谷年卡

(3)特别活动套餐:这种包装策略通常涉及特别活动或节日庆典。例如,主题公园可能会推出特别活动套餐,包括节日期间的特殊表演或限时活动,并提供折扣或特别体验。

(4)优惠券和团体票:主题公园可能提供团体优惠、学生优惠或优惠券,以吸引特定群体的游客,并增加门票的经济吸引力。

(5)增值服务包:这类服务通常额外收费,提供额外服务或特殊待遇,如快速通道、专属景点入口、用餐优惠券等。这些服务为游客提供更好的体验和附加价值。

通过这些产品包装策略,主题公园可以满足不同游客类型的需求,增加门票销量,并提供更多选择,以增加游客体验的价值。

实践卡

假设你是某主题公园的新任营销总监,你将面临门票定价的挑战。主题公园一直在寻求提高门票销售额和游客满意度。现在,你需要重新评估门票定价策略。

请提供一个新的门票定价策略,包括至少两种价格制度和价位。你需要解释你所选择的定价策略类型(如差异定价、动态定价),并说明定价策略背后的原因和预期效果。描述你预期的目标市场和针对不同客户类型的门票优惠策略。详细说明你的定价策略如何吸引更多游客、提高门票销售额,并为游客提供更好的体验。

思政园地

"世界野生动植物日"宣传活动在广州长隆野生动物世界举办

2021年3月3日是第八个"世界野生动植物日",主题为"推动绿色发展,促进人与自然和谐共生"。为进一步提高公众野生动植物保护意识,当日在广州长隆野生动物世界长隆举办"世界野生动植物日主题宣传活动"。国家林业和草原局驻广州专员办、广东省林业局、广东省科学技术协会、广东省野生动植物保护协会、广东省野生动物救护中心、广州市林业和园林局的相关领导出席了活动。

此次活动由中国野生动物保护协会、中国野生植物保护协会、国家林业和草原局驻广州专员办、广东省林业局共同主办;广州市林业和园林局、广东省野生动植物保护协会、广州长隆野生动物世界、珠海长隆海洋王国、广州长隆飞鸟乐园、广东省长隆动植物保护基金会承办;广东省科学技术协会、南方海洋科学与工程广东省实验室、广东省动物学会支持。

多年来,广东长隆集团自觉贯彻落实《中华人民共和国野生动物保护法》《中华人民共和国科学技术普及法》等法律法规,坚持开展"世界野生动植物日""爱鸟周""保护野生动物宣传月"等主题宣传活动,以各种形式弘扬科学精神,普及科学知识,倡导保护野生动植物,推动绿色发展的理念,以提高公民的动物保护意识和科学文化素质。2020年,广东长隆集团有限公司获得国家科技部、中央宣传部和中国科协授予的"全国科普先进集体"称号。

广东长隆集团开展珍稀濒危物种迁地保护,在野生动植物繁育方面取得重大突破,为野生动植物的科普及保护教育做出了巨大贡献。在本次世界野生动植物日的宣传活动现场,一众新出生的动物萌宝与游客见面。动物保育专家和科普讲解师将近期新生的动物萌宝照做成照片墙长廊,供游客观赏,向游客展示的还有动物日常食用的果蔬,耐心为孩子们讲述动物科普知识。

(资料来源:凤凰网广东综合."世界野生动植物日"宣传活动在广州长隆野生动物世界启动[EB/OL].(2021-03-03)[2023-12-30].https://gd.ifeng.com/c/84IyceTNgqf.)

任务四 掌握主题公园促销与广告

一、主题公园品牌建设与定位策略

任务卡

请选择我国一家主题公园,以小组为单位详细调查其品牌形象、价值观、独特卖点和市场定位。考虑其品牌故事、标志、主题和所传达的声音以及在广告和宣传中所体现的形象。

基于小组的调研结果,提出一些建议或改进建议,包括可能的品牌定位策略改进或增强,以提升主题公园的品牌形象和市场地位。

通过文字或图表清晰地表达小组的观点和建议。

_____
_____
_____
_____

知识卡

(一) 品牌建设

品牌建设是一项战略性活动,旨在打造和塑造主题公园独特的身份和形象。通过品牌建设,主题公园企图确保游客对该品牌与特定价值和独特体验的密切联系而深入。

这一战略性的过程涉及确定并传达主题公园的独特特色,包括价值观、独特卖点和区别于其他竞争对手的优势。品牌建设的目标之一是在激烈的市场竞争中脱颖而出,并在游客心中留下深刻印象。此过程涵盖了诸多方面,包括品牌形象、故事叙述、视觉识别、品牌声音和口吻等元素的设计和传达。品牌建设致力于呈现一个清晰、一致和令人信赖的品牌形象,旨在吸引目标受众并赋予他们独特的体验。品牌的视觉元素、传达风格和营销信息都应在传播中一以贯之,以便让游客对品牌形成一贯性和深刻的认知。品牌建设的成功,意味着品牌与特定体验和情感联系紧密相连,从而激发游客的兴趣并提升品牌价值。

(1) 品牌使命和愿景:解释主题公园存在的目的和价值观。使命宣言是一个短语或陈述,概括了品牌的目标和目的,而愿景则代表品牌对未来的愿景。例如,迪士尼公司以"为人们带来快乐和魔法"为使命,鼓励员工积极参与实现这一愿景。

(2) 品牌定位:确定主题公园在市场中的定位,包括定位图、SWOT 分析(优势—strengths、劣势—weaknesses、机会—opportunities、威胁—threats)以及如何与竞争对手区分。例如,三亚亚特兰蒂斯的品牌定位是高端一站式海洋主题的娱乐休闲及综合旅游度假目的地。

(3) 品牌故事:讲述关于主题公园的故事,包括历史、价值观和独特之处。这个故事可以唤起情感共鸣,增加与游客的情感联系。

(4) 品牌特色和独特卖点:深入探讨主题公园独特的特色和卖点,这些特点是品牌的核心价值所在。

(5) 视觉识别和设计元素:品牌标识、标志、颜色、字体和其他视觉元素,这些元素将帮助品牌在市场中脱颖而出。

(6) 品牌声音和口吻:定义品牌的语言和风格,使其在各种传播平台上保持一致。

(7) 品牌与体验的结合:确保品牌识别与游客在主题公园中的体验相关联,从游乐设备、餐饮到游客互动和服务。

品牌建设旨在创建与游客的情感和体验紧密相关的品牌形象,确保品牌能够在市场中与其他竞争对手有所不同并留下深刻印象。

(二)品牌定位

品牌定位是营销策略的核心组成部分,旨在建立主题公园在目标受众心中的独特位置和形象。它代表了主题公园所传达的特定价值观、理念和独特卖点。品牌定位的核心是确定主题公园在目标市场中的独特性,并确保它的形象与目标受众的需求和期望相契合。

这一策略包括对主题公园的不同方面的定义:核心理念、特色、目标受众以及与竞争对手的区别。品牌定位的过程需要深入了解目标市场的需求和偏好,以确保主题公园所呈现的形象能够引起目标受众的共鸣。

品牌定位的成功需要确保所传达的信息和形象与主题公园的实际体验和价值相一致,使其成为目标受众心中对应特定价值和情感的代名词。品牌定位还需要与整体营销策略相协调,以确保传播的信息能够有效地与目标受众接触,提高认知度并促使消费者行动。最终,一个成功的品牌定位策略将使主题公园在市场中占据独特的地位,为其带来竞争优势并增加消费者忠诚度。这包括以下几个方面。

(1)确定目标市场:首先要明确主题公园想要吸引的目标受众,包括年龄段、家庭状况、地理位置、兴趣爱好等方面。

(2)强调独特卖点:主题公园需要明确和强调与竞争者不同之处,可以是主题、景点设计、游乐设备、服务质量等方面。例如,如果一个主题公园强调家庭友好的特点,其定位将侧重于为全家提供娱乐和乐趣。

(3)体验和情感联系:主题公园的定位应该与游客的体验和情感联系紧密。无论是提供什么样的体验,都应该符合目标受众的需求和期望。例如,某个主题公园可能通过提供刺激和创新的游乐项目吸引年轻人,或通过提供文化和历史景点来吸引对历史感兴趣的游客。

通过明确主题公园的定位,使其在市场中的地位清晰可辨,能够更好地满足目标受众的需求,从而获得竞争优势。

实践卡

任务:通过调研和分析来设计一个新兴主题公园的品牌定位策略

任务说明:假设你是一家新兴主题公园的市场营销总监。该主题公园计划在市场上树立独特的品牌形象。请结合市场调研、竞争分析和目标受众研究,为这家主题公园设计一个品牌定位策略。

步骤如下。

市场调研:收集与目标市场相关的信息,包括消费者的喜好、行为和偏好,以及竞争对手的定位策略。

目标受众研究:分析目标受众的特征,如年龄、兴趣爱好和消费习惯。通过了解他们的需求,确定应该传达的核心信息。

竞争分析:评估其他主题公园的品牌定位策略,确认他们的成功之处和可以改进的地方。确定如何与这些竞争对手区分开来。

SWOT 分析:执行一次 SWOT 分析,强调主题公园的优势和劣势,以及所面临的机会和威胁。

设计品牌定位策略:根据以上调研结果,提出一个品牌定位策略。确保这个策略能够满足目标受众的需求,并塑造一个独特的形象,以区别于其他主题公园。

结合案例:以现有成功的主题公园为案例,分析他们的品牌定位策略,并探讨他们在市场上的表现。

完成后,根据分析和调研结果提出建议,并陈述你认为最适合新兴主题公园的品牌定位策略。

_____

_____

_____

二、主题公园传媒广告与促销活动

任务卡

IP 营销为何如此奏效?探秘北京环球影城 IP 大户

进入了冬天,配上哈利波特电影音乐"海德薇变奏曲",霍格沃茨学院在白雪皑皑中冉冉伫立着,颇有一种闯入魔法世界、变身巫师的感觉。

自 2021 年 9 月 20 日,北京环球影城正式开园,当天一分钟之内,票立马被抢光。微博上有许多网友纷纷在北京环球影城"打卡",将游玩照片晒在网上,并获得了较高的关注量。靠着高热度的 IP,北京环球影城受到大家热烈的欢迎,特别是备受年轻人的喜爱。IP 营销为何如此奏效?

1. 热门电影 IP 打造高热度乐园

北京环球影城包含七大主题景区,分别为功夫熊猫盖世之地、变形金刚基地、小黄人乐园、哈利波特的魔法世界、侏罗纪世界努布拉岛、好莱坞和未来水世界。几乎每一个景区背后都有强大的 IP 支撑。据记者了解,功夫熊猫盖世之地主要取材于动画影片《功夫熊猫》,内含原汁原味的中国元素,如熊猫村景点。该电影豆瓣评分 8.1,曾获第 81 届奥斯卡金像奖最佳动画长片,描述了一只熊猫立志成为武林高手的故事。

变形金刚基地的背后文化来源为《变形金刚》系列科幻动作电影,内含充满赛博坦风格的建筑和先进的科技感,让游客仿佛化身为特工,沉浸于科幻世界中。《变形金刚》电影豆瓣评分 8.3,讲述了主人公发现了寻找"火种源"的地图,汽车人与霸天虎为了争夺"火种源"而爆发战争的故事。

小黄人乐园基于动画电影《神偷奶爸》进行设计,还原了电影里欢乐、可爱的元素。该电影豆瓣评分8.6,是一部喜剧片。该剧剧情为神偷计划利用三个孤儿作为他伟大偷月计划的棋子,直到发现她们天真的爱深刻地改变了他。

哈利波特的魔法世界取材于《哈利波特》系列电影,让人仿佛置身于魔法世界,化身为巫师。《哈利波特与魔法石》豆瓣评分9.1,系列电影主要讲述了哈利与伏地魔的正义与邪恶之战。

好莱坞取材于好莱坞电影,呈现了美国洛杉矶的好莱坞大道,仿佛随时可以偶遇电影巨星。《阿甘正传》《死亡诗社》《指环王》等热度较高的电影皆是好莱坞电影。这些电影大部分口碑较好,热度较高,像《阿甘正传》电影豆瓣评分便高达9.5分。

这些电影豆瓣评分较高,口碑较好。强大的电影IP,再加上景区的精心设计,为北京环球影城赢得了较高的热度。《侏罗纪世界》及《未来水世界》虽然电影评分相对低,但其中的仿真恐龙和特技表演也可以成为看点。

2. 引进与国内文化相契合的IP,组合式IP吸引复杂的受众群体

《南方经济》责任编辑杨学儒说道,"北京环球影城试营业时便已经非常火爆。像类似的主题乐园,比较吸引人的因素是文化,IP在其中就显得非常重要。北京环球影城包含多个IP,受众较为复杂,像哈利波特,吸引的大多是年轻人,当然也不乏一些小时候喜欢哈利波特的中年人。对于受众群体,北京环球影城的受众定位可能更多是有一定教育程度和收入水平的群体,同时会考虑到哪些受众可以让它更早地实现商业化,同时这种商业化不会较多损耗自身IP的价值。像北京环球影城类似的主题公园需要注重引进与国内文化相契合的IP,才能拥有更多的受众群体。"

3. 注重IP营销,进行适度的商业化运作

在未来的商业形态中,精神性消费需求占比将会更高,少了IP,会导致部分缺失长期的市场吸引力,IP营销是非常重要的。IP营销成功的秘诀在于进行市场细分,深入调研用户画像,考虑细分市场的特点,同时需要适度,运用与本身IP的精神内涵相匹配的商业化模式。当某些IP变现方式过于直白,会冲淡其精神内涵,引起粉丝的质疑。而一个成功的IP的打造,需要的是一个独特的形象,具有自己的特点,同时具备持久的精神性内涵,满足人们对亲情、爱情等美好事物的向往,成为人们的精神寄托,还需要成功的商业化运作。每个企业要根据自己的资源、前期历史基础,打造自己的专属特定的IP,同时进行差异化定位,重视品牌形象,注重相关产品的质量,还要进行文化赋能,从中国传统文化中寻找可以提升自己品牌形象、具有长期吸引力的文化因素。

(资料来源:人民资讯.IP营销为何如此奏效?探秘北京环球影城IP大户[EB/OL].(2021-11-24)[2023-12-30]. https://author.baidu.com/home?from=bjh_article&app_id=1669728810290752.)

根据以上材料思考:

(1) 对于北京环球影城,分析其当前IP在市场上的影响和认知度。基于其与环球影业的合作和知名IP(如《哈利波特》等),你认为这些IP对吸引游客和提升知名度有何影响?

(2) 就环球影城现有的IP,包括电影和相关的主题体验,提出可能的营销和推广建议。可以基于数字媒体、活动推广或特别体验等方面,提出如何更好地利用这些IP推广主题公园。

（3）通过将环球影城的IP与不同市场需求、年龄层和地域联系起来，探讨在吸引不同游客群体方面，哪些IP更具影响力？对于未来，环球影城是否需要扩大或加强其IP组合？

（一）主题公园传媒广告

主题公园在广告传媒方面的选择多种多样，这些广告形式各有优劣势，能够覆盖不同的目标受众。

1. 电视广告

优势：电视广告能触及大范围的观众，通过多种频道和节目进行广告投放，使得主题公园的信息覆盖范围更广。电视广告结合视频、音频等多种元素，为主题公园提供了更多展示产品和体验的方式，有利于品牌形象的建立和推广。通过电视广告，主题公园可以运用视觉、声音、故事叙述等手段来创造生动的广告内容，吸引观众的注意力，提高品牌认知度和吸引力。

劣势：制作和播放电视广告通常需要大量投资，成本较高，对小规模的主题公园可能有些难度。广告触及观众群体广泛，但无法精准定位到具体的受众群体。这可能导致广告投放给了并非主题公园目标受众的人群。虽然有广告收视率等数据，但真正衡量广告效果和转化率相对复杂。因此，难以准确判断投入和产出之间的比例。

所以，电视广告对于大型主题公园来说可能是一种合适的宣传方式，但需要仔细考虑成本效益和是否与目标观众沟通。

2. 广播广告

优势：与电视广告相比，广播广告制作和播放成本通常较低，这使得即使预算较小的主题公园也能在广播媒体上进行广告投放。广播广告通过声音传播，能够在听觉上吸引人，某些情境下，如汽车驾驶或办公场所中，触达率可能较高。有些广播节目或频道针对特定人群，可以帮助主题公园定位到特定的听众群体。

劣势：和其他广告形式一样，广播广告难以准确量化广告效果，尤其是对于广告投放后受众反馈的具体数据。由于广播广告仅限于声音传播，不能展示图像或视频内容，广告内容的传播相对受限，难以呈现主题公园的视觉吸引力。在广播中，听众可能分散注意力，转向其他活动，这意味着广播广告可能被部分听众忽视。

对于预算有限的主题公园，广播广告是一个相对经济且具有潜在传播效果的选择，尤其是在一些特定目标受众的场景中。但仍然需要评估其实际成效。

3. 印刷媒体广告

优势：印刷媒体广告可以针对特定刊物、杂志或传单，精准定位到目标受众。例如，在特定地区的杂志或报纸上投放广告，能更精准地触达当地目标消费者。与广播或电视不同，读者阅读印刷媒体时往往更专注，有更多时间深入阅读内容，这可能增加广告信息的传达效果。

劣势：印刷媒体广告需要视觉设计来吸引读者，并且通常限制在纸质媒介上，这可能对设计要求有一定的挑战。由于印刷媒体限制在纸质传播，难以传递动态内容或者引导互动。与数字媒体不同，难以准确测量印刷媒体广告的实际效果和投放后的触达率。

对于主题公园来说，印刷媒体广告在区域性推广和精准定位目标受众上有一定优势，但在制作设计要求和实际效果监测上需要更多的投入和关注。

4. 户外广告牌

优势：在高流量地点，如繁忙街道、交通要道或人群聚集区域，能够覆盖大量目标受众，增加品牌曝光度。巨大的户外广告牌能够吸引行人或汽车驾驶者的目光，提供在有限时间内传达简洁信息的机会。

劣势：广告内容呈现通常较为瞬时，路人或司机可能只能在极短时间内接收信息，因此信息传播时间有限。可能受到天气、路况或周围环境的限制，如大风、恶劣天气、路边杂物等会影响广告牌信息的可见度。

户外广告牌对于提升品牌知名度和在短时间内引起注意有一定优势，但受到信息传播时间短暂和受环境影响等限制。对于主题公园，选择户外广告牌时需要注意选择地点、信息内容的简洁性，并应对环境因素有所预期。

5. 数字媒体广告

优势：具有强大的定向能力，可以精确选择受众，基于兴趣、地理位置、年龄、搜索历史等数据进行精准定位。提供广告效果的量化和数据分析，能够追踪广告投放效果，进行据分析和调整，使广告投放更有效。

劣势：在一些情况下，数字媒体广告因涉及隐私问题，可能受到法规和用户隐私保护政策的限制，使得某些广告策略受到限制。在某些网络环境下，用户可自行安装广告拦截插件或使用浏览器提供的广告屏蔽功能，这可能降低广告的曝光率和效果。

数字媒体广告由于其定向性强，数据分析丰富，能够提供更精准的广告投放和效果分析。然而，需要注意隐私和屏蔽问题，以确保广告的有效性和合法性。

6. 社交媒体广告

优势：社交媒体平台提供用户互动的环境，用户更愿意参与和分享，提高广告的传播效果。社交媒体平台拥有大量用户信息和数据，能够提供高度定制和精准的定位受众的广告服务。

劣势：过度投放广告可能引发用户反感，破坏用户体验，因此需要精细的广告策略和平衡。

社交媒体广告通过用户参与度高和精准定位受众的优势，为品牌传播和营销提供了有利的平台。但需要避免过度推广，以免影响用户体验。

针对不同的目标受众和宣传目标，主题公园通常会结合多种广告形式，以覆盖更广泛的受众群体。选择合适的广告形式和渠道，以增加品牌曝光度、提升认知度和吸引目标受众。

（二）主题公园促销策略

主题公园促销策略是一种通过各种优惠、特别活动和营销手段，旨在吸引更多游客、提高品牌知名度、增加门票销售量以及加强游客忠诚度的策略性方法。这些策略可能涵盖不同折扣活动、特殊主题活动或季节性促销,通过多样的激励措施来吸引和留住游客。

1. 折扣活动

折扣活动是一种促销策略,通过减少门票价格或产品费用,吸引更多游客前来主题公园游玩。这种策略可以根据不同的时间点、特定人群或节日期间进行调整。例如,在平日或淡季可能提供更多的折扣,以刺激游客在非高峰期参观;另外,主题公园也可能为学生、老年人等特定人群提供折扣,或在节日期间提供特殊的门票价格优惠。这样的策略能够吸引更多不同类型的游客,同时促进销售和游客流量。

2. 特殊活动

特殊活动是指主题公园组织举办的特别活动或主题项目,如音乐会、庆祝活动、节日特别项目等。这些活动通常不是日常常规项目的一部分,而是为了吸引新游客或为现有游客提供额外的娱乐福利。这些特殊活动可以吸引更多的游客参与,并提供新的体验和回忆,增强主题公园对游客的吸引力。特殊活动不仅丰富了游客的游园体验,也为公园创造了更多营收机会。

3. 季节性促销

季节性促销是主题公园根据不同季节的需求变化,针对不同时间段提供相应的促销活动。在淡季时,主题公园可以提供更多的折扣、特别服务或其他额外优惠,以鼓励游客参观。这些促销活动旨在吸引游客,尤其是在原本较为清闲的淡季期间,增加游客数量,同时提供更具吸引力的体验,以应对需求的季节性波动。通过这种策略,主题公园可以吸引更多游客,提高销售,并使淡季期间的游客体验更具价值。

4. VIP 活动或会员优惠

VIP 活动或会员优惠是一种促销策略,主题公园为忠实顾客提供会员制度或 VIP 服务。这些服务包括为注册会员提供额外的折扣、特殊待遇或附加服务,旨在鼓励游客多次光顾主题公园。这种策略有助于培养忠实客户群,增加客户的忠诚度和满意度,因为他们能享受到特殊的待遇和额外的价值。同时,VIP 或会员制度可以为主题公园提供稳定的客户基础,并鼓励长期关系的建立。

实践卡

实践任务:设计一项针对重庆欢乐谷的促销活动,旨在吸引更多家庭和孩子前来游玩。考虑不同季节、特殊活动和目标受众,提出具体的促销方案。

实践要求:

确定促销活动的目标受众和受众特点,包括年龄、家庭情况、兴趣爱好等。

设计不同季节或特殊活动时的不同促销策略。比如,暑假、圣诞节、春节等。

选择适当的促销手段,如折扣门票、套票优惠、特别游戏活动等。

描述活动推广渠道,如电视广告、社交媒体、宣传单页等。

阐述活动预期效果和收益。用数据支持你的设计,包括预计增加游客数量、收入等方面的影响。

提交要求:以文档形式提交你的促销活动设计,包括上述要点,尽可能提供详细和有力的论据支持你的设计。

三、主题公园数字市场营销与社交媒体策略

任务卡

2021年1月,上海交通大学海外教育学院主题公园研究所与Tagword早文智能科技抽样调查并分析了33家中国主题公园在线品牌影响力,通过客观赋权法计算来自百度搜索指数、微信公众号指数、OTA点评指数、微博话题指数、抖音话题指数等一系列互联网上体现品牌影响力的数据,对公园景区的在线影响力进行客观评定,评选出综合排名前20的主题公园。

其中抖音平台排名前20的分别为:上海迪士尼、南京欢乐谷、杭州宋城、上海欢乐谷、长沙世界之窗、武汉欢乐谷、珠海长隆海洋王国、厦门方特旅游度假区、常州恐龙园、南宁方特东方神画、横店影视城、武汉海昌极地海洋公园、深圳欢乐谷、郑州方特旅游度假区、株洲方特旅游度假区、芜湖方特旅游度假区、长影环球100、成都国色天香乐园、北京欢乐谷、大连圣亚海洋世界。

2020年12月抖音IP营销:园区NPC吸引游客眼球,创意绝佳。杭州宋城小红、保安四座、长沙世界之窗圣诞节NPC等。

2020年12月的抖音乐园数据里南京欢乐谷的话题以及热度一路飙升排在第二位,南京欢乐谷自11月开业起各大平台活跃度一直保持领先,其活跃度有正面也存在部分危机,12月28日,南京欢乐谷一过山车突然断电,导致设施停摆。南京欢乐谷12月28日发布情况说明致歉,事件原因初步排查为设备外部变电站跳闸,导致设备暂停运行。在此次危机处理中,南京欢乐谷第一次面临突发状况处理及时且恰当,也让乐园避免遭受舆论压力。

(资料来源:TAGWORD.主题公园品牌在线影响力指数[EB/OL].(2023-02-19)[2023-12-30]. https://www.tagword.cn/2023%E5%B9%B4%E6%9C%88%E4%B8%BB%E9%A2%98%E5%85%AC%E5%9B%AD%E5%93%81%E7%89%8C%E5%9C%A8%E7%BA%BF%E5%BD%B1 E5%93%8D%E5%8A%9B%E6%8C%87%E6%95%B0%B0/.)

根据以上材料探究主题公园社交媒体策略的关键特征。

知识卡

(一)主题公园数字市场营销策略

数字市场营销策略是指利用数字技术和在线渠道,通过网络平台和数字媒体来推广和营销产品或服务的策略。包括利用互联网、移动设备和各种数字渠道,如搜索引擎优化

（SEO）、社交媒体营销、电子邮件营销、内容营销等，以吸引、互动和影响潜在客户。数字市场营销策略的目标是利用数字渠道，提高品牌知名度、增加销售量、增强客户互动，以及实现营销和业务目标。

1. 内容营销

内容营销是指创造并共享有趣、有价值和吸引人的内容，以吸引目标受众、提高品牌知名度并促进销售。对于主题公园，内容营销可能包括以下内容。

（1）微博文章。当撰写微博文章作为主题公园的数字营销手段时，内容可以包括介绍主题公园新推出的景点或游乐项目，如描述新设备、体验或游乐项目的亮点和特色。例如，主题公园新推出的极速过山车，介绍其惊险刺激的特点和游客体验；分享特别活动、节日庆典或特别项目的报道，如回顾主题公园上一次的××节特别装饰和庆典活动，并展示来访者的精彩照片；邀请游客分享他们的亲身体验。例如，可以撰写一篇游客的游乐日记，让读者了解不同游客的观点和经验。

（2）视频内容。视频内容对于主题公园的数字市场营销是极具吸引力的。视频可以包括直播或录播主题公园的特殊活动或节日庆典，如录制××节庆典、儿童嘉年华活动或新年烟火秀的视频，并在社交媒体平台上发布；拍摄游客使用主题公园设备的体验，比如，游客在过山车上的惊险体验或在水上乐园的快乐；拍摄主题公园精彩表演或表演者的精彩瞬间，包括游乐园内的街头表演、杂耍或动物表演；录制游客的互动瞬间，如和卡通人物互动、游客嬉闹的场景等；制作关于主题公园幕后故事的视频，介绍那些平时不为人所知的工作人员、布景制作和活动策划背后的故事等。

（3）图片和图库。在社交媒体传播和营销中，图片和图库的内容是至关重要的，包括拍摄主题公园内特色景点、标志性建筑和装饰，以展示乐园的独特魅力。例如，迪士尼城堡、环球影城的著名标志、特色雕塑等；捕捉游客参与主题公园特殊活动、节日庆典或季节性活动的照片，包括游客的快乐笑脸、特色表演、节日装扮等；展示主题公园内美丽的风景和自然景观，如优美的花园、景点周围的自然环境、欢快的人群等；拍摄游客与卡通人物互动、游乐设备体验等画面，展示游客互动的欢乐瞬间以及提供高分辨率、高质量的照片，以供媒体使用，如印刷品、广告和媒体报道。

（4）社交媒体内容。社交媒体是主题公园数字营销中不可或缺的一部分，我国的社交媒体互动平台主要有抖音平台和新浪微博平台等。利用抖音短视频平台，发布吸引人的短视频，展示主题公园的特色项目、游客互动和快乐瞬间。内容需要生动有趣，吸引年轻用户。例如，发布游客与卡通人物互动的快乐视频；利用微博平台发布主题公园的最新活动、特色内容和促销信息，与粉丝进行即时互动和回应。例如，推送特殊活动的宣传海报、折扣门票信息等。而国外的主题公园营销主要活跃在 Facebook、Instagram、Twitter 等社交平台。

2. 搜索引擎优化

搜索引擎优化旨在提高网站在搜索引擎中的可见性和排名。通过优化网站内容、结构和关键词使用，搜索引擎优化旨在使网站在用户输入相关搜索查询时，获得更高的自然或有机搜索结果排名。这有助于吸引更多潜在客户或访问者，提高网站的流量和曝光度。搜索引擎优化的目标是通过遵循搜索引擎的排名标准，使网站内容对用户更有吸引力，同时提高其在搜索引擎结果中的排名和可见性。具体包括以下步骤。

（1）关键词研究：确定与主题公园相关性最高的关键词。这些关键词可以包括乐园的名称、特色景点、特色活动和附近地标。通过对这些关键词进行研究和分析，主题公园的数字营销团队可以根据用户搜索习惯优化网站内容，使其更容易被搜索引擎识别，从而提高排名和曝光度。

（2）网站内容优化：将所选关键词融入网站内容，包括标题、描述、主要页面文本和标签。内容要有质量、相关性和原创性，以吸引搜索引擎和用户。例如，标题应包含与主题公园相关的主要关键词，突出页面主题，同时保持吸引人并清晰易懂；主要页面文本应自然地包含相关关键词，而非强行堆砌，内容应以用户体验为导向，重视信息的质量和相关性；合理使用内链，让页面彼此联系，提高用户体验和搜索引擎爬行效率，也与可信赖的网站互相连接，提高网站的可信度。这些策略将帮助主题公园网站优化内容，提高搜索引擎排名，吸引更多流量，同时为访客提供高质量的信息和用户体验。

（3）网站架构和导航：网站架构和导航在网站内容优化中扮演着关键角色，保持网站结构清晰，方便搜索引擎抓取和索引。清晰的网站结构和良好的导航有助于提高用户体验，同时也影响搜索引擎排名。例如，使用层级结构组织网站，确保页面之间的逻辑关系清晰，并根据主题、产品或服务将相关内容分组，使用户能够轻松找到相关信息。

（4）移动优化：确保网站在移动设备上的显示和功能良好，因为越来越多的用户通过移动设备访问网站。例如，采用响应式网页设计，使网页能根据不同设备的屏幕尺寸自适应布局，保证在各种设备上的良好显示；优化图像以适应移动设备，压缩图像文件以减少加载时间；避免使用过多的动画或弹出窗口，以提供更好的用户体验；确保网站和功能在不同移动设备和浏览器上都能正常工作。通过采取这些移动优化措施，可以提供更好的移动体验，吸引并留住移动设备上的访问者，增加网站在移动搜索引擎排名中的竞争力。

（5）分析和改进：对于搜索引擎优化，分析和改进是持续优化的关键步骤。定期监控网站流量、排名和关键词效果，并根据数据调整搜索引擎优化策略。例如，利用分析工具追踪网站访问量、页面访问量、访问来源和用户行为；分析网站的关键转化率，如订阅、购买或预订等行为；了解哪些渠道带来的流量最多，如社交媒体、广告等；深入了解用户在网站上的行为，包括最受欢迎的页面、平均停留时间、跳出率等。

（二）主题公园社交媒体策略

社交媒体策略是指一个组织或品牌为了实现特定目标，而在社交媒体平台上实施的一系列计划和步骤。这包括选择适合目标受众的社交平台、制定内容战略、与受众互动、进行社交媒体广告，以及持续监测和调整策略。这些策略的目标是增加品牌知名度、吸引用户关注、提高互动性、促进销售或推广活动等。具体步骤如下。

1. 目标和定位

主题公园在社交媒体上的目标和定位可能会根据不同阶段或需要有所不同。但主题公园在社交媒体上的典型目标和定位如下。

（1）增加品牌知名度：主题公园希望通过社交媒体扩大品牌知名度，吸引更多关注，扩大影响力。例如，分享主题公园的故事、乐园的历史和特色、游客互动和特色景点，以此提高知名度。

（2）推广活动：社交媒体是一个理想的平台，用于宣传和推广特定活动、节日庆祝、新景点发布、门票折扣等，以此增加参与和吸引更多游客。

（3）提高互动：社交媒体提供了直接互动的机会，主题公园可以利用这一优势，回复游客问题、分享游客的照片、提供实时信息，增加与用户的互动，建立更亲密的联系。

（4）增加销售：社交媒体也可以直接促进门票或商品的销售，提供特定的优惠、在线预订和方便购买路径，以此直接推动销售。

2. 平台选择

在选择社交媒体平台时，主题公园应该考虑目标受众的特征和平台的特点。例如，分析主题公园的目标用户群体，如年龄、兴趣、地理位置等。不同平台的用户群有所不同，青少年和年轻人可能更多在抖音和微博，而职场人士和家庭用户可能更倾向于微信；各个社交媒体平台的功能和特性不同。例如，微信更注重社交聊天和服务功能，微博和抖音则侧重于内容传播和短视频分享，小红书则偏向购物和生活方式；主题公园的品牌形象和内容特性需要与所选择的平台相匹配。例如，主题公园侧重于创意和娱乐，可以考虑选择抖音这样的短视频分享平台。

具体参考平台及特色如下。

（1）微信：微信是目前我国最大的社交媒体平台之一，拥有庞大的用户群。主题公园可以通过创建官方账号发布新闻、活动、景点信息，甚至提供在线预订服务。

（2）微博：微博是一个受欢迎的平台，特别受到年轻用户的喜爱。主题公园可以在微博上分享故事、活动、景点介绍，互动并回答用户问题。

（3）抖音：抖音是一个短视频分享平台，可用于发布吸引人的、与主题公园相关的视频内容，如游玩时的精彩瞬间、推广新景点等。

（4）小红书：主要面向年轻女性用户，适合发布关于主题公园的游玩攻略、体验分享和购物推荐。

（5）快手：以生活日常和短视频分享为主，可以用于发布主题公园内的欢乐瞬间和用户互动。

根据主题公园的社交媒体策略，选择可以促进用户互动和分享的平台。平台提供的数据分析和广告支持能够帮助主题公园更好地了解用户行为并提供更精准的广告服务。

3. 用户互动

主题公园可以通过积极参与用户的互动来加强用户与品牌之间的联系，包括回复用户评论、分享用户内容、提出问题或开展投票、互动活动和挑战等。

（1）回复用户评论：及时回复用户的留言或评论，提供有价值的信息或回应他们的疑问。这种互动能让用户感受到被重视和关注。

（2）分享用户内容：如果用户在社交媒体上分享了关于主题公园的内容，可以通过转发故事等方式分享他们的内容，以展示对用户的支持和感谢。

（3）提出问题或开展投票：通过社交媒体发布问题、投票或调查，让用户参与决策过程或提供意见。这种互动能够激发用户的参与感，并让用户感到他们的声音得到了重视。

（4）互动活动和挑战：举办互动性活动或挑战，鼓励用户参与。这种互动形式可以是拍摄特定主题的照片或视频,分享游乐园体验,然后参与者标记主题公园的官方账号或使用特定的主题标签。

4. 评估与调整

评估和调整是社交媒体策略中非常重要的一环,监控社交媒体的表现,并根据数据调整策略。包括以下几方面。

(1) 监控社交媒体表现:使用社交媒体分析工具来追踪指标,如参与度、关注者增长、用户互动和转化率等。这些数据将提供有关主题公园的社交媒体活动表现的见解。

(2) 数据分析与比较:对不同平台的数据进行分析和对比。确定哪些内容类型、发布时间、互动方式等对用户产生了积极的影响以及哪些内容效果不佳。比较不同时间段的数据,查看趋势和变化。

(3) 评估策略有效性:根据数据评估原始策略。确定哪些策略产生了良好的结果,哪些需要调整或改进。

(4) 调整策略:根据评估的结果,进行必要的调整。这可能涉及改变发布时间、内容类型、互动方式等,以便更好地满足受众需求和提高参与度。

实践卡

实践任务:任选我国一家主题公园的抖音官方账号,梳理并分析主题公园与用户的积极互动表现,并基于数据监控和评价,对该主题公园的社交媒体策略表现进行评估。

实践要求如下。

(1) 选择主题公园和账号:自主选择一家主题公园的官方抖音账号,并阐明选择该账号的原因。

(2) 梳理互动内容:分析并记录该主题公园在抖音上的用户互动内容,包括视频内容类型、评论互动、用户生成内容(UGC)、活动参与等方面。

(3) 数据监控和分析:利用抖音平台提供的分析工具或其他相关工具,对主题公园账号的数据进行监控和分析。评估账号的关注增长、用户互动和内容效果。

(4) 评价社交媒体策略:基于所得数据和分析结果,对主题公园的抖音社交媒体策略进行评价,并提出改进建议。

思政园地

海昌海洋公园九年深耕公益,贡献国际领先

2023年4月22日是全球第54个"世界地球日",今年的宣传主题是"众生的地球",旨在呼吁人们关注"生物多样性急剧丧失""海洋生态系统失衡"等众多环境问题。

值得一提的是,今年也是海昌海洋公园公益月连续举办的第九个年头,本届公益月暖心覆盖上海、海南三亚、辽宁大连、重庆、山东烟台、河南郑州/安阳、安徽安庆/宿州、四川巴中/广元/内江/宜宾/德阳、江苏常州/泰州/苏州/盐城/兴化、湖南湘潭、山西忻州、青海西宁、陕西西安,共计23城。

一直以来,海昌海洋公园坚持履行公益领域的社会责任,积极投身践行社会慈善公益;同时也秉持着"与大自然建立友好和谐关系"的宗旨,致力于动物研究和科普保护事业,积极参与全国各地的物种保护救援工作。

在过去九年里,海昌海洋公园累计公益接待100多万特殊人群及家庭,落地公益活动200余场,举办公益讲座活动50余场,联动千余家异业品牌1500多位意见领袖共同参与公益推广。

自2016年起,烟台海昌鲸鲨海洋公园就曾多次举办面向出租车司机、60周岁以上老人、听障儿童、孤儿、运动员、军人等特定人群的免费入园活动。

2019年三亚海昌梦幻海洋不夜城正式营业,此后每年园区都会实行为期三个月的面向全球孤独症儿童及家属的免费入园政策。

2020年,海昌海洋公园所有景区对全国医护人员免费开放,至今已累计接待超45万人次。

2022年7月,上海海昌海洋公园举办"灌注光能,与爱同行"关爱残障儿童公益活动,向全国残障儿童免费开放,并赠送奥特曼主题周边礼品一份。

2023年,为"星星的孩子"们开通星星专列的大连海昌发现王国主题公园,又成立了新的"星光孤独症疗愈基地",用循证方法帮助孤独症儿童康复。

作为亚洲最大的海洋公园拥有者及运营商,海昌多年来一直努力践行生物保护及科普教育职能,致力于为生物创造更好的生活环境,让更多的人能够深入了解极地海洋生物,同时也能更加关注海洋环境问题。

2016年,大连海昌发现王国主题公园举办"环海岸自行车公开赛",推动全民加入有氧健康运动行列中,培养年轻人走出室内、融入大自然的热情,同时也呼吁人们关注海洋环境。

"爱"与"责任",是人类社会永恒不变的主题,也是海昌海洋公园作为一家拥有强烈社会责任感和使命感的企业,多年来始终坚持奉行的两大宗旨。正因如此,海昌才能在二十余年的发展过程中,沉心践行公益事业,构建广大的社会影响力,带领更多人群投身到社会公益活动,共同使我们赖以生存的地球变得更加美好。

(资料来源:烟台融媒.海昌海洋公园九年深耕公益,贡献国际领先[EB/OL].(2023-04-20)[2023-12-30].https://author.baidu.com/home?from=bjh_article&app_id=1660925124434701.)

项目实训

项目名称:提升主题公园数字市场营销效果

项目描述:学生分成小组,以小组为单位负责分析、制订和执行提升主题公园数字市场营销效果的计划。这个项目旨在利用数字媒体、社交平台等工具,提高主题公园的在线曝光和品牌认知度,吸引更多游客。

项目步骤如下。

现状分析:小组需要分析当前主题公园的数字市场营销策略和在线表现,包括评估社交媒体表现、网站流量、搜索引擎排名等。

制定策略：在对现状进行全面了解的基础上，制定提升数字市场营销效果的策略，包括内容营销、社交媒体活动等。

执行实施：根据制定的策略，执行并管理相应的市场营销活动，包括创建和发布内容、管理社交媒体平台等。

数据监测与调整：小组需要根据实施效果进行数据监测，了解活动效果，并在必要时对策略进行调整和优化。

自我评价与思考

班级：_____ 组名：_____ 姓名：_____

评分项目	比重/%	分数	评分人	评分标准
自我评价	20		自己	根据自己在实训过程中的表现和收获进行评分
参与度	30		组长	根据出勤、提问、回答问题、讨论等对实训项目的参与情况进行评分
配合度	20		组员	根据实训调研过程中组员之间的相互配合程度进行评分
报告成绩	30		老师	根据班级公开汇报的情况进行评分
总分	100			

总结反思：
_____
_____
_____

项目八

主题公园运营管理趋势

项目清单

主题公园运营管理趋势项目清单如表 8-1 所示。

表 8-1 项目清单

任 务	知识目标	职业核心能力
了解主题公园标准化管理	(1) 了解主题公园标准化管理概念； (2) 掌握我国现行主题公园标准化管理情况	(1) 明确管理、标准化管理、主题公园标准化管理的要义，能说出主题公园进行标准化管理的缘由； (2) 能够从国家、地方、主题公园的宏观、中观、微观三个层面说出主题公园标准化管理的发展沿革
明确主题公园个性化管理	(1) 明确主题公园个性化概念； (2) 掌握主题公园个性化管理产生缘由	(1) 能明了个性化对于主题公园发展的关键影响作用； (2) 能剖析不同的主题公园采取了何种有利于自身发展的个性化的方式
剖析主题公园智慧建设	(1) 了解主题公园智慧化概念； (2) 掌握国内外主题公园智慧化建设的尝试	(1) 能阐述主题公园智慧建设的概念，并说出主题公园有关智慧建设的一些具体的方式； (2) 能够合理预测未来主题公园在智慧化建设的发展

项目情境

以欢乐谷为代表的游乐型主题公园(图 8-1)，提供了刺激的游乐设施和机动游戏，为寻求刺激感觉的游客乐此不疲，与此同时家庭型游客的比重也极高。

近年来，主题公园为大家带来欢乐的同时，也同时获得了可观的收益。但为了更好推动主题公园长期健康发展，请帮助他们。

请查阅资料，就下列问题展开讨论。如何为游客带来绝佳的旅游体验？主题公园需要做哪些工作才能实现为游客带来良好旅游体验的效果？

图 8-1 重庆欢乐谷主题公园

任务一 了解主题公园标准化管理

一、主题公园标准化管理概念

任务卡

管理是什么？主题公园管理是什么？主题公园标准化管理又是什么？请根据以往的经验，写下你的答案。

1. 管理
_____
_____

2. 主题公园管理
_____
_____

3. 主题公园标准化管理
_____
_____

知识卡

1. 管理

从字面上解释，管是主其事，理是治其事，管理即管辖治理的意思。但对于管理的定义到现在仍然是众说纷纭，存在无数的论点，以下为部分关于管理的观点，如表 8-2 所示。

表 8-2　关于管理的不同观点

观　点	具　体　内　容
过程说	管理是由计划、组织、指挥、协调及控制等职能为要素组成的活动过程。这是由现代管理理论的创始人法国实业家法约尔（Fayol）于 1916 年提出的。他的论点经过许多人多年的研究和实践证明,除在职能的提法上有所增减外,总的来说仍是正确的,并成为管理定义的基础
资源说	管理是指通过计划工作、组织工作、领导工作和控制工作的诸过程来协调所有的资源,以便达到既定的目标。这一表述由三个部分组成：管理首先是协调资源,资源包括资金、物质和人员三个方面；各种管理职能是协调的手段；管理是为了达到既定的目标
协调说	管理是在某一组织中,为完成目标而从事的对人与物质资源的协调活动。这一表述包括四个要素：为完成某种目标；由人进行的协调；通过管理职能进行协调；是某一组织群体的活动
协同说	管理是促使系统各要素协同运行,以便收到个人单独活动所不能收到的效果而进行的各种活动。这种表述包含三点内容：管理其他人及其他人的工作；通过其他人的活动来收到工作效果；通过协调其他人的活动进行管理
人本说	管理就是协调人际关系,激发人的积极性,以达到共同目标的一种活动。它包括三层意思：管理的核心是协调人际关系；管理者应当根据人的行为规律去激发人的积极性；管理的任务就是要使人们为完成共同目标而努力
职能说	管理是一种以绩效、责任为基础的专业职能。这是彼得·德鲁克教授提出的观点。他认为：管理与所有权、地位或权力完全无关；管理是专业性的工作,有自己专有的技能、方法、工具和技术；管理人员是一个专业的管理阶层；管理的本质和基础是执行任务的责任
决策说	管理就是决策。这是 1978 年诺贝尔经济学奖获得者赫伯特·西蒙提出的。决策过程实际上是任何管理工作解决问题时必经的过程。任何组织、任何层次的管理者在进行管理时都要经过这种决策过程,所以可以说,管理就是决策
规律说	管理就是根据一个系统所固有的客观规律,施加影响于这个系统,从而使这个系统呈现一种新状态的过程。这是许多系统论者所共有的观点。这个观点包含的内容有三点：系统内各个组成部分具有耦合功能,因而系统的发展变化表现出一定的规律；管理的职能就是根据系统的客观规律对系统施加影响；管理的任务就是使系统呈现出新状态,以达到预期的目的

以上这些关于管理的观点,从各个不同的角度描绘了管理的面貌。综合上述研究,管理的概念可以做如下表述：管理就是在一定的社会制度等外部环境中,一个组织为了实现预期的目标,由管理者对组织内部的各种资源进行决策、计划、组织、领导、激励、控制和创新,促进其相互协调,以取得最大效益的动态过程。

2. 主题公园管理

主题公园管理建立在管理的基础上,聚焦于主题公园这一具体主体,涉及主题公园从小到大的各个领域,是一项综合性的系统工程,包括但不限于：开发规划、经营组织、人力资源、服务质量、战略、主题、投资与财务、盈利模式、产品创新、市场营销、安全、游客等。如某一主题公园能建立较为健全完善的主题公园管理体系,能更好地助力长期健康运营、发展。如表 8-3 所示,即为欢乐谷制定的管理部职位手册的相关信息。

表 8-3　公园管理部职位手册

序号	职　　能	对应工作事项
1	负责维护公司、顾客和员工人身及财产安全,保证公司正常营运	(1) 识别安全因素,制订本年度安全管理年度计划并上报审批; (2) 组织实施与监控; (3) 安全检查与培训,隐患整改; (4) 安全考核
2	负责所辖区域出入口的控制管理,保证各出入口秩序正常	各种因工作关系的人员及物品出入园手续的检查核对、登记确认、放行
3	负责园区内外治安秩序的管理,保证园区良好的治安管理秩序	(1) 治安巡逻检查各部门自查(防火、防盗、防恐、防治安灾害等); (2) 维护园区及排队区秩序,为顾客提供优质服务; (3) 负责园区监控使用维护,监控园区安全; (4) 隐患整改和排除
4	负责突发事件处理,保证及时处理	(1) 方案的制定; (2) 演练; (3) 启动; (4) 组织实施
5	负责停车场的管理工作,保证停车场经营服务目标的达成	(1) 车辆进出入日常管理; (2) 负责经营指标的完成; (3) 跟进各租赁商租金的收缴情况,以及租赁现场的安全管理; (4) 公司重大活动车辆的留位及看护

3. 主题公园管理标准化

主题公园管理标准化是对生产、经营、服务、管理等活动中的重复性事物和概念,通过制定标准、贯彻实施标准和对标准实施情况的监督检查,可以有效地统一管理共识、统一管理内容、统一行业操作流程、统一考核指导标准等,从而具有较强的指导性和操作性,对于节约管理成本、提高管理效率、提升精细化规范化管理水平具有一定现实意义,实现主题公园的最佳秩序和经济、社会效益,促进高效、健康、有序地发展等目标。

实践卡

主题公园的标准化管理体现在方方面面,通过观察你能列举出不少于三项的内容吗?请试试。

案例分析

清明上河园

到开封旅游,清明上河园是必选之地。现在的清明上河园成为当今中国最大的宋文化主题公园、国家5A级旅游景区、国家文化产业示范基地。清明上河园走到今天,成为全国主题公园的翘楚,成为年收入超两亿元的国内大型知名旅游企业。

1. 酝酿精彩的"前奏曲"

1998年10月28日,随着菊花花会的隆重开幕,清明上河园向中外游客张开了欢迎的臂膀。以张择端的千古画卷《清明上河图》为蓝本,按照1∶1比例复原再现的350亩园子里,绿柳依依,虹桥如画,"汴河"之畔是喊着号子的纤夫,勾栏瓦肆里有古韵悠悠的吆喝声,玻璃画、葫芦烙、面人、喷火、踩高跷……活化了的历史一下子吸引了无数游客。开业当月,清明上河园的旅游收入超过了300万元。

20世纪90年代初,中国兴起了一股兴建主题公园热潮,但由于盲目投资和管理不善,这些主题公园后来大多陷入困局。有调查数字显示,第一代主题公园中,70%以上亏损,20%持平,盈利的不足10%。如今这些主题公园大多都已不复存在,而清明上河园不但存活下来了,而且"活"得越来越好。

从1998年10月开园到2008年全年游客量突破百万,清明上河园用了10年;而从全年游客量突破百万到游客量翻一番,清明上河园仅用了5年。这不能不说是主题文化公园建设和经营的一个传奇!

目前,清明上河园已成为中西部地区大型文化主题公园成功运营的典范,大黄河旅游线上一个不可或缺的重要支点,河南省旅游旗舰景区之一,更是开封旅游的龙头企业。

2. 唱响宋文化"主题曲"

在清明上河园,市井小巷里身着宋装的商贩在沿街揽客,"武大郎"叫卖炊饼的声音响彻街巷;"汴河"边上,"开封府尹包拯"正在巡视漕运,迎亲的队伍向"虹桥"驶来;勾栏瓦肆里,吹糖人、捏面人、踩高跷等民间绝活轮番上演,阵阵喝彩不绝于耳……

"一个景区要想脱颖而出,必须要有其文化的唯一性。"清明上河园多年来始终坚持可持续发展战略,通过打造不可复制的稀缺产品,增强其竞争力和吸引力,带动其品牌提升。

望着眼前的一座座宫殿、一间间店铺、一条条篷船。在大宋皇城开封,以《清明上河图》为蓝本,按照1∶1比例复原的清明上河园,从一开始,就深深根植于璀璨厚重的宋文化中。无论是蹴鞠、斗鸡等独具北宋特色的游艺活动,还是整个园区的建筑风格、店铺摆设、饮食交通、服装道具等,都沿袭北宋模式,目的是使游客感受到"一朝步入画卷,一日梦回千年"的穿越之美,目的是使中国的非物质文化遗产在这里得到最大限度的保护和传承。

作为主题公园,宋文化是清明上河园永恒的主题。为了活化历史,提升景区文化含量,清明上河园斥巨资打造了《大宋·东京梦华》大型水上实景演出,创编了《岳飞枪挑小梁王》《大宋·东京保卫战》等大型剧目,创新了主题景区的文化表现模式。"曾有游客因游园当天恰逢下雨,没能看成《岳飞枪挑小梁王》,第二天又专门买票进来看这场演出。"

清明上河园投入400余万元以实物与模型1∶3比例恢复仿建的大宋水运仪象台,该水运仪象台既能开动水泵供水使全部系统正常运转,又可电动控制进行自动运转演示,目前属于全国首例。它的仿建为清明上河园的科技文化展示增添了亮丽的一笔。

值得一提的是,2014年10月17日晚,清明上河园成功举办了世界客属第27届恳亲大会开幕式文艺演出,当日,还接待了来自世界各大洲的2000余名客家嘉宾,在这里他们品尝了由清明上河园承办的客家千人长桌宴美食。2014年的端午诗会,为传承中华文化,讴歌屈原诗情,增进两岸文化交流,清明上河园景区特邀海峡两岸著名诗人余光中、绿蒂、汪国真、屈原后裔屈金星来到现场,著名朗诵家虹云、詹泽等现场朗诵,通过一个端午诗会促进中华情,通过一个端午文化周弘扬中国梦,通过一系列端午特色活动彰显宋都韵味。

3. 指挥好标准化"协奏曲"

清明上河园在河南省旅游标准化工作会议上被命名为河南省首批旅游标准化示范单位。从2012年被确定为河南省首批旅游标准化试点单位以来,清明上河园以标准化建设为契机,以让游客满意为目的,确立了"再现千年历史画卷,建设国家精品景区"的标准化创建目标,建立了涵盖景区管理、游客接待、安全保卫、游客投诉等多个服务项目的标准体系。

在标准化的"指挥棒"下,清明上河园商务部、演艺部、市场部、工程部等多个部门开始协作演奏清明上河园创建旅游标准化示范单位的"协奏曲"。

商户是清明上河园富有特色的组成部分,目前已有200多家。为配合景区标准化建设,商务部成立了以经理为组长的工作小组,每天对景区内所有商户进行两次检查,并进行打分。这样,一方面可以及时了解商户的近况,为他们解决难题,另一方面可以帮助不符合标准的商户及时整改。

演艺剧目是清明上河园的重要组成部分,景区一直坚持使大型剧目震撼化、中型剧目精品化、小型剧目景观化,让游客在清明上河园感到物超所值。为把《大宋·东京梦华》大型水上实景演出打造成国家级精品演艺节目,清明上河园每年都对其进行改版升级。2014年,《大宋·东京梦华》在原有基础上增加了冷焰火等更加唯美的手段和表现手法,重新设计的灯光、舞美、音效也使演员形象更加靓丽,舞姿更加优美,音乐更有韵味。2014年版《大宋·东京梦华》共为游客呈现演出234场,游客接待量同比增长17%,经营收入增长21%。

此外,清明上河园按照标准对景区内部的软硬件设施进行了全面升级改造:增加了饱含宋代市井文化元素的船桨式立体标识系统和饱含宫廷文化元素的螭兽式立体标识系统;在景区节目介绍牌中增加二维码标识,方便游客用手机迅速扫描出精彩演出剧目;在游客集中区域,增设五星级卫生间1座、四星级卫生间两座,解决人流高峰如厕难问题;在游客集中场所设置了4处免费热水供应点……

(资料来源:商都网.用激情书写清园传奇——记开封清明上河园股份有限公司董事、总经理周旭东[EB/OL].(2015-01-22)[2023-12-30]. http://travel.hebnews.cn/2015-01/22/content_4491287_2.htm.)

讨论:清明上河园有哪些标准化设计?标准化为清明上河园带来了什么变化?

二、我国现行主题公园标准化管理情况

任务卡

为了更好地推进主题公园的发展，国家制定了多个指导性的文件，图 8-2、表 8-4 即关于规范主题公园建设发展的指导意见（发改社会规〔2018〕400 号）、安全生产"十三五"规划（国办发〔2017〕3 号）、国家重点专项规划之——"十三五"旅游业发展规划（国发〔2016〕70 号）等。

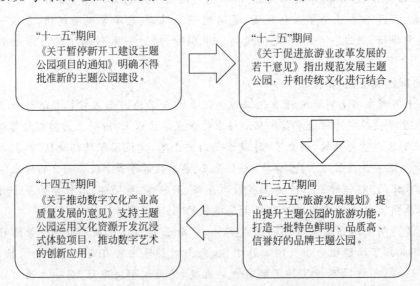

图 8-2　"十一五"到"十四五"期间国家出台关于主题公园发展的指导意见

表 8-4　截至 2022 年国家层面有关主题公园的政策重点内容

时间	发布单位	政策名称	重点内容	政策性质
2022/08	科技部	《"十四五"国家科学技术普及发展规划》	完善应急科普基础设施，建设安全生产主题公园等安全文化教育基地，推动应急科普融入公众生产生活，持续提升应急管理人员、媒体从业人员的应急科普能力	指导类
2022/05	文化和旅游部	《文化和旅游部关于修改〈营业性演出管理条例实施细则〉的决定》	歌舞娱乐场所、旅游景区、主题公园、游乐园、宾馆、饭店、酒吧、餐饮场所等非演出场所经营单位需要在本场所内举办营业性演出，应当委托演出经纪机构承办	指导类
2022/02	文化和旅游部	《第十三届中国艺术节总体方案》	特色文化消费集聚区，京津冀三地联手推介 100 个"网红打卡地"，开发文化内涵和时间元素兼备的文创商品，推动打造实景旅游演艺、主题公园演艺，拓展文化消费新空间	支持类
2021/05	国家发展改革委	《"十四五"文化和旅游市场发展规划》	通过互联网有效整合线上线下资源，促进旅行社等旅游企业转型升级，鼓励旅游景区、度假区、旅游饭店、主题公园、民宿等与互联网服务平台合作建设网上旗舰店	支持类

续表

时　　间	发布单位	政策名称	重点内容	政策性质
2020/11	文化和旅游部	《关于推动数字文化产业高质量发展的意见》	支持主题公园运用文化资源开发沉浸式体验项目，开展数字展馆、虚拟景区等服务，推动数字艺术在重点领域和场景的应用创新，更好地传承中华美学精神	支持类
2010/12	住房城乡建设部	《关于规范主题公园建设发展工作情况的报告》	严禁违规在自然保护区、文化自然遗产、风景名胜区、森林公园和地质公园、饮用水水源保护区、重点（重要）生态功能区以及其他生态保护红线区域选址建设主题公园。将进一步加大主题公园监管力度，严格要求、严格把关，对未依法依规办理审批手续进行及时查处，切实提高主题公园管理力度	规范类
2019/06	国务院	《关于文化产业发展工作情况的报告》	提出要重点做好以下工作：加快文化供给侧结构性改革；创作生产优秀文化产品作为中心环节；增强文化企业的市场竞争实力；构建规范有序的文化市场；打造文化产业人才高地；推动文化和科技深度融合……	支持类
2016/06	中宣部	《国家文化科技创新工程纲要》	研发文化主题公园关键技术及装备，形成系统集成解决方案，提升主题公园创意设计自主创新能力和文化旅游应用服务效果	支持类
2018/04	国家发展改革委	《关于规范主题公园建设发展的指导意见》	坚持市场主导、坚持因地制宜、坚持聚焦主业、坚持创新发展四大基本原则；要严格用地管理，严守生态保护红线，严格核准程序、严防地方债务风险等	规范类
2016/12	国务院	《"十三五"旅游业发展规划》	推广"景区＋游乐""景区＋剧场""景区＋演艺"等景区娱乐模式。支持高科技旅游娱乐企业发展。有序引进国际主题乐园品牌，推动本土主题游乐企业集团化、国际化发展。支持提升主题公园的旅游功能，打造一批特色鲜明、品质高、信誉好的品牌主题公园	支持类
2015/08	国务院	《国务院办公厅关于进一步促进旅游投资和消费的若干意见》	加快推动环城市休闲度假带建设，鼓励城市发展休闲街区、城市绿道、骑行公园、慢行系统，拓展城市休闲空间支持重点景区和旅游城市积极发展旅游演艺节目，促进主题公园规范发展	支持类
2014/08	国务院	《关于促进旅游业改革发展的若干意见》	杜绝低水平的人造景观建设，规范发展主题公园。支持传统戏剧的排练演出场所、传统手工艺的传习场所和传统民俗活动场所建设	支持类

续表

时间	发布单位	政策名称	重点内容	政策性质
2013/05	住房城乡建设部	《关于进一步加强公园建设管理的意见》	就进一步加强公园建设管理提出以下要求：正确认识公园建设管理工作的重要性和紧迫性；强化公园体系规划的编制实施；加强公园设计的科学引导；严格公园建设过程的监管；深化公园运营维护管理；加强组织领导	支持类
2013/03	国家发展改革委	《关于规范主题公园发展的若干意见》	明确提出了主题公园发展的总体要求，合理界定了范围，按照投资和占地规模等因素，主题公园分为特大型、大型和中小型等三个等级，并规定新建、扩建项目必须严格履行相应的核准程序	规范类

地方也积极响应，如江苏省标准化协会关于批准发布《主题公园管理与服务规范》团体标准，从管理、主题、服务、评价和改进等方面，对主题公园的服务和管理提出具体要求，作出详细规定，如表8-5所示。

表8-5 截至2022年地方层面有关主题公园的政策重点内容

省市	时间	政策名称	重点内容
广州	2022/10	《广清一体化"十四五"发展规划》	整合广州北和清远南的酒店、民宿、温泉、主题乐园、观光农业、文化、体育等旅游资源以广州融创文旅城和清运长隆国际森林度假区两大主题公园为核心，差异化打造特色旅游产品，联合打造跨区域精品旅游线路，探索推出"广清电子旅游卡"
河南	2022/10	《关于开展幸福河湖建设的决定》	坚持文化引领，促进人水和谐，加快水生态文明建设，加强水文化挖掘、保护、弘扬，打造有文化气息的河湖。建设沿河湖生态、历史、文化等特色主题公园，展示河湖长制、节水护水等生态绿色发展理念相关元素
河南	2022/09	《河南省元宇宙产业发展行动计划（2022—2025年）》	推动景区、博物馆、文化馆、主题公园、艺术中心等深度运用扩展现实等技术，在虚拟世界中建设数字孪生体。建立线下主题场景与线上开放世界相结合的文旅新形态，充分发挥元宇宙沉浸式体验优势，结合虚拟世界打造丰富多彩的线下实景文旅项目，鼓励开发数字原生内容，扩大数字藏品规模，拓展元宇宙数字文旅经济发展新路径
四川	2022/09	《四川省推进工业文化发展行动方案》	科学活化利用工业遗产，充分利用四川工业遗产资源，进一步挖掘工业遗产的历史价值、文化价值，开发具有生产流程体验、历史人文与科普教育、特色产品推广等功能的工业文化项目，鼓励利用工业遗产资源按程序依法依规建设工业文化产业园区、特色街区、研学基地、主题公园、创新创业基地等，培育工业设计、工艺美术、数字创意、非物质文化遗产传承、科技文化融合等新业态，推动工业"生产锈带"向"生活秀带"转变
四川	2022/09	《四川省建设国家中医药综合改革示范区实施方案》	打造一批中医药文化特色街区、文化广场、主题公园等沉浸式体验区。2025年，公民中医药健康文化素养水平提高30%，中医药健康文化知识普及率达98%，信中医、爱中医、用中医的共识更加广泛

续表

省市	时间	政策名称	重点内容
海南	2022/09	《三亚市全民健身实施计划（2022—2025年）》	做强水上、沙滩、低空三大优势休闲运动产业，加快推进三亚美亚通航旅游总部基地、启迪冰雪小镇、FE赛车主题公园、亚特兰蒂斯水世界等重大体育旅游主题公园建设，完成一湾区一中心建设（海上运动中心），加速体育旅游创新项目或产品入景区，建成一批具有标志性的体育旅游项目与产业集群
	2022/02	《2022年国民经济和社会发展计划的报告》	加速航天科技转化应用。完善文昌国际航天城发展规划。加快推进航天商业发射中心、航天主题公园项目，启动商业发射工位建设
天津	2022/05	《天津市科普基地认定管理办法》	公共科普场所，指具有科普展教功能的动（植）物主题公园、旅游景点、人文景观等公共场所，室内（外）科普主题展区或多媒体功能厅200平方米以上；科普参观线路1条以上；年服务5000人次以上；有专兼职科普人员8人以上，其中科普讲解员3名以上；年开放天数达到200天以上
重庆	2022/09	《重庆市建设世界级智能网联新能源汽车产业集群发展规划（2022—2030年）》	打造汽车文化赛事体验、整合汽车消费、试乘试驾汽车服务等主要功能，融合旅游地产、商务办公、文化体验、餐饮住宿、购物休闲等配套服务，建设汽车主题公园。支持举办国际汽车论坛、国际汽车赛事等，提升产业发展软实力和国际影响力
	2022/08	《重庆市体育发展"十四五"规划（2021—2025年）》	拓展"互联网+体育"服务领域，打造体育服务在线对接、运动体验即时分享、体育社交互联互通等云上新体验，建设一批体育特色乡镇、体育主题公园等体育消费新场景
西安	2022/09	《西安市"十四五"公共服务体系建设规划》	打造国民休闲目的地。依托"一带一路"、西部大开发、国家中心城市、都市圈等发展战略，结合风景名胜区、地质公园、文化公园、主题公园等加强休闲业态资源整合，优化区域协作，打造跨区域、融合性的特色旅游区，培育旅游品牌，推进城墙、清河、泾河和道河等文化旅游带建设
河南	2022/07	《设计河南建设中长期规划（2022—2035年）》	扩大《只有河南·观剧幻城》《禅宗少林·音乐大典》《大宋·东京梦华》《黄帝千古情》等实景演艺品牌影响，围绕中华文化符号创作一批经典实景演艺作品。依托郑州方特欢乐世界、根基冰雪世界、建业电影小镇等主题公园，创作一批特色鲜明、门类丰富的主题公园演艺精品。鼓励旅游城市、旅游景区、博物馆等创作一批沉浸式旅游演艺产品
北京	2022/07	《关于印发北京市"十四五"时期城乡环境建设管理规划的通知》	加强北京环球主题公园及度假区、"三庙一塔"周边环境整治提升，推进长安街延伸至城市副中心的景观大道建设及广渠东延环境整治提升工程。配合城市副中心绿心，三个文化设施（剧院、图书馆、博物馆）、城市副中心综合交通枢纽、通州堰、六环路入地改造、运河商务区、人民大学通州校区、路县故城遗址公园等重大工程项目建设，稳步推进相关环境综合整治及景观提升工作

续表

省市	时间	政策名称	重点内容
贵州	2022/07	《贵州省"十四五""智慧黔城"建设发展规划》	重点支持息烽、都匀、荔波、余庆、金沙、兴义等有条件的县(市、区)开展农业创新试点,探索智慧农业、创意农业、景观农业、休闲农业、农业文化主题公园等农业新型业态
湖南	2022/07	《湖南省科普教育基地认定和管理办法(试行)》	自然资源类科普教育基地。是指利用动植物、生态、地质地貌等自然资源向社会和公众提供科普服务的园区和场所。包括但不限于国家公园、自然保护区、动物园(海洋公园)、植物园、主题公园、森林、湿地、地质公园、自然遗产等
山东	2022/06	《山东省国家中医药综合改革示范区建设方案》	到2025年,国家、省级中医药文化宣传教育基地分别增加至10个、50个,建成一批中医药类博物馆、中医药文化知识角、文化长廊、文化街和主题公园。深入开展中医药文化普及推广,推进中医药文化进社区、进乡村、进机关、进企业、进家庭、进养老机构
甘肃	2022/06	《甘肃省"十四五"旅游业发展实施方案》	丰富拓展沉浸式博物馆、主题公园、旅游演艺等智慧旅游体验新场景应用,推出一批智慧旅游创新案例和项目。有效整合线上线下资源,促进旅游社等旅游企业转型升级。鼓励旅游景区、度假区、旅游饭店、主题公园、民宿等与互联网服务平台合作,建设网上旗舰店,各地各有关部门要全面贯彻党中央、国务院关于统筹推进新冠肺炎疫情防控和经济社会发展工作的决策部署,及时全面落实各项减税降费和扶持政策,切实为旅行社、酒店、主题公园、乡村旅游合作社等旅游市场主体纾困解难,积极探索支持市场主体发展的新思路、新举措
云南	2022/05	《云南省"十四五"文化和旅游发展规划》	人工智能新技术尤其是虚拟现实(VR)、增强现实(AR)技术在博物馆、文化馆、美术馆、旅游景区、主题公园等文化和旅游场景的应用,丰富了数字文化、智慧旅游的内容和表现形式,增强了文化和旅游的参与感、互动性和体验感,激发了文化和旅游消费活力,必将有力地推动全省文化和旅游新业态新产品发展
黑龙江	2022/03	《黑龙江省创意设计产业发展专项规划(2022—2030年)》	提高商业模式设计能力,促进数字文化与社交电商,网络直播等在线新经济结合,发展旅游直播、直播带货等新模式。推动虚拟现实、增强现实等技术在设计中的集成应用,引导文化文物单位、景区景点、主题公园、园区新区等开发沉浸式体验项目,开展数字展馆、虚拟景区等服务
湖北	2022/03	《武汉市文化产业发展"十四五"规划》	注重实景演出、主题公园等文旅融合关键技术研发和系统集成,以创意设计、研发设计提升文化旅游应用服务水平,建设工业设计集聚区,创建国家级和省级工业设计中心,促进工业设计向高端综合设计服务转变
广西	2021/10	《广西全民科学素质行动规划纲要(2021—2035年)》	引导图书馆、文化馆、博物馆、社区教育中心、工人文化宫、青少年宫、妇女儿童活动中心、老年大学、主题公园、自然保护区等强化科普教育功能

主题公园自身也制定了标准体系,以华侨城主题公园标准体系为代表。

请查阅资料,就下列问题展开讨论。

为什么国家、地方、主题公园三方都如此看重标准化管理呢?其背后有何深意?请谈谈你的观点。

知识卡

国家和地方出台的各项文件,其目的在于为主题公园的正常运行提供保障和支持,给予相关指导,同时更好地维护社会的稳定和发展。

从主题公园自身来看,进行标准化管理是为了更好地进行自身发展,主要表现为以下三点:第一是发展游乐产业的重要手段;第二构筑企业核心竞争力;第三以标准化行为为引领提升行业发展力。

主题公园的标准化会依据具体主题公园进行,大致包括:主题公园总体规划规范(具体包括主题公园游乐项目规划设计规范、主题公园建筑园林规划设计规范、主题公园基础设施设计规范、主题公园服务设施设计规范)、主题公园工程建设(主题公园建筑工程规范、主题公园园林绿化工程规范、主题公园基础设施工程规范)、主题公园运营服务(主题公园游乐设备规范、主题公园表演艺术规范、主题公园主题活动规范、主题公园游客服务规范、主题公园餐饮服务规范、主题公园商品销售规范、主题公园安全防护规范、主题公园环境卫生规范、主题公园市场营销规范)、主题公园后勤保障(主题公园物资管理规范、主题公园信息管理规范、主题公园财务管理规范、主题公园人力资源管理规范、主题公园行政管理规范、主题公园后勤管理规范)等共同组成。

实践卡

主题公园的标准化涉及内部管理与外部运营等多个方面,那与游客联系最紧密的有哪些呢?请以现实生活举例描绘。

思政园地

成都国色天香主题公园

距离成都市区大约20分钟车程,位于成都市温江区万春镇,有一座成都国色天香的游乐园,这个以中国古代文化为主题的游乐园,为游客们提供了一个奇幻世界的探索之旅。公园包括四个不同的工程阶段,每个工程都有不同的主题。

成都国色天香乐园一期总占地面积近600亩,已于2007年4月14日向世人揭开神秘的面纱。成都置信联合韩国三星爱宝乐园、美国蓝马克娱乐集团、加拿大FORREC集团等多家国际著名机构，以国际化的运营理念，鼎力打造中国一流主题乐园，汇聚超人气时尚体验磁场！世界四大主题公园之一的韩国三星爱宝乐园，更将以全程顾问的形式，向国色天乡乐园提供其积累了三十年的策划与运营管理经验。该项目由中国馆、法国馆、德国馆、比利时馆、日本馆、意大利馆、西班牙馆、美国集市、魔幻岛九大主题游乐区域构成。哥特式的尖顶、巴洛克的圆润、日式的简约、中式的怀旧，在这里得到完美的诠释与融合，东方文化与欧美风情在这里水乳交融。

成都国色天香二期水上乐园，总占地面积近300亩，于2012年6月盛大开园，是西南地区首家大型户外水上主题乐园，建成后将填补西南片区水上乐园行业空白。水上乐园由梦之港、花之岛、狂欢海三大主题区域构成，法国南部普罗旺斯风情与地中海情调在这里激情碰撞，整个空气都弥漫着浪漫的气息。成都国色天香二期水上乐园从规划设计到项目设置，从空间布局到环境营造，从满足基本需求到提升人的精神境界，力求做到科学布局、人性设计、功能多样，适应各年龄段游客需求。

成都国色天香陆地乐园总占地面积275亩，有近30项游乐设备，是继成都国色天香一期童话乐园、二期水上乐园之后，重磅推出的集极限体验、游乐休闲、科普教育于一体的综合型主题乐园，图8-3有部分呈现。项目按国家5A级旅游景区标准打造，由美国RPVA、上海纽士蒂公司担任规划设计。国色天香陆地乐园以"家庭""挑战"为主题，主要由"极限大陆""欢腾地带""宝贝天堂""神心湖泊""奇遇森林"五大主题区域组成。国色天香陆地乐园于2013年4月29日开始试运行。

图8-3 国色天香主题公园中的陆地乐园

成都国色天香陆地乐园第四期工程则着重打造了一个豪华的酒店，主题是冰雪世界，冰雪世界总投资7.4亿元，项目建筑面积10万平方米，于2012年12月开始建设。这座酒店为来此游玩的游客提供了更好的住宿体验。这一阶段也是为了留住来此游玩的游客。冰雪世界乐园内部建筑面积1.5万平方米，有西南最大的滑冰场。游客们可以全年感受冰雪的乐趣。

（资料来源：搜狐.四川成都国色天香 拥有不错的可玩性[EB/OL].(2020-12-14)[2023-12-30]. https://www.sohu.com/a/438198928_99932979.）

任务二　明确主题公园个性化管理

一、主题公园个性化概念

任务卡

自然主题儿童公园

2022年儿童节前,深圳首个区级专类儿童公园——坪山儿童公园开园,作为深圳首个自然主题儿童公园,公园的设计理念秉持着自然生态、自然游乐、自然教育理念。

儿童公园坚持尊重自然、保护自然的理念,充分利用了场地原有的地形地貌与山体资源,最大限度地保留原有自然山貌和植物群落。根据原生态、近自然、少迁树原则,完全保留了场地内原有的荔枝林,并通过底层植被梳理,辅以平衡木等设施,营造成可供儿童玩耍嬉戏以及休憩的亲子游乐空间。场地中的游乐设施也是与自然地形地貌结合,通过梯级平台与空中连廊弥补高差,利用场地的高差设置游乐设施。自然生态教育区也依照山体的自然走势来划分,将自然教育更和谐地融入儿童体验过程中。

结合场地现状,根据山体的自然走势和活动内容,打造出四个不同主题的游乐分区:丛林探险区、自然课堂区、山林溪谷区、自然感官体验区,图8-4为坪山儿童公园导览图。

图 8-4　坪山儿童公园导览图

丛林探险区:在原始山体地形的基础上通过设计建设了更具丰富性和趣味性的儿童空间,具有丰富变化的地形和路径为儿童带来了挑战性,激发了儿童的好奇心,鼓励儿童去积极探索。

自然课堂区:构建起多重的儿童天性所需要的空间,通过自然化的语言寓教于乐,让孩子们在自然游乐中去学习自然、领悟自然。帮助儿童在情感、社交、益智和相互学习上的成长，使用设计手法，利用如沙子、光影、树木等自然元素激发孩子们的感官体验。

山林溪谷区：包含了青青草儿童书房、儿童科普的休闲场馆以及商业运营的咖啡馆和纪念品馆，不仅能够为儿童服务，同时也为带儿童来公园游玩的家长进行服务，有效提高公园本身的人气活力。

自然感官体验区：使用木材、石材和大量天然材料，激发触感和刺激；修复多样生态系统，使鸟声蛙鸣成为感受自然的一部分。树木、树桩、石头、水、沙子及绳索等游乐互动增强了儿童对真实自然材料的认知。采用自然消隐的处理手法，最大程度将景观、游乐设施融于自然环境。这样也有利于维持儿童在公园中的自然体验。

（资料来源：读创.深圳首个区级专类儿童公园开园，"大树学园"让孩子探究不一样的自然坪山[EB/OL].（2022-05-31）[2023-12-30]. https://author.baidu.com/home?from = bjh _ article&app _ id=1665949971318424.）

读完上述这个材料，请总结以儿童为主体设计的主题公园需要考虑哪些要素？
_____
_____
_____
_____

知识卡

（一）个性化的定义

个性化概念植根于古代修辞学，是传播者对受众需求做出反应的实践的一部分。在今天个性化（广义上称为定制），就是非一般大众化。在大众化的基础上增加独特、另类、拥有自己特质的需要，独具一格，别开生面的一种说法。打造一种与众不同的效果。简单来说个性化包括定制服务或产品以适应特定的个人，有时与群体或部分个人相联系。具体表现为各种各样的组织利用个性化来提高客户满意度、数字销售转换、营销结果、品牌建设和改善网站指标以及广告。

（二）主题公园的个性化

随着个性化时代的到来，人们渴望体验一种酷、新的感觉，玩酷、求新成为一种时尚，只有提供酷、新的感觉，方能对游客产生震撼力和感召力，主题公园才具有旺盛的生命力。为了更好满足游客的需求，主题公园通过收集游客数据，了解游客喜好，通过提供个性化服务和游玩体验，让游客更舒适、愉悦和满意。未来的主题公园将注重提供个性化、多样化、自然化和社会化的体验，为游客提供更深刻、丰富和有意义的娱乐活动。这一转变将推动主题公园行业持续发展和繁荣。

实践卡

请思考不同年龄阶段有什么特征？对于主题公园的需求有什么不同？当下是否存在

针对不同年龄开设的主题公园？假如尚未开设具有针对性的主题公园,请积极思考,试着设计符合其年龄阶段的主题公园。请完成表8-6。

表8-6 各年龄段对主题公园的需求

年 龄 段	儿 童	青 年	中 年	老 年
特征				
需求				
列举已有的适合其年龄段的主题公园				
请设计符合其年龄段的主题公园				

二、主题公园个性化管理产生缘由

知识卡

在市场竞争逐渐白热化的当下,提供具有针对性的对客服务成为制胜法宝,即提供个性化服务。而主题公园的个性化服务包括主题公园服务接触中的员工个性化服务、基于主题公园竞争策略的个性化服务、基于主题公园服务补救措施的个性化服务。

主题公园个性化服务管理：第一,对主题公园的个性化服务设计,要以主题公园的实际为出发点,从理念到运作程序,要创新模式和手段。主题公园应当着手制定旅游个性化服务规范和服务标准,便于为游客提供个性化服务时具体操作,使服务人员在服务程序和服务过程中有章可循。第二,对主题公园竞争策略的个性化服务要求主题公园最高层的管理者、普通员工主动创造机会与游客交流,以便获取最真实可靠的第一手信息去了解游客真正的需求与渴望。同时,这个层面的个性化服务设计要和主题公园文化紧密结合,尤其是在主题公园的景观文化方面,应在挖掘主题公园独特的景观文化基础上形成一系列独特的个性化服务项目和服务活动。第三,对主题公园服务接触中的员工个性化服务管理,要实现主题公园在服务接触中的员工个性化服务,必须对服务人员进行有效的培训并授予其相应的权力。要求员工接受培训并提高人际沟通技能,提高预测能力、反应技能和服务创新能力。强调对基层员工的授权,让他们在一定范围内无须汇报,有当场处理游客问题、满足个别需求的权力,从而保证游客在最短的时间内得到满意的答复和处理,以提供灵活性、针对性的服务。第四,对于主题公园服务补救措施的个性化服务设计与管理,要体现一定的价值性,是游客能够而且愿意接受的,同时,要根据游客的具体需求、具体状况灵活应用个性化服务补救措施。

实践卡

对比以下几个主题乐园,如图 8-5 至图 8-9 所示,分别梳理他们采用了哪些个性化管理的方式。

图 8-5　大连圣亚海洋世界

大连圣亚海洋世界:
_____
_____
_____
_____

图 8-6　华侨城欢乐谷

华侨城欢乐谷:
_____
_____
_____
_____

图 8-7　大唐芙蓉园

大唐芙蓉园:
_____
_____
_____
_____

图 8-8　梦幻方特王国

梦幻方特王国:
_____
_____
_____
_____

图 8-9　迪士尼主题乐园

迪士尼主题乐园:
_____
_____
_____
_____

思政园地

从娱乐到体验　第五代主题公园打造专属"氛围感"

随着社会的不断进步和人们对主题娱乐的需求日益增长，主题公园这一业态也在不断变革和发展。

主题公园最初的设计是提供娱乐设施和游乐设备，满足游客对刺激和娱乐的需求。然而，随着时代的发展和消费者需求的变化，主题公园正逐步从娱乐向体验方向发展，且更趋于多样化。

主题公园的主题化是这一转变的体现。主题化设计为游客提供了一个具有特定主题的环境和氛围，为游客带来更身临其境的感受。这种设计风格让游客沉浸在主题的世界中，提供独特的游乐体验。

未来的主题公园将更注重体验，提供更加丰富、多样、个性化的游乐体验，满足不同消费者的需求。其中，个性化是非常重要的方面。主题公园通过收集游客数据，了解游客喜好和需求，通过提供个性化服务和游玩体验，让游客更舒适、愉悦和满意。

主题公园正逐步向更注重游客体验的方向发展。未来的主题公园将注重提供个性化、多样化、文化化、自然化和社会化的体验，为游客提供更深刻、丰富和有意义的娱乐活动。这一转变将推动主题公园行业持续发展和繁荣。

代际转换是产业产品升级的必经过程，无论是一个产业还是一种模式，都需要随社会的进步和科技的发展，不断改进自身的属性。代际转换是新一代产品、模式取代或者改进前一代产品、模式的过程。截至目前，中国主题公园经历了四个代际的变换，每一代的产生都是游客需求指引下的产物，每一代都在前一代的基础上融入了新元素，增添了新吸引点。

1. 第一代主题公园

典型代表：锦绣中华、世界窗、上海锦江乐园

20世纪80年代末至90年代初，随着中国市场经济的发展和对娱乐旅游需求的增加，在这一时期，中国主题公园的第一代模式主要是模仿和复制国外主题公园的模式和内容，缺乏自主创新和文化特色。

这些主题公园虽然受到了游客的热捧，但是由于缺乏创新和个性化的特点，这种模仿和复制模式很快遭遇瓶颈，游客对重复和缺乏新鲜感的产品失去兴趣，主题公园的市场表现逐渐走低。

此外，由于中国主题公园市场的不成熟和缺乏竞争力，这一代的主题公园没有明确的目标和发展规划，经营和管理上也缺乏规范性和专业性，这些问题使得第一代主题公园很难长期保持市场优势和竞争力。

2. 第二代主题公园

典型代表：欢乐谷、大连发现王国、长隆欢乐世界

第二代主题公园注重自主创新和文化特色的体现。这些主题公园更多关注娱乐模式，注重主题的创新性和差异性，推崇创意和文化元素。

同时，随着科技的不断进步，第二代主题公园开始注重数字化的应用，打造全新的游乐模式。随着游客对于游乐项目的体验和感受需求越来越高，第二代主题公园融入越来越多独特的娱乐项目，这些项目通过独特的创意和文化元素，吸引了大量游客的关注和参与体验。

3. 第三代主题公园

典型代表：方特欢乐世界、常州恐龙园、长隆海洋王国

第三代主题公园注重情感和文化融合以及深入互动和参与体验。第三代主题公园不仅提供游乐设施和娱乐项目，更推出越来越多的互动和参与式的项目和体验。

随着中国主题公园的代际转换，这些娱乐设施已从最初的简单模仿到如今兼具自主创新和文化特色的复杂娱乐场所。

4. 第四代主题公园

典型代表：上海迪士尼乐园、北京环球影城、方特东方神画、方特东方欲晓、襄阳华侨城的奇幻谷

第四代主题公园是一个全新的阶段，注重运用高科技手段打造更真实、立体的主题世界，以创造更加深入、生动的游乐体验。

通过虚拟现实、增强现实等技术，游客能够身临其境感受到虚拟世界的惊险刺激和无限乐趣。通过VR设备，游客能够进入一个完全虚拟的世界，与现实世界完全分离。在虚拟世界中，游客可以亲身体验各种刺激的场景和情境，比如在未来城市中穿梭、在恐龙世界中冒险、在星际空间中探索等。

另外，第四代主题公园还注重运用智能科技，实现更加人性化的体验。通过人脸识别、语音识别等技术，游客可以在主题公园中享受无人值守的服务，比如，扫脸入园、自助购物、智能导览等，游客的游乐体验更加便捷、舒适。

在第四代主题公园中，智能科技不仅用于提高游客的体验感，也用于提高运营效率和管理水平。比如，主题公园通过人流分析、智能排队等技术，优化游客流量分布，缓解人流拥堵，提高运营效率；还可以通过智能管理系统，实现对设施的远程监控和维护，减少维修成本，提高管理水平。

第四代主题公园是一个高科技、高品质的主题公园。通过运用虚拟现实、增强现实和智能科技等技术，打造更加真实的体验。除了技术上的创新外，第四代主题公园还注重在设计、文化元素和服务等方面的提升，以更好地满足游客需求和期望。

首先，第四代主题公园注重创新设计。与第三代主题公园相比，第四代主题公园更加注重设计的细节和完美度。不仅要创造一个更加真实的虚拟世界，还要打造一个更加独特、美观和令人惊叹的主题公园。例如，在主题公园的建筑设计中，运用新材料和新技术，打造更加出色的建筑效果，让游客感受到视觉上的冲击力和震撼感。在主题公园的景观设计中，利用更加先进的技术，打造更加逼真的自然风景，让游客身临其境感受大自然的美妙和神奇。

其次，第四代主题公园注重文化元素的融合。随着人们对文化认同的不断提升，第四代主题公园更加注重在游乐体验中融入本土文化元素，以及其他具有吸引力的文化

元素。例如,在主题公园的建筑和设施设计中,融入中国传统文化元素,如古建筑、传统花卉、传统节日等,让游客在游乐的同时,感受到浓郁的中华文化氛围。在主题公园的娱乐项目中,融入各种文化元素,如武术、舞蹈、音乐等,打造具有吸引力的文化演出和活动,让游客感受到文化的魅力。

5. 第五代主题公园

典型代表：尚无

第五代主题公园是未来主题公园的发展方向,不仅包括利用先进技术和设计理念创造更加真实、互动、体验性强的娱乐空间,还包括注重游客的情感体验和情感共鸣,以及打造具有故事性、互动性和参与性的娱乐项目。

在第五代主题公园中,人们将不再是被动的娱乐游客,而是可以亲身参与到游乐和活动中,与虚拟世界进行互动,享受身临其境的游乐体验。这些互动体验将基于新兴技术,如虚拟现实、增强现实、人工智能等,通过虚拟设备、手势识别、语音识别等方式实现。游客可以在虚拟世界中进行自由探索、参与多人游戏、挑战各种娱乐项目等,获得更加丰富、深入的体验。

利用新兴科技打造更真实、互动的娱乐空间。随着科技的不断发展,第五代主题公园在利用新兴科技打造更加真实、互动的娱乐空间方面,也在不断探索和尝试。除了虚拟现实、增强现实、人工智能等技术,第五代主题公园还可以利用其他前沿技术,如混合现实、全息投影、3D打印等,丰富游客体验。

提供个性化、定制化服务。第五代主题公园为提供更好的服务和体验,将注重个性化、定制化的服务,这也是主题公园发展的趋势。根据游客的特定需求和偏好,提供专门为他们定制的服务,如定制化游戏、特殊服务和设备等。定制化服务将更深入地了解游客需求,通过一系列个性化服务提供全方位体验。例如,主题公园可以通过互动式地图和移动应用程序等手段,为游客提供更加全面的信息和指导;也可以根据游客的特殊需求和偏好,提供专门的游乐和体验。通过提供个性化、定制化的服务,主题公园可以更好地满足游客的需求,提高游客满意度和忠诚度,并获得更好的口碑和品牌形象。

作为一种新兴的娱乐业态,主题公园行业正面临着越来越激烈的市场竞争。第五代主题公园的发展方向,不仅是行业的创新之举,更是适应了当代人们对主题娱乐的需求和期待。个性化、文化创意、环保可持续发展等元素的融入,使得主题公园不再只是一种简单的娱乐场所,而是一个更具深度、更有内涵、更具吸引力的娱乐旅游目的地。

(资料来源:新旅界.从娱乐到体验 第五代主题公园打造专属"氛围感"[EB/OL].(2023-05-09)[2023-12-30].https://author.baidu.com/home?from=bjh_article&app_id=1542990657491126.)

任务三　剖析主题公园智慧建设

任务卡

请勾选图 8-10 至图 8-16 中你认为是主题公园智慧建设的类型。

主题公园运营与管理

图 8-10

图 8-11

图 8-12

图 8-13

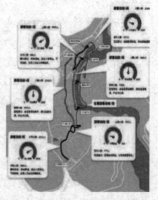

图 8-14

图 8-15

图 8-16

请说说你勾选的主题公园智慧化建设具体名称是：＿＿＿＿＿＿＿＿＿＿
＿＿＿＿＿＿＿＿＿＿＿＿＿＿＿＿＿＿＿＿＿＿＿＿＿＿＿＿＿＿＿＿＿＿
＿＿＿＿＿＿＿＿＿＿＿＿＿＿＿＿＿＿＿＿＿＿＿＿＿＿＿＿＿＿＿＿＿＿

除了上述提及的内容外，你还知道哪些是景区智慧化发展的标志：＿＿＿＿
＿＿＿＿＿＿＿＿＿＿＿＿＿＿＿＿＿＿＿＿＿＿＿＿＿＿＿＿＿＿＿＿＿＿
＿＿＿＿＿＿＿＿＿＿＿＿＿＿＿＿＿＿＿＿＿＿＿＿＿＿＿＿＿＿＿＿＿＿
＿＿＿＿＿＿＿＿＿＿＿＿＿＿＿＿＿＿＿＿＿＿＿＿＿＿＿＿＿＿＿＿＿＿

知识卡

一、主题公园智慧化概念

智慧化是指利用新兴技术（云计算、物联网、大数据等），通过互联网、便携式终端设备和智能穿戴系统等，实现各类旅游资讯和信息的自动感知、自动存储、及时传送和挖掘分析，实现旅游资源及社会资源的共享与有效利用，大幅提高旅游业务的综合管理和运营能力，提升旅游的服务品质。主题公园应用智慧旅游对资源、旅游者行为、工作人员行迹、景区基础设施和服务设施进行全面、透彻、及时的感知；对游客、工作人员实现可视化管理；同旅游产业上下游企业形成战略联盟；有助于主题公园提升运营过程中信息的快速交流和共享效率，提升游客在整个行程中的自主性和互动性，为游客带来更好的旅游体验和随时可得的旅游服务，实现环境、社会和经济的全面、协调和可持续发展。

1. 大数据

大数据是智慧旅游的核心生产力，渗透到旅游的市场定位、市场营销、监测与预测等环节，大数据平台产生精准报告同时，还可监控各大景区舆情，与相关方共享安全、交通、统计等数据协同。《"十三五"旅游业规划》提出产业大数据的共享融合，为大数据应用于旅游行业打下政策基础。

大数据中心建设在旅游数据编目、交换及共享等标准的基础上，逐步规范的各级旅游局数据中心建设，整合公安、交通、测绘、环保、卫生、气象等涉旅单位信息数据，为区域旅游大数据建设奠定坚实基础。

大数据软件系统包括建立数据分析模型、建设监测预警系统、建立应急指挥中心等，软件系统建设有助于对含有意义的数据进行专业化分析处理，获得更多智能的、深入的、有价值的信息。

大数据服务平台以结构化系统为基础，构建资源统筹、信息贯通、应用丰富的综合服务平台，达到创新旅游管理、优化旅游资源利用、改善旅游体验、提升旅游服务的目的。

2. 云计算

利用云计算技术整合信息化资源，构建智慧旅游平台，可以解决以下旅游行业问题：信息传递不通畅，容易出现信息孤岛现象，旅游数据利用不充分；信息化建设缺乏统一标准，不能跨平台使用发挥信息价值；旅游数据质量较差，难以整合进行大数据分析；旅游营销精准度不高；旅游统筹管理难度大。

智慧旅游云的 IaaS（infrastructure as a service，基础设施服务）是整个旅游云运行和运营的基础设施层,具有可虚拟化、可伸缩计算和负载均衡等特性。主要运用于实现旅游资源的调度、分配和管理。IaaS利用虚拟化技术,将旅游相关资源进行集群,为不同旅游行业参与者提供信息、资源和服务。

智慧旅游云的PaaS(platform as a service,平台即服务)层是旅游云应用及后续扩展的重要基础架构,通过降低应用程序设计、开发、测试、部署等各阶段的投入,提高资源的可重分配性和高复用性。其主要功能是提供旅游资源与IaaS的映射、调配虚拟化资源,为旅游服务提供互联网接口和服务、资源配置库等功能。智慧旅游云PaaS是一个可维护、可访问、可重用、可配置、独立又能集成的软件服务平台。

智慧云的SaaS(software as a service,软件运营服务)是直接面向用户的软件服务系统。该系统专注用户的可定制和可租用的要求,根据各云端的需求,构造出多个便捷、高效、简洁、精确、定制的应用软件系统和业务系统。其主要目的是使旅游服务方不再频繁开发相关软件系统,旅游用户也可以方便快捷地获取到满足自身需求的旅游信息和产品。

基于云计算技术的智慧旅游云平台可以为游客提供位置服务、消费服务、支付服务、天气服务、预订服务、数据服务、推荐服务等多种类型的服务,涵盖各级旅游行政管理部门和企业,包括景区、旅行社、餐饮、酒店、交通运输和其他服务供应商,有效解决了传统旅游信息系统无法及时整合、提供、利用数据信息进行服务的问题。

3. 物联网

物联网在旅游景区一方面为游客提供GPS定位、导游导览、旅游产品个性化定制等功能;另一方面为景区管理提供监控人流规划实时线路、智慧管理电子门票等系统,整合景区吃住行游购娱全方位互动等功能。

蓝牙与红外线传感技术支持智能设备接入互联网,实现接触支付、接触浏览等功能,实现点对点数据传输,如酒店和景区门禁系统、移动支付、身份识别、信息查询、预订服务等功能,注重游客隐私保护,方便信息和数据传输。

射频识别技术(radio frequency identification,RFID)通过非接触式自动识别对象,得到个体信息和数据,应用于电子地图、游客定位系统、电子门票销售系统、旅游商品追溯系统、智能语音导航系统、旅游车辆监控系统、景区旅客量实时监控系统等。

二、国内外主题公园智慧化建设的尝试

主题公园的智慧化建设主要可分为智慧营销、智慧服务、智慧管理、智慧产品四大类型,如表8-7所示。

表8-7 当前我国智慧旅游应用领域和主要功能特征

重点领域	应用功能描述
智慧营销	利用互联网、社交媒体等渠道进行精准定位、个性化推广
智慧服务	提升智慧化旅游服务,如智慧导览系统、虚拟体验、触控屏交互
智慧管理	运用大数据、人工智能等技术进行旅游资源规划、监管和预测
智慧产品	结合虚拟现实、增强现实等技术,提供沉浸式的旅游体验产品

1. 智慧营销

智慧营销是指景区借助在线或离线的传播方式与渠道,将旅游产品通过文字、图片、视频等多种形式传递给消费者,向其进行产品、服务的介绍、促销并且收集反馈的过程。主题公园的智慧营销建设可以提升和优化园区整体形象,助力品牌营销和形象宣传,如图 8-17 所示。

2. 智慧服务

智慧服务是指景区通过先进的信息技术与自身服务内容相结合,为游客提供私人定制且方便快捷的自助服务。优质的智慧服务能够为游客带来满足自身期望的旅游行程和项目,提升旅游者的旅游体验和旅游品质。从主题公园的发展现状来看,园区内服务的智慧化主要体现在智慧导览系统、虚拟体验、触控屏交互和智慧厕所建设四个方面,如图 8-18 至图 8-20 所示。

图 8-17　智慧营销平台

图 8-18　景区智慧导览系统

图 8-19　虚拟体验

图 8-20　智慧厕所

3. 智慧管理

智慧管理是指景区综合利用智慧化技术将游客、景区、旅游线路、交通工具以及其他各种资源进行合理高效统筹，帮助管理者实现精细化管理，从而提升景区旅游服务水平。具体来看，主题公园的智慧管理建设包括人流量管理、电子门票、交通管理在内的多个领域，如图 8-21 所示。

4. 智慧产品

鼓励旅游消费新模式发展，打造沉浸式主题公园、博物馆、旅游演艺等旅游体验新场景，引导开发数字化体验产品。推动文化和旅游资源借助数字技术"活起来"，如图 8-22 所示。

图 8-21 景区智能停车场

图 8-22 数字化体验

当下主题公园在智慧营销、智慧服务、智慧管理、智慧产品四方发展不均衡，主要表现为智慧营销方面渠道方式多样，收益效果显著；智慧服务方面转型起步较晚，亟须重点建设；智慧管理方面虽有一定基础，但仍需持续优化等。

2022 年 9 月，为加快推进"国家智慧旅游建设工程"落地见效，文化和旅游部会同国家发展改革委共同发布了《智慧旅游场景应用指南（试行）》，对智慧旅游场景应用提出了全面要求，并明确了 10 个广泛适用的典型智慧旅游场景应用方向和场景功能，如表 8-8 所示。

表 8-8 智慧旅游典型场景应用指南

序号	应用场景	场景功能
1	智慧信息发布	运用 5G、大数据、云计算、图像采集、热力成像等技术，获取与旅游环境和游客体验相关的流量、气象、交通等信息，向游客提供实时旅游资讯服务，帮助游客了解旅游目的地综合信息，科学制订出行或游览计划
2	智慧预约预定	运用 5G、大数据、云计算、人工智能等技术，在公众号、小程序、移动 APP、门户网站等多种渠道建设票务分时预约预订模块，实现多票种分时段预约和销售功能，动态调配游客流量
3	智慧交通调度	运用 5G、大数据、云计算、地理信息系统（geographic information system，GIS）、卫星定位等技术，实时监测和分析道路及交通工具的通行状况、分布位置等信息，科学合理调动、分配旅游区域内道路交通资源，提升游览舒适度和安全性

续表

序号	应用场景	场景功能
4	智慧旅游停车	运用图像识别、卫星定位、GIS、红外热成像、传感等技术,在停车场出入口处、车道、车位等安装监控、引导、检测、收费等设备,实时监测采集车位预约、使用等信息,为游客停车提供精准化、便捷化服务
5	智慧游客分流	运用5G、大数据、物联网、GIS等技术,通过视频监控、传感设备等获取特定区域即时人流密度和流向流速等数据,实时发布游客流量预警信息,及时告知游客调整游览线路,科学疏导分流
6	智慧导览讲解	运用5G、大数据、人工智能、虚拟现实、蓝牙、基于位置服务(location based services,LBS)等技术,为游客提供基于位置的个性化路线推荐、导览和讲解等服务,满足游客的个性化和多样化游览需求
7	沉浸式体验	运用AR、VR、MR、裸眼3D、4D/5D、全息投影等技术,通过交互式空间营造,创新内容表达形式,打造虚拟场景,多维展陈等新型消费业态,丰富数字旅游产品的优质供给
8	智慧酒店入住	运用5G、大数据、物联网、传感、生物识别等技术,采用非接触式等快捷自助服务设备,为游客提供身份证扫描、人证对比、核对订单、确认入住、一键退房等服务,帮助游客在酒店实现快速入住,提升游客入住体验
9	智慧旅游营销	运用5G、大数据、人工智能、云计算等技术,收集游客受众分类、规模数量、结构特征、消费习惯等数据,通过游客画像分析确定市场开发方向、锁定消费客群,细分客源市场,制定针对性的宣传方案,实现精准高效营销
10	智慧安全监管	运用5G、大数据、云计算、物联网、人工智能、图像识别、GIS、智能视频监控等技术,打造立体化、全覆盖、智能化安全防控网络,及时发现和有效处置各类安全隐患,保障游客人身安全和旅游环境安全

实践卡

主题公园在智慧化建设方面虽有一定成效,但还不够成熟完善,你能查阅资料帮助其更好建设吗?想一想,你能提供哪些好的创意?

_____
_____
_____

思政园地

虚拟现实技术催生文旅产业新场景新业态

工业和信息化部、教育部、文化和旅游部、国家广播电视总局、国家体育总局近日联合印发《虚拟现实与行业应用融合发展行动计划(2022—2026年)》。行动计划面向大众消费、行业赋能、社会民生三大领域,重点推进虚拟现实在工业生产、文化和旅游等10个行业的虚拟现实应用。随着虚拟现实与文旅产业深度融合,以及技术日趋成熟、应用加速落地,将催生新场景、新业态。

2021年被公认为"元宇宙元年"。元宇宙作为公认的下一代互联网形式，寄托了人们对于未来生活的美好展望。由华强方特文化科技集团制作的"美丽中国VR"基于元宇宙沉浸式、互动式的特点，全景展现华夏美景，生动演绎中国故事，让中华优秀传统文化和壮美自然人文风光焕发新光彩，提供趣味丰富的虚拟旅行体验。

作为大型元宇宙文旅产品，"美丽中国VR"采用顶尖的实景扫描及数字建模技术，真实还原中国各大名胜古迹。在沉浸式真实交互技术的加持下，用户只需借助VR设备即可"足不出户，游遍华夏"。通过科技与人文的有机结合，该产品展示了一个全新维度的锦绣中华，打造了沉浸式虚拟文旅目的地，构建起虚实融合的元宇宙文旅创新生态。

据介绍，"美丽中国VR"具有高精度写实的特点。它采用场景扫描及3D数字技术还原名胜古迹，力求达到高解析度、高还原度，实现身临其境的视觉呈现。场景中搭建建筑物、摆放物、植物等高解析度模型，真实还原景区布局和环境氛围。用户不仅能在景区中漫步，更能体验全景飞翔，搭乘无人机遨游大漠关城、福海宫殿、西洋楼宇、喷泉奇观，在数字世界中尽情领略华夏风光。

沉浸式真实交互，是"美丽中国VR"的另一特点。它模拟真实物理环境，让用户获得拍照、毛笔书写、演武射箭、攀爬城墙、泛舟碧波、击鼓撞钟、天灯祈福等多样交互体验，感受景区历史故事和人文特色。真实的感官反馈，将景点风光和文化知识用最形象立体的方式呈现，充分强化用户角色代入感，极大提升用户文旅活动体验。

此外，"美丽中国VR"拟真NPC（非玩家角色），运用AI和虚拟数字人技术，让NPC融入虚拟场景之中，在用户漫游过程中提供沉浸式引导，让用户在虚拟旅行中也能感受到线下景区的热闹氛围。

为贯彻落实数字强国战略，推动文化和旅游产业数字化转型的发展方向，"美丽中国VR"基于"VR+互联网"的核心理念，结合华强方特自身优势和产品发展前景，最终目标是打造综合性线上文旅服务平台。平台中的数字化景点来源于方特提供的定制服务，以及第三方专业内容创作和用户社区创作，通过多方合作打造成一个丰富多彩、开放持久的线上旅游目的地。它也将成为连接实体的线上文旅服务平台，提供景点推荐、旅行线路设计、门票预订及围绕文旅消费所需要的交通住宿、餐饮等服务，减少虚拟和现实的割裂感，激发带动用户线下旅游需求，推动文旅行业实现实虚结合、双向发展。

随着技术的发展，元宇宙产品必将迎来更加广泛领域的突破，强势带动文旅、影音、娱乐等内容产品的全面升级，给文化产业带来广阔的创新空间和发展机遇。借助VR沉浸式交互，华强方特进一步优化内容、创意、拟真度等，创造灵活多样且人性化的玩法，深入连接用户情感和精神需求。

目前，"美丽中国VR"中可体验嘉峪关、圆明园两大场景。作为一款线上数字产品，"美丽中国VR"将根据客户需求，持续定制开发元宇宙虚拟旅行应用场景，让大众真正享受元宇宙虚拟旅行的乐趣。

（资料来源：文旅中国.虚拟现实技术催生文旅产业新场景新业态[EB/OL].（2022-12-24）[2023-12-30]. https://author.baidu.com/home?from=bjh_article&app_id=1615912352881051.）

案例分析 1

年均游客量 200 万人的智慧主题公园,还能这样玩"出圈"!

近年来,越来越多传统的主题公园模式已逐渐无法满足游客,特别是年轻游客对高品质旅游体验的需求。而位于辽宁省大连市金州区的发现王国主题公园便开始了致力于探索并应用"科技+文化+潮玩"的主题公园新模式,基于数字化核心技术,融合中国优秀文化与国际潮流元素,以"硬件+软件"的智能化体验、"日场+夜场"的科技化畅玩,打造集智慧游园、智慧餐饮、智慧娱乐为一体的智慧潮玩旅游综合体。

2006 年 7 月 16 日,大连发现王国主题公园在金石滩国家旅游 5A 级度假区拔地而起,占地面积为 47 万平方米,由曾参与迪士尼设计的美国 RPVA 公司进行规划设计,韩国三星爱宝乐园的顶尖管理团队全程参与经营管理,力求打造成为中国人自己的"迪士尼"。

发现王国主题公园以完全异域化的六大景区、整体国际化的演出团队、国内顶级的策划团体、全世界第四大主题公园的管理模式迎接各方游客,也以尖端、时尚、特色化的产品期待和各界企业达成友好合作。开园后,年均接待游客近 200 万人次;其中,主力消费客群为年轻的群体。

为了打破传统主题公园的逐渐没落这一局面,发现王国勇立时代的潮头,打造了集"智慧化旅游、中国优秀传统文化、潮玩艺术"为一体的高质量旅游度假园区;并以科技造景,文化助力,数字赋能为蓝本,加以"天、地、湖"三大空间场景构造和"日+夜"时间维度创新,做到了"与时代共进,同消费客群共行"的理念。

发现王国"智慧潮玩"综合体,将 5G、大数据、人工智能、物联网等前沿技术与主题公园的智慧园区建设和智慧旅游产品深度融合,实现智慧游园、智慧餐饮、智慧娱乐等全方位同步提升,带动文旅产业链上下游企业协同发展,实现主题公园运营模式从传统向现代的转变。在以技术促服务的同时,也实现以技术促安全、以技术促管理。将智慧导览系统与园区安全部门互联互通,形成实时预警机制,提高应急处置能力,保障游园秩序与安全。通过获取游客消费信息及行为画像等大数据,为产品升级和项目改造提供设计方向和决策依据。

在游园上,发现王国自主研发智慧导览系统——"玩转发现王国",它包括人脸识别系统和电子导览地图,能给游客提供快捷畅通的入园体验,满足智慧高效的游园需求;在餐饮方面,推出机器人主题餐饮——"钢铁甜心",从点单到制作,从支付到交付,全智能自动化完成,无须额外人力,给游客提供未来感十足的科技美食体验;而在娱乐方面,采用高科技手段打造实景互动的视听盛宴。不仅如此,发现王国还推出了东北地区首家智慧化亲子娱乐中心,开发多科目实景研学课程,突破传统演艺模式,贯通天、地、湖三大空间场景和"日+夜"的时间维度,呈现立体化全天候科技潮玩氛围。

1. 智慧游园

发现王国自主研发的智慧导览系统,是一款专业提供在线电子导览的云端产品。它基于 GIS 信息系统,以手机为载体,按位置坐标提供周边产品或商业信息推荐、各种游乐设备排队时长实时查看与定时提醒、特色游玩路线推荐,并提供餐厅、商店、洗手间及其他服务设施的精准查询,满足景区内游客吃住行游购娱的全面需求。

智慧导览系统主要以数据为中心,绘制出游客的行为轨迹,形成数据资产,让景区管理智慧化、运营决策数据化。还研发了人脸识别系统,应用于入园闸机、年卡通道等场景,实现游客无停顿快速入园,提高入园效率。而智慧导览和人脸识别等技术,使游玩体验"潮"起来,让游客感受到数字科技带来的畅快与便捷。

而智慧导览系统自2021年3月上线以来,用户规模迅速突破15万。手机电子导览功能也在不断拓展,也成了游客游园中不可或缺的辅助工具。

2. 智慧餐饮

公园引进了高端机器人餐饮设备30多台,其中包括机器人冰激凌、机器人棉花糖、机器人咖啡机等。这些设备通过先进的互联网技术和计算机程序应用,从点单、制作到交于游客之手,实现一条龙服务。游客只需在机器人设备前扫码点餐、选择款式和口味、在线支付,然后"机器人厨师"便可进行自动化操作。游客也可以透过橱窗观摩到美食制作的全过程,在品尝美味之余,体验到未来感十足的科技乐趣。并且在2021年五一期间,公园开启首届"科技美食潮玩节",机器人餐厅惊艳亮相,不仅吸引众多游客驻足围观、扫码体验,还成为公园里又一个网红打卡点。

而机器人餐饮设备推出以来,累计了为10余万人次制作科技美食,不仅在增加公园消费亮点的同时,减少了人力成本的投入,还大大提高了游客自助餐饮的效率及趣味体验性。

3. 智慧娱乐

作为一座大型户外主题公园,发现王国不仅拥有40余项游乐设施,还蕴藏了品类丰富的自然资源。因此,发现王国就充分利用植物资源,结合年轻群体对知识付费的接受度,推出了"植物研学"的实景课程,聘请专业的讲师,策划生动的教案,带领游客在游园中接触植物,并在接触中获得知识,获得对自然的敬畏。

植物研学旅游推出后,在游客中引起了强烈反响,而目前发现王国也已举办了5期,就有200多人报名,并取得了较好的社会口碑和经济收益。

同时公园还突破以往只靠演员表演互动的传统模式,以天、地、湖三个空间维度为载体,引入科技,打造了七千平方米的东北首家亲子娱乐中心——"酷乐迷你世界",还拥有了"海洋奇遇馆""飞鱼大作战"等AR、VR高科技互动体验项目,还有塔防游戏、魔骑驾校、梦想森林、互动拍照等寓教于乐的游乐设施,普遍受到家庭客群的好评。

公园还引进了几百架无人机,然后通过计算机编程,组成各种文字和图案,最后以五彩灯光秀的形式,呈现在公园的上空,而精彩的造型也吸引游客拍摄分享,形成网络热点。此外,发现王国还在九万平方米的中心湖上,打造了一个水上舞台,海浪形的LED屏、飞瀑状的冷焰火、漫天绽放的烟花秀,再配合外籍演员团队演绎的《人鱼公主》情景舞台剧,组成了一个童话般的水上世界。

(资料来源:好岭南田园文旅.年均游客量200万人的智慧主题公园,还能这样玩"出圈"![EB/OL].(2022-11-24)[2023-12-30].https://author.baidu.com/home?from=bjh_article&app_id=1709776157045191.)

讨论：大连发现王国主题公园有哪些智慧化设计？请说明本主题公园智慧化的具体内容。

案例分析 2

提供个性化交互化沉浸化旅游服务 5G"解锁"游玩新体验

近日，工业和信息化部、文化和旅游部发布《关于加强5G＋智慧旅游协同创新发展的通知》（以下简称《通知》），提出到2025年，中国旅游场所5G网络建设基本完善，5G融合应用发展水平显著提升，产业创新能力不断增强，5G＋智慧旅游繁荣、规模发展。

1. 开启解密与寻宝之旅

"一边游苗寨，一边玩剧本，沉浸式体验苗族文化。"这就是贵州省黔东南苗族侗族自治州雷山县西江千户苗寨景区，推出的"西江幻地"项目。据悉，"西江幻地"是西江千户苗寨景区的MR（mixed reality，混合现实）"剧本杀"项目，它将5G＋MR技术与古老苗族传说有机融合，虚拟的奇观、宝物、游玩进入现实空间。在苗文化主题的故事背景下，游客戴上一副MR眼镜，缓缓步入景区街道，即可开启一场解密与寻宝的旅行。

西江千户苗寨智慧旅游信息化建设项目依托5G网络，实现了景区信息服务集成化，点亮了"5G＋智慧苗寨"新名片。在智慧旅游平台上，游客不仅可以观看景区的实时地图和路线导览，还可以查询智慧停车信息、相关景点介绍和游玩线路推荐，获得游前、游中、游后的全程服务。

从5G智慧导览、5G＋VR/AR沉浸式旅游场景层出不穷，到"云旅游"、直播等线上服务模式出现……随着新一代信息技术在文旅行业的不断普及，各地涌现出不少5G＋智慧旅游的应用场景，游客也"解锁"了丰富多样的游玩新体验。

2. 景区管理高效智能

对于游客而言，旅游景区、度假区的智慧升级，让游玩体验更加有趣、便捷；而对于景区来说，5G＋智慧旅游的建设，也使得景区管理更为高效、智能。

有了5G、物联网等技术支持，四川省成都市宽窄巷子景区的各项设备变得更加"聪明"。例如，卫生间配备了红外线流量传感系统，可以获取当前卫生间的使用状态、每日的人流量等情况，有利于更加科学地分配清洁人员；路灯有了控制平台，系统能实时获知景区路灯工作情况，监测损坏路灯，并向后台人员上报位置信息；借助物联网等技术手段，垃圾桶也更加智能，当垃圾满溢时，设备会上报至系统，通知工作人员及时清运处理。

在江苏省连云港市花果山智慧景区监控指挥中心的电子大屏上，景区各区域实时监控、景区内气象信息、实时游客数量、游览车实时运行状况等信息一目了然。这是连云港移动在花果山景区搭建的5G＋3D可视化综合管控平台，将5G＋AI智慧安防、5G＋VR直播、5G＋智慧票务、景区VR超级全景等多个5G应用融入其中。连云港市文旅集团信息中心负责人张钦源认为，对平台数据进行汇总分析，不仅能促进景区的管理服务提质增效,还能够获得游客画像,进而进行精准的营销推广,为景区收益带来长效增长。

通过5G融合算力等基础设施,各旅游景区、度假区、休闲街区可以进一步提升客流统计、流量预警、消费分析与预测等大数据分析能力,为决策提供支撑,提升行业治理效能。各级文化和旅游管理部门及景区管理单位,可以充分利用5G、物联网、大数据、云计算、人工智能、区块链、超高清视频、数字孪生等技术,建设5G+智慧旅游实时监测及应急指挥平台,提升旅游行业监测、风险防范、调控疏导和应急处置能力,提升5G+智慧旅游管理能力。

3. 提升游客满意度

旅游产业的智慧化发展不是单纯的科技成果的搬运,而是要实现产业和技术的有机结合,让技术能够解决产业发展中存在的痛点难点。

节假日等出游高峰时,热门景点人流量大,时常发生网络信号差、上网卡顿等现象,严重影响游客体验。《通知》鼓励各地重点旅游区域加强5G网络覆盖水平,优化重点区域及客流密集区域的5G网络服务质量,满足旅游景区新型业务和游客多样化使用需求;探索5G行业虚拟专网在重点旅游区域、旅游企业落地部署,逐步满足旅游业数字化转型需求。

以前景区里面,最头疼的就是信号问题。如今,通过5G智慧景区平台的搭建,实现了景区5G Wi-Fi全覆盖,不仅吸引了更多游客,也让景区好评度上升。

随着5G+智慧旅游建设的不断深入,5G网络资源和水、电、路一样,将成为景区运营必备的基础设施之一。在5G网络高质量覆盖的基础之上,5G+智慧旅游产品的供给也将更加丰富。

景区数字化是推动传统景区提质升级的过程,也是数字经济赋能旅游业高质量发展的必然趋势。数字景区建设不仅有助于保护和展示文物、提高景区运营效率和应急管理能力,而且促进游览便利化、提升游客满意度,已经成为景区现代化建设必不可少的选项。

(资料来源:北青网.提供个性化交互化沉浸化旅游服务 5G"解锁"游玩新体验[EB/OL].(2023-04-21)[2023-12-30]. https://author.baidu.com/home?from=bjh_article&app_id=1561192736257973.)

请思考5G新技术为主题公园带来了哪些变化?

_____
_____
_____
_____

项目实训

分组合作完成项目实训。任选一家我国主题公园集团,查阅资料,并分析这家主题公园集团近年来在管理运营方面体现标准化、个性化、智慧化的对策。并推测景区运营管理还将走向何方。将成果以小组汇报的形式呈现,并在班级中进行汇报与讨论。

主题公园集团:_____
标准化管理:_____

个性化管理：_____

智慧化管理：_____

未来经营管理的新思考：_____

自我评价与思考

班级：_____ 组名：_____ 姓名：_____

评分项目	比重/%	分数	评分人	评 分 标 准
自我评价	20		自己	根据自己在实训过程中的表现和收获进行评分
参与度	30		组长	根据出勤、提问、回答问题、讨论等对实训项目的参与情况进行评分
配合度	20		组员	根据实训调研过程中组员之间的相互配合程度进行评分
报告成绩	30		老师	据班级公开汇报的情况进行评分
总分		100		

总结反思：_____

参 考 文 献

[1] 保继刚.主题公园发展的影响因素系统分析[J].地理学报,1997(3):237-245.
[2] 董观志,李立志.近十年来国内主题公园研究综述[J].商业研究,2006(4):5.
[3] 董观志.旅游主题公园管理原理与实务[M].广州:广东旅游出版社,2000.
[4] 华侨城集团公司.21世纪中国主题公园发展论坛[M].北京:中国旅游出版社,2003.
[5] 董观志.主题公园发展的战略性趋势研究[J].人文地理,2005,20(2):5.
[6] 李舟.深圳华侨城2000年游客调查分析研究——兼析中国主题公园的发展[J].旅游学刊,2001(1):3.
[7] 本刊记者.主题公园走向何方——二十一世纪中国主题公园发展论坛纪要[J].旅游学刊,2002,17(4):78-79.
[8] 彭红霞,李娟文.我国主题公园开发的误区与对策[J].湖北大学学报(哲学社会科学版),2002,29(3):4.
[9] 李永文.论主题公园的区域经济影响、建设与发展[J].经济地理,2005,25(5):4.
[10] 李九全,杨金华.信息时代下国内主题公园的管理创新[J].经济地理,2007,27(3):4.
[11] 郎富平,赵雪璎,顾雅青.我国主题公园人力资源发展的影响因素研究——以环杭州湾都市圈为例[J].燕山大学学报(哲学社会科学版),2019,20(3):8.
[12] 方永芳.基于层次分析的主题公园人力资源综合绩效评价研究[J].社会科学前沿,2021,10(7):7.
[13] 赵雪璎,郎富平,顾雅青.国内主题公园人力资源发展影响因素研究——以环杭州湾都市圈为例[J].浙江旅游职业学院学报,2018(2):11.
[14] 杨培华.浅析主题公园的人力资源开发——以世界公园为例[J].北京第二外国语学院学报,1999(2):5.
[15] 蒋文中.老牌主题公园如何走出困境——对云南民族村经营与发展的思考[J].云南社会科学,2005.
[16] 李诗.主题公园品牌内化对员工敬业度影响机制研究[D].重庆:西南财经大学,2023.
[17] 杨婧.基于体验价值的主题公园游客管理研究[D].北京:北京林业大学,2018.
[18] 雷达.H公司海洋主题公园的智慧景区系统规划研究[D].大连:大连理工大学,2023.
[19] 朱仁鹏.主题公园旅游服务设施游客满意度的影响因素分析——以大唐芙蓉园为例[J].江苏科技信息,2017(18):74-75,78.
[20] 陈晓燕.基于游客满意度的主题乐园服务质量提升策略研究[D].长沙:湖南师范大学,2018.
[21] 申睿.主题公园的旅游服务智慧化研究——以芜湖方特旅游度假区为例[J].池州学院学报,2017,31(3):3.
[22] 刘翟淳.餐饮服务与旅游商品对主题公园游客满意度的影响——以芜湖方特欢乐世界为例[J].当代旅游,2019(7):1.
[23] 梁增贤.主题公园开发与管理[M].重庆:重庆大学出版社,2019.
[24] 保继刚(梁增贤).主题公园发展:中国案例[M].北京:科学出版社,2021.
[25] 王晓航.方特类主题乐园游乐项目的游客风险管控研究[J].经济与科学管理,2018-07-20.
[26] 王大悟,魏小安.主题公园与景区管理[M].北京:中国旅游出版社,2018.
[27] 郑健雄,张豫超,陈伟凤.主题公园设施设备[M].北京:中国建筑工业出版社,2019.
[28] 王大悟,叶属峰.主题公园营运案例精选[M].北京:中国旅游出版社,2007.

[29] 吴亚军.基于RFID的设备管理系统研究与应用[D].重庆：重庆大学自动化学院,2009.
[30] 周传林.主题公园的设施设备管理研究与实践[M].北京：旅游教育出版社,2016.
[31] 吴钰.主题公园类旅游企业的盈利模式研究[D].成都：西南交通大学,2016.
[32] 倪菊华.浅论中国主题公园中的内部审计[J].经济视角,2011(2)：2.
[33] 黄永芬.某主题乐园项目设计质量、进度和成本的管理[J].建筑施工,2016,38(7)：3.
[34] 牛盛楠.基于目标成本法的主题乐园成本管理研究[J].时代商家,2022(32)：103-105.
[35] 张敏.主题公园严令去地产化 掐中"七寸"后房企如何投资"诗和远方"?[J].今商圈,2018(5)：2.
[36] 徐婷婷.中外主题公园营销管理比较研究——以迪士尼主题公园群,华侨城主题公园群为例[D].北京：北京第二外国语学院,2006.
[37] 江旭.国内主题公园市场营销策略研究[J].商情,2014(17)：1.
[38] 张雅琳.从市场营销角度论主题公园经营[J].国际公关,2019(5)：2.
[39] 明纲.中部梦幻城主题公园营销策略研究[D].南昌：江西财经大学,2023.
[40] 陈燕.大连主题公园旅游纪念品市场营销问题分析及对策[J].经济研究导刊,2009(32)：4.
[41] 蔡艳燕.标准化管理在旅游景区的应用——以玄武湖景区为例[J].中国园艺文摘,2015,31(4)：209-211.
[42] 王铭杰,徐如意,陈涵琪.主题公园智慧旅游建设研究——以五大主题公园为例[J].中国商论,2022,2(49)：49-52.
[43] 郭蓓.基于智慧旅游服务的主题乐园发展策略探究[J].品牌研究,2018(6)：87-88.
[44] 唐占璐.海洋主题公园的智慧旅游建设研究——以大连圣亚海洋世界为例[J].旅游纵览,2022(12)：109-111.
[45] 龚莉妍,周功建,陈秋强.在消费升级的背景下中国主题乐园的新发展方向研究——以华强方特为例[J].中国广告,2023(7)：50-56.
[46] 孙佳钰,曹伟智.可持续视野下的共享单车文化主题智慧公园设计[J].工业设计,2023(7)：108-111.
[47] 黄通,曹悦,刘峰.碳中和主题公园——北京温榆河公园·未来智谷(一期)设计探索与实践[J].风景园林,2022,29(5)：59-63.
[48] 王雨晨,周文丽.国外主题公园旅游研究发展对国内研究的启示[J].洛阳师范学院学报,2022,41(4)：34-38.
[49] 李诗岩,王璐.虚拟现实技术在文化主题公园中的应用与思考——以"金庸武侠主题公园景观设计"概念方案为例[J].现代园艺,2022,45(7)：133-135.
[50] 张卓.文化传统与影视IP的创新融合——中国本土主题公园的发展路径[J].人民论坛,2021(35)：110-113.